北京外国语大学学术著作系列

中国零售企业创新

理念、知识和资本的整合

曹鸿星 著

Chinese Retailers' Innovation:
Integration of Value, Knowledge and Capital

经济管理出版社
ECONOMY & MANAGEMENT PUBLISHING HOUSE

图书在版编目（CIP）数据

中国零售企业创新：理念、知识和资本的整合/曹鸿星著 . —北京：经济管理出版社，2018.5
ISBN 978－7－5096－5756－0

Ⅰ.①中… Ⅱ.①曹… Ⅲ.①零售企业—企业创新—研究—中国 Ⅳ.①F279.23

中国版本图书馆 CIP 数据核字（2018）第 082754 号

组稿编辑：何　蒂
责任编辑：高　娅
责任印制：司东翔
责任校对：董杉珊

出版发行：经济管理出版社
　　　　　（北京市海淀区北蜂窝 8 号中雅大厦 A 座 11 层　100038）
网　　址：www.E－mp.com.cn
电　　话：（010）51915602
印　　刷：北京玺诚印务有限公司
经　　销：新华书店
开　　本：720mm×1000mm/16
印　　张：15.75
字　　数：300 千字
版　　次：2018 年 6 月第 1 版　 2018 年 6 月第 1 次印刷
书　　号：ISBN 978－7－5096－5756－0
定　　价：49.00 元

·版权所有　翻印必究·

凡购本社图书，如有印装错误，由本社读者服务部负责调换。
联系地址：北京阜外月坛北小街 2 号
电话：（010）68022974　　邮编：100836

前　言

我国已经将创新作为国家发展战略,要建设创新型国家。零售业不仅在促进内需、实现经济转型方面有着非常重要的作用,而且也是创新频繁活跃的领域。20世纪90年代,现代化百货、超市、邮购、目录销售、自动售货机等业态开始在我国兴起,使我国人民生活消费方式发生了变化。2000年以来,我国零售企业的创新活动更是此起彼伏、形式多样,也出现了很多矛盾和问题。例如,2005～2008年,家电零售巨头大规模的全国连锁扩张引起了零售商与供应商的矛盾,也带来了新的商业模式的探索和创新;从2009年起,以淘宝、京东为代表的网络零售迅猛发展;2012年至今,零售企业纷纷开始从线下门店转移到线上渠道,或者从线上到线下进行全渠道整合。在这短短的20多年里,我国零售业态呈现出了创新迭出、不同业态此消彼长、不断变迁和融合的发展趋势。

虽然人们一直认为创新对于零售业发展的重要性很大,但总体上,与我国零售业丰富多彩的创新活动及其实践相比,相关的研究还远远落后于实践的发展。因此,本书旨在研究:一是我国零售企业的创新是什么;二是零售企业创新过程中的主要影响因素是什么。本书关注和研究的是20世纪90年代至今中国零售企业的创新活动和过程,针对以上两个研究问题,本书提出了四个命题:

对于第一个问题——我国零售企业的创新是什么,本书提出了命题四:不同零售业态的创新类型、创新驱动力和创新模式存在差异。研究发现:不同于服务创新的逆向产品周期理论,我国零售业的创新具有更加丰富的形式,往往是商业模式先行,技术创新引入;同时,管理创新和营销创新也占有更大的比重。不同零售业态的创新类型、创新驱动力和创新模式之间,并没有因为业态的不同而存在明显的差异,反而是各个业态创新的共性大于差异性。我国零售企业的创新往往是在理念、知识和资本驱动下发生的。具体的差异体现为:对于有店铺的零售业态,如百货店更多侧重于企业内部的管理创新,超市更多采用各种软硬件的技术创新,家电专业店则更多进行商业模式的创新和探索。有店铺零售业态往往是以消费者驱动为先,然后在企业成长期之际,在竞争者的驱动下,引入新的技术体系,在技术创新的辅助下,开展创新活动,创造出新的业务模式和需求,即消费推动—竞争推动—技术推动—消费推动,形成一个循环。综观本书围绕的六家传统零售企业的创新活动,基本上都遵循这样一条轨迹。

网络零售的创新是以商业模式创新为主,创新程度较高。一开始往往是信息通信技术推动下的新商业模式创新,然后不断针对现实消费者的需求进行调整,开始构筑自己的竞争优势,往往是物流系统或独特的服务体验。另外,网络零售企业往往是在瓶颈期进行营销创新,而在企业发展迅速期进行需要较大投入的技术创新。风险资本的加入往往加速了这个进程,使得我国网络零售业实行超速的发展。

总体上,我国零售企业创新经历了从封闭式创新模式到开放式创新模式的转变,越来越多的零售企业开始寻求各种合作,进行资源互补,开拓创新。零售企业创新比制造业创新更容易扩散。所以,这促进了零售商不断创新以保持竞争优势。

对于第二个问题——零售企业创新过程中的主要影响因素是什么,本书提出了命题一:创新是否能够取得成功需要客观要素和主观能动性的有机融合。通过本书12个案例的研究发现,在影响我国零售企业创新的因素和驱动力中,高层领导者的理念往往是创新产生和持续的坚实基础;相应的组织保障和创新文化是创新成功的关键。我国零售企业创新有一个非常重要的共性,就是高层领导人的主导是普遍的创新推动力,形成了由高层领导人主导下的创新模式。本书提出了命题二:零售企业创新与中国宏观环境密切相关,各个关键时点往往会出现密集型的创新活动。从各案例的发展历程来看,我国零售企业的不同创新有非常强的时代特色,这可能是我国零售企业创新与西方零售企业创新最大的差异,即时代背景的不同,造成了独具中国特色的零售企业创新活动。本书提出了命题三:零售企业创新存在风险,如何制衡创新活动及其带来的风险,直接决定了创新的效果和绩效,是零售企业的重要战略问题。零售企业创新需要资本,风险投资的介入给零售企业的创新带来了机遇和挑战。如何应对创新风险是重要的战略问题。

本书的创新之处在于基于大量公开的二手数据、案例研究和专家访谈,通过我国零售企业创新的12个代表性案例(涵盖了百货、超市、家电零售业和网络零售业)的历史事件分析,勾勒出每个零售企业创新过程中的关键事件;通过零售业各个代表性业态典型企业创新的分析,概括出中国零售业过去20多年的发展历程和创新活动。本书不仅对同一业态下的两个企业进行比较,还对不同零售业态进行对比,试图全面、立体地反映我国零售企业的创新过程和活动。本书尽可能采用不偏不倚的态度,尽量客观、中立地反映我国零售企业的创新实践,以及零售企业和外部环境之间的交互作用。

从本书的案例研究可以总结出四个中国零售企业创新的发展趋势：一是技术创新日益成为零售企业创新的基础。二是线上线下O2O全渠道发展，零售业与其他行业深度融合。三是随着开放式创新模式的兴起，知识密集型服务业在零售企业创新过程中发挥重要作用。四是政府管制和公众是零售企业创新的重要推动力。

总之，本书通过对我国零售企业创新活动进行成功和失败案例的总结，反映出我国零售企业创新的最佳和最新实践。同时，也可以向世界展示中国零售企业创新的丰富多彩，为创新管理提供基于中国环境的素材和经验。

由于本书的研究基于大量公开的二手数据、案例研究和专家访谈，在此向各位给予帮助和指导的专家表示感谢，向各位研究者致敬。虽然本书已经尽可能将各种文献或资料的出处一一注明，但疏漏难以避免，如有未能注明之处，敬请读者见谅，在此再次表示感谢！

曹鸿星

2018年3月6日

目 录

第1章 中国零售企业创新的研究背景 ·················· 1
  1.1 中国零售业的发展历程 ························ 1
  1.2 零售业在我国经济中的贡献 ···················· 3
  1.3 中国零售企业创新的必要性 ···················· 8
  1.4 研究问题和思路 ······························ 10
    1.4.1 研究问题和意义 ························ 10
    1.4.2 本书结构 ······························ 11
  1.5 本章总结 ···································· 13

第2章 零售企业创新研究综述 ···················· 14
  2.1 零售业的定义和分类 ·························· 14
  2.2 零售企业创新的内涵 ·························· 16
    2.2.1 创新研究的由来 ························ 16
    2.2.2 零售企业创新的定义和分类 ·············· 17
  2.3 零售企业创新的目的 ·························· 19
  2.4 零售企业创新的驱动力和模式 ·················· 21
    2.4.1 创新驱动力和模式 ······················ 21
    2.4.2 知识密集型服务业 ······················ 23
    2.4.3 开放式创新模式 ························ 25
  2.5 零售企业创新过程 ···························· 27
  2.6 本章总结 ···································· 29

第3章 研究设计 ································ 32
  3.1 研究概念界定 ································ 32

3.2 研究的理论框架 33
3.3 研究方法 35
 3.3.1 多案例研究 36
 3.3.2 历史研究法 37
 3.3.3 关键事件法 39
3.4 数据收集和分析 41
3.5 本章总结 43

第4章 当代商城的案例研究 44

4.1 引言 44
4.2 当代商城的发展历程 44
4.3 当代商城的创新 46
 4.3.1 服务创新 46
 4.3.2 品牌评价体系 48
 4.3.3 国际代购业务 49
4.4 创新理念和保障 51
4.5 本章总结 54

第5章 银泰百货的案例研究 55

5.1 引言 55
5.2 银泰商业集团的发展历程 55
5.3 银泰商业集团的创新 57
 5.3.1 业态创新 57
 5.3.2 O2O平台创新 59
5.4 创新理念和保障 61
5.5 本章总结 62

第6章 物美的案例研究 64

6.1 引言 64
6.2 物美的发展历程 65
6.3 物美的创新 68
 6.3.1 物美Winbox项目 68
 6.3.2 物美"农超对接"项目 70
6.4 创新理念和保障 72

6.5 本章总结 ··· 73

第7章 永辉超市的案例研究 ··· 75
7.1 引言 ··· 75
7.2 永辉超市的发展历程 ··· 76
7.3 永辉超市的创新 ··· 78
    7.3.1 永辉超市"农改超"模式 ······························· 78
    7.3.2 超市业态创新 ·· 79
7.4 创新理念和保障 ··· 81
7.5 本章总结 ··· 83

第8章 苏宁的案例研究 ··· 84
8.1 引言 ··· 84
8.2 苏宁的发展历程 ··· 85
8.3 苏宁的创新 ·· 86
    8.3.1 技术创新 ··· 86
    8.3.2 云商模式 ··· 88
8.4 创新理念和保障 ··· 89
8.5 本章总结 ··· 92

第9章 国美的案例研究 ··· 93
9.1 引言 ··· 93
9.2 国美的发展历程 ··· 94
9.3 国美的创新 ·· 96
    9.3.1 商业模式创新 ·· 96
    9.3.2 全渠道零售商战略 ····································· 99
9.4 创新理念和保障 ··· 101
9.5 本章总结 ··· 103

第10章 有店铺零售业态的创新 ·· 105
10.1 百货商场的创新 ·· 105
    10.1.1 发展历程 ··· 105
    10.1.2 当代商城与银泰百货的创新对比 ················ 108
10.2 超市的创新 ··· 112

    10.2.1 发展历程 ………………………………………… 112
    10.2.2 物美与永辉的创新对比 …………………………… 114
  10.3 家电专业店的创新 ………………………………………… 117
    10.3.1 发展历程 ………………………………………… 117
    10.3.2 苏宁与国美的创新对比 …………………………… 119
  10.4 本章总结 …………………………………………………… 122

第 11 章 阿里巴巴的案例研究 …………………………………… 123
  11.1 引言 ………………………………………………………… 123
  11.2 阿里巴巴的发展历程 ……………………………………… 124
  11.3 阿里巴巴的创新 …………………………………………… 125
    11.3.1 淘宝模式 ………………………………………… 125
    11.3.2 营销创新 ………………………………………… 127
  11.4 创新理念和保障 …………………………………………… 129
  11.5 本章总结 …………………………………………………… 131

第 12 章 京东的案例研究 ………………………………………… 133
  12.1 引言 ………………………………………………………… 133
  12.2 京东的发展历程 …………………………………………… 134
  12.3 京东的创新 ………………………………………………… 136
    12.3.1 信息系统和物流系统 ……………………………… 136
    12.3.2 生鲜冷链一体化解决方案 ………………………… 138
  12.4 创新理念和保障 …………………………………………… 140
  12.5 本章总结 …………………………………………………… 141

第 13 章 当当的案例研究 ………………………………………… 143
  13.1 引言 ………………………………………………………… 143
  13.2 当当的发展历程 …………………………………………… 144
  13.3 当当的创新 ………………………………………………… 146
    13.3.1 "微创新" ………………………………………… 146
    13.3.2 数字书革命和"创新工场" ……………………… 148
  13.4 创新理念和保障 …………………………………………… 149
  13.5 本章总结 …………………………………………………… 150

第14章 红孩子的案例研究 · 151

- 14.1 引言 · 151
- 14.2 红孩子的发展历程 · 151
- 14.3 红孩子的创新:"刊+网"模式 · 155
- 14.4 创新理念和保障 · 157
- 14.5 本章总结 · 158

第15章 凡客的案例研究 · 160

- 15.1 引言 · 160
- 15.2 凡客的发展历程 · 160
- 15.3 凡客的创新 · 162
  - 15.3.1 轻资产模式 · 162
  - 15.3.2 营销创新 · 165
- 15.4 创新理念和保障 · 166
- 15.5 本章总结 · 169

第16章 聚美优品的案例研究 · 171

- 16.1 引言 · 171
- 16.2 聚美优品的发展历程 · 172
- 16.3 聚美优品的创新 · 173
  - 16.3.1 化妆品团购模式 · 173
  - 16.3.2 营销创新 · 174
- 16.4 创新理念和保障 · 175
- 16.5 本章总结 · 176

第17章 网络零售业态的创新 · 178

- 17.1 电子商务的发展历程 · 178
- 17.2 网络零售的发展历程 · 180
- 17.3 创新对比 · 182
  - 17.3.1 阿里巴巴、京东和当当的对比 · 182
  - 17.3.2 红孩子、凡客和聚美优品的对比 · 185
- 17.4 本章总结 · 188

第18章 研究结论和展望 ······ 190
18.1 中国零售企业的创新类型、创新程度和创新模式 ······ 190
18.2 中国零售企业的创新理念和创新保障 ······ 192
18.3 知识在中国零售企业创新中的作用 ······ 195
18.4 资本在零售企业创新中的作用 ······ 198
18.4.1 风险投资的作用 ······ 199
18.4.2 京东、红孩子、凡客的融资情况分析 ······ 200
18.5 中国零售企业创新的政策环境 ······ 204
18.6 主要研究结论和创新 ······ 206
18.7 研究展望和政策建议 ······ 210
18.7.1 我国零售企业的创新趋势 ······ 210
18.7.2 促进我国零售企业创新的政策建议 ······ 213
18.7.3 进一步的研究 ······ 215

附　录 ······ 217

参考文献 ······ 220

后　记 ······ 237

第1章 中国零售企业创新的研究背景

1.1 中国零售业的发展历程

零售业在中国的历史源远流长,最早可以追溯到有商品交换之初的集市。春秋时期,商人阶层开始分化为行商和坐贾,《庄子》中多次出现的"枯鱼之肆""屠羊之肆"可为明证。汉代的经学全书《白虎通义》对传统店铺进行了清晰的界定:"贾之为言固也,固其有用之物,待以民来,以求其利者也。故……居卖曰贾。"传统零售业在我国经过几千年的历史流转和经验累积,形成了一整套较为成熟完善的经营理念和运作流程,主要集中于实体店铺的经营和管理。

中国流通经济学的研究学者黄国雄等总结了我国商贸流通业 1949~2009 年的发展历程,认为我国流通业经历了从传承和学习苏联社会主义模式,向探索和创新具有中国特色社会主义市场经济模式的转变。特别是在改革开放近 40 年的发展历程中,中国零售业实现了从计划经济条件下国有商业"一统天下"的封闭式、管制式的产品流转向市场经济条件下多元化、多渠道、开放式商品流通的转变(黄国雄等,2009)。李桂华(2012)也认为中国零售业的变革大致经历了三个阶段:第一个阶段是改革开放以前,这个阶段我国实行计划经济体制,大中型百货商场和小型零售专业店一统天下,缺乏充分的市场竞争。第二个阶段是改革开放到 20 世纪 90 年代中期,改革开放使零售业迅速进入一个急剧变革的时代,零售业表现出了多种业态并存的格局,大型百货商店占据着零售业的主导地位。第三个阶段是 20 世纪 90 年代后期至今,这个阶段我国传统的以百货业态为主的零售业态在向多元化模式转变,以连锁为组织特征的超级市场、便民连锁店急剧发展,与百货商场共同构成我国零售业态的主体结构模式。

1978 年改革开放以来,中国零售业经历了翻天覆地的变化。零售业是我国最早进行市场化的行业之一。1989年以后，随着我国经济的发展，买方市场格局使零售业的地位实现了前所未有的提升，零售业作为流通产业的重要组成部分，在整个经济发展中的贡献日益突出。我国从改革开放后的零售业演变与发展过程可以分为三个阶段，即以百货商场为代表的零售业快速兴旺和发展阶段、各类新型零售业态和经营模式繁荣发展阶段、各种零售业态与经营模式的初步饱和与激烈竞争阶段（马超，2010）。

从零售业的所有制结构和业态变化来进行划分，从改革开放至今，我国零售业发展进程中的主要变革有三次：一是改革开放初期到2001年加入WTO的阶段，这一阶段由于计划经济逐步向有计划的商品经济，进而向社会主义市场经济转变，传统的国有和集体所有的业态单一的零售业向多种经济成分和多种业态并存的零售业转变。二是中国加入WTO后的阶段，这一阶段外资零售业大举进入我国，零售业的经济结构和业态格局呈现多样化、复杂化和国际化的特征。三是互联网的普及，特别是电子商务的发展阶段，网上商店和网络营销对传统零售营销产生冲击，许多传统卖场或转型或倒闭（如传统书店），传统零售向线下和线上零售并存发展转变（李桂华，2012）。

以开放程度和创新程度来划分，我国零售业发展历程经历了两个主要的变化过程：

第一，我国零售业的对外开放过程经历了从试点到入世再到全面开放的过程。1949~1992年，中国市场上没有独立的外资零售商店，都是本土或是境内零售企业的竞争；即使是1992~1995年的零售业对外开放尝试期，国务院仅批准了15家中外合资、合作经营的零售企业，除了沃尔玛之外，基本为港资或海外华资背景的企业（李飞等，2016）。但是，从1996年起，世界主要知名零售企业陆续进入中国市场。2001年，我国加入WTO后，外资进入速度加快，这在很大程度上加快了零售业的调整，改变了原有的经营模式，外资是促进我国零售企业创新的一个重要因素。

2005年，我国零售业正式全面对外开放，跨国零售企业加快了在我国的扩张和发展，我国零售企业面临的竞争压力进一步加大，掀起了新一轮的求生、求发展运动，并购成为我国零售市场的主旋律之一。2008年，全球金融危机对我国零售业造成了巨大的冲击，我国政府采取了扩大内需的政策措施，这使零售业在我国国民经济中的作用更加突出。2011年后，外资零售业在中国遇到了本土零售业的挑战，部分店铺关门倒闭，有的跨国公司甚至撤出了中国市场。

第二，从2000年至今，我国零售业不断进行各种创新从而发生显著变化。21世纪初，现代化百货、超市、邮购、目录销售、自动售货机等业态在我国兴起，带来了很多零售业的变化和创新；2005~2008年，家电零售巨头大规模的全国连锁扩张，带来了零售商供应商的矛盾，也带来了新的商业模式的探索和创新；从2009年起，以淘宝、京东为代表的网络零售迅猛发展；2012年至今，我国零售业经历了从线下门店到线上渠道的全渠道整合。在这短短的6年里，我国零售业态呈现出了创新迭出、不同业态此消彼长、不断变迁和融合的发展趋势。这一时期也是我国整体经济环境发生巨大变化的时期。国家的基础设施、信息技术发展、人均可支配收入等多个方面发生了巨大的变化，这些经济变量与我国零售业的创新和变迁密切相关（曹鸿星，2016）。

根据2015年国务院发布的《关于推进国内贸易流通现代化建设法治化营商环境的意见》，零售业作为国内贸易流通的重要组成部分，是我国改革开放最早、市场化程度最高的领域之一，目前已初步形成主体多元、方式多样、开放竞争的格局，对国民经济的基础性支撑作用和先导性引领作用日益增强[①]。2017年9月28日，我国商务部在例行发布会中公布的数据显示：2012年以来，我国的城乡流通体系日趋健全，初步建成了覆盖城乡、线上线下融合的内贸流通体系。社会物流总费用占GDP的比重从2012年的18%降至2016年的14.9%，社会综合物流成本降低了10%。2016年，我国的社会消费品零售总额从2012年的21.4万亿元增长至33.2万亿元，消费对经济增长的贡献率从51.8%提高到64.6%，连续三年成为拉动我国经济增长的首要动力。我国电子商务规模已从2012年的8.1万亿元增加至2016年的26.1万亿元；网络零售额从2012年的1.3万亿元增加至2016年的5.2万亿元；全国农村网络零售额从2014年的5064亿元增加至2016年的8945亿元，增长76.8%。我国已经跃升为世界第一大网络零售国。

另据世界银行《中国零售业研究报告》，我国零售业只用了10多年的时间，就走完了国外零售业150年的商业历程，西方发达国家历经8次零售革命形成的20多种业态都已在我国出现。自1978年改革开放以来，我国零售业经历了集贸式、大商场式、连锁店式和电子商务式的发展历程，每次变迁都带来成本的降低和效率的提高，为整个产业链带来增值。在未来的发展中，我国零售业变革的速度将会越来越快，创新已经成为零售业日常管理中不可缺失的重要部分。

1.2 零售业在我国经济中的贡献

根据国家统计局的定义，"零售业指百货商店、超级市场、专门零售商店、

[①] 国务院《关于推进国内贸易流通现代化建设法治化营商环境的意见》（国发〔2015〕49号）[EB/OL]. http://www.gov.cn/zhengce/content/2015-08/28/content_1012.

品牌专卖店、售货摊等主要面向最终消费者（如居民等）的销售活动，以互联网、邮政、电话、售货机等方式的销售活动，还包括在同一地点，后面加工生产，前面销售的店铺（如面包房）；谷物、种子、饲料、牲畜、矿产品、生产用原料、化工原料、农用化工产品、机械设备（乘用车、计算机及通信设备除外）等生产资料的销售不作为零售活动；多数零售商对其销售的货物拥有所有权，但有些则是充当委托人的代理人，进行委托销售或以收取佣金的方式进行销售①"。

零售业在我国经济中的贡献从三个方面可以得到反映：

第一，随着我国国内生产总值（GDP）的高速增长，社会消费品零售总额对GDP 的贡献显著，零售业在社会消费品零售总额中的比重不断提高。

根据国家统计局的定义，国内生产总值指按市场价格计算的一个国家（或地区）所有常住单位在一定时期内生产活动的最终成果，是反映一国经济发展水平最为重要的指标。判断一国居民的消费水平和消费能力，社会消费品零售总额是一个非常有效的指标。社会消费品零售总额则是指企业（单位、个体户）通过交易直接售给个人、社会集团非生产、非经营用的实物商品金额，以及提供餐饮服务所取得的收入金额。个人包括城乡居民和入境人员，社会集团包括机关、社会团体、部队、学校、企事业单位、居委会或村委会等。社会消费品零售总额是反映一国国内贸易或者流通领域最为重要的指标。根据国家统计局指标，社会消费品零售总额按照行业划分，可以分为批发和零售业、住宿和餐饮业以及其他行业三个部门。

在图1-1 中，柱形图（上折线）表示我国1978～2015 年的GDP 一直保持着较高的增长速度。社会消费品零售总额（下折线）占GDP 的比重一直在36%～48% 波动，保持7% 以上的增长速度。剔除物价上涨因素后，社会消费品零售总额的实际增长速度达到了10% 以上。例如，2010 年，我国社会消费品零售总额达到156998.43 亿元，比2009 年增长18%；2015 年，我国社会消费品零售总额达到300931 亿元，几乎比2010 年增长了一倍，比2014 年增长了10.7%。总体上，随着我国经济不断发展，人们的消费能力和水平逐年提高，零售业在拉动内需、扩大消费、推动经济增长、促进工业企业实现规模化和产业化等方面发挥着日益重要的作用；它们直接决定社会消费品零售总额的大小和其对GDP 的贡献能力，是关乎国计民生的重要产业部门。

---

① 国家统计局. 批发和零售业［EB/OL］.［2013-10-29］. http://www.stats.gov.cn/tjsj/zbjs/201310/t20131029_449430.html.

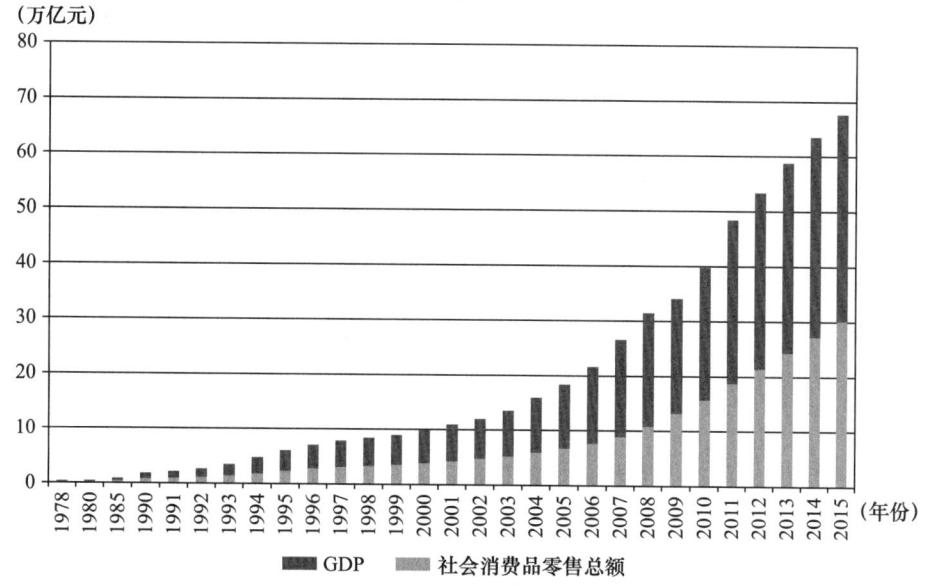

图 1-1 我国 GDP 与社会消费品零售总额（1978~2015 年）

第二，零售业是我国主要就业部门之一，对整个劳动力市场的就业增长做出了重要贡献。

零售业的职能是把消费者的个人需求和由众多生产商生产出来的成千上万种产品相匹配。世界上经济和社会发展最为迅速的国家往往都拥有非常强大的零售部门。而且，零售业对于一国的就业有着非常重要的贡献，当今经济活动中大约1/5 的工作岗位是由零售业提供的。我国也不例外。我国零售业就业人员自 2001年以来年均增长 141.5 万人，占全社会新增就业人员的 17.1%。根据《中国统计年鉴》历年统计数据，2004~2014 年，我国零售业每年年末从业人数都呈上升势头，从 2004 年的 2831772 人增长到 2014 年的 6818878 人（见图 1-2），平均每年增长 9.3 个百分点。零售业规模的不断扩大，对整个劳动力市场的就业增长产生了重要的推动作用。

如表 1-1 所示，从零售业年末从业人数各年的年增长率可以发现，其与经济环境和国家政策密切相关，例如，2009 年，由于全球金融危机的影响，我国零售业年末从业人数年增长率是这 11 年来最低的，仅有 3.47%，而随着国家"家电下乡"和"促进内需"等政策的出台，2010 年，零售业年末从业人数增长率达到了 14.79%，反映出了零售业和经济环境的密切关系。而且，由于零售业包括众多的各种中小规模的经营形态，缺乏对这些经营形态的统计数据，因此，实际上该行业的就业人数要远远高于这些数据。可见，零售业在国民经济中对就业的贡献非常大。

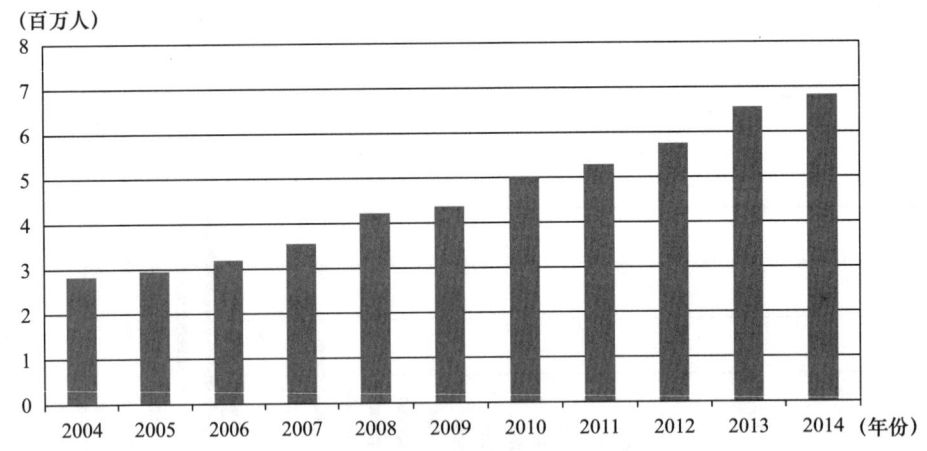

图1-2 零售业年末从业人数

表1-1 零售业年末从业人数年增长率 单位:%

年份	2005	2006	2007	2008	2009	2010	2011	2012	2013	2014
年增长率	4.19	8.27	11.23	18.78	3.47	14.79	5.24	9.03	13.93	4.05

第三,作为流通业重要组成部门的零售业,是提高我国流通产业竞争力和贡献率的主要推动力之一。

我国政府和国家统计数据中通常使用流通业的定义。流通业指的是包括批发业、零售业、住宿业、餐饮业、居民服务业(如美容美发、沐浴沐足等)及其他流通服务业(如商贸物流、会展、典当、拍卖、再生资源回收等)。流通业的指标可以使我们对零售业在国民经济中的贡献有更深的认识。2008~2010年,我国流通业增加值从42544.80亿元增加到49024.7亿元,2010年流通业增加值占国内生产总值的13.1%;税收贡献从7143.29亿元增加至14088.30亿元,2010年我国流通业税收占全国税收的比重达到了18.8%,成为国家财政收入的重要支柱;行业从业人员从10499万人增加至13035.1万人,2010年流通业从业人员数占从业人员数的比重为17.1%,两年间创造了近3000万个新增就业岗位。其中,2010年,零售业对我国的税收贡献是2970.1亿元,占全国税收比重的4.1%;而从业人员有6501.5万人,占全国从业人员数的8.5%,是整个流通业对就业贡献最多的行业(见表1-2)。

表1-2 2010年流通业发展及贡献情况表

行业（数据按当年价计算）	行业增加值（亿元）	占GDP比重（％）	税收贡献（亿元）	占全国税收比重（％）	从业人员（万人）	占从业人员比重（％）
流通业	49024.7	13.1	14088.3	18.8	13035.1	17.1
批发业	35746.1	9.5	8607.5	11.8	2240.5	2.9
零售业			2970.1	4.1	6501.5	8.5
住宿业	8068.5	2.1	218.5	0.3	504	0.7
餐饮业			437	0.6	2338.7	3.1
居民服务业和其他流通服务业	5210.1	1.5	1855.6	2	1450.4	1.9

资料来源：流通业企业根据国家统计局的规模划分标准分为规模以上和规模以下两类企业，流通业增加值、从业人员数据为两类企业数据总和，其中规模以上企业数据来源于国家统计局，规模以下数据根据国家统计局普查数据测算，流通业税收贡献数据来源于国家税务总局。

可见，以零售业为代表的流通业在我国经济发展中有着非常重要的作用。对此，麦肯锡公司表示，流通业确实是兼顾就业、提高劳动生产率并实现科学和谐发展的优质杠杆。对于中国来讲，流通业绝不仅仅关乎内需市场，更重要的是它可以在平衡就业与劳动生产率的状态下，有效地提高整个社会经济增长的效率。流通业的作为远非如此。虽然中国错过了工业革命，但如果能够把握住信息革命带来的变革，以此为基础的流通业现代化将促进中国经济的更大发展（胡斌，2012）。

目前，全球零售业总体的增长趋势是新兴市场国家零售市场规模迅速扩大，全球三大引人注目的新兴零售市场——俄罗斯、印度和中国，都是新兴国家，而发达国家零售市场增长平稳缓慢。《2013年亚洲零售及消费品行业前景展望》曾经预计2016年中国零售市场的年均增长率将达到10.4％，届时，中国将有机会取代美国成为全球最大的零售市场（杨晶，2016）。如今，这已经成为现实。除了规模，我国零售业在创新领域也非常领先。2016年，普华永道最新发布的《2016年全零售》的市场调研报告中，通过对涵盖五大洲、25个地区近23000名网络购物者的调查，该报告的第一条重要发现就是："要了解未来的全球购物革新趋势，请看中国。我们的历史数据表明，前几年中国在做什么，今天的全球消费者就在做什么。"可见，创新已经成为我国零售业的一大特点和优势。

1.3 中国零售企业创新的必要性

为什么创新成为我国零售业的特点和优势？因为创新已经成为我国零售业生存和发展必不可少的重要措施之一。

首先，从宏观层面来看，我国零售业的创新有助于提高国家竞争力。创新是服务部门竞争力的重要来源。在西方，零售业经历了多次重大变革。亚当·斯密在《国富论》中提到，流通革命是产业革命发生的前提。流通领域的创新促进了分销商的学习能力，减少了交易活动的成本和风险。从20世纪80年代开始，以美国沃尔玛、德国麦德龙、法国家乐福和荷兰万客隆为首的大型零售分销集团在消费市场占据着越来越重要的地位。传统大规模批发商和独立分散零售系统的产业结构正逐渐解体，被这种整合的供应体系所取代，改变了消费者购买和消费的模式。在过去的几十年中，这个过程同时伴随着技术创新、连锁概念的引入和零售业态的创新（Johan，1999）。这些零售企业不断推出新概念、新分销渠道或新零售业态以应对竞争，并满足消费者的需要。而且创新的速度越来越快。由于创新不断涌现，传统零售商的市场份额不断下降，不得不通过创新来立足。根据《中国服务业发展报告》，在国际分工比较发达的制造业中，产品在生产过程中停留的时间不到其全部循环过程的5%，而处在流通领域的时间要占其全部循环过程的95%以上；产品在制造过程中的增值部分不到产品价格的40%，60%以上的增值发生在服务领域（江小涓、裴长洪，2004）。因此，即使一个国家的制造技术和工艺达到世界先进水平，但如果流通领域缺乏效率，其竞争力也会大打折扣。如何提高流通领域的效率，成为我国制造业竞争力和国家竞争力能否进一步提高的重要因素。

其次，从中观产业和微观企业层面来看，我国零售业也不得不通过创新来应对各种严峻的挑战。由于国内外经济环境的变化，我国零售业面临着各种危机和挑战，体现为两个方面：第一，面对迅速增长的消费需求，我国零售业业态趋同，网络零售业态替代效应明显，零售业整体竞争激烈。我国近30年的以国民生产总值为经济发展目标的粗放式增长模式，对零售业的影响反映在商业地产过度开发，缺乏有效的规划和监管，造成网点的不合理分布和恶性竞争，导致了零售业态趋同的情况。特别是从20世纪90年代开始至21世纪早期，零售企业以规模和开店速度作为发展目标，以价格战和渠道争夺为主要手段，形成了非常恶性的竞争格局，与国际零售企业相比，经营质量很低。这种粗放经营使得各个业态都呈现出同质化竞争严重、行业整体利润水平不断下降的局面,"千店一面"比比皆是。

零售业激烈的竞争不仅反映在同业态,如百货商店之间的竞争,也反映在不同业态之间,特别是网络零售业对传统零售企业的冲击。我国零售业呈现出多元化发展的格局,现代新型业态发展迅猛,专业分工越来越细,网上购物日渐风靡(王耀,2007),而传统零售业态面临洗牌的局面。网络市场迅猛发展,将改变中国零售行业的格局。据艾瑞咨询统计,2011年中国网购市场规模达7666亿元,占社会消费品零售总额的4.2%,2008~2011年,我国网购市场的复合增长率达到82%[①]。2018年,根据艾瑞咨询最新统计数据,2017年中国网络购物市场交易规模预计达6.1万亿元,较上年增长29.6%,在社会消费品零售总额的占比已经超过16%,增速回暖。另外值得注意的是,2017年,中国移动购物在整体网络购物交易规模中的占比预计达81.3%,较上年增长4.6%。2017年,中国移动购物市场交易规模预计达4.9万亿元,同比增长37.4%,增速逐渐放缓但仍保持了较高的增长水平[②]。另据普华永道的咨询报告,亚洲的"网上零售业"市场在未来数年将取得更快的发展。业界估计,在2016年,亚洲会占全球商业对消费者(B2C)电子商贸销售的41.4%。其中,中国所占的比例将由现在的9.9%增至2016年的23.4%。网络零售业不仅带来各种丰富多彩的创新观念和模式,也不断引发传统零售企业以创新进行应对,而整个零售市场面临份额重新划分和渠道革命的大变革。而且,零售业与消费者直接接触,这使零售企业创新对生活方式产生了深远影响,零售企业创新在服务创新中的比例越来越高,塑造了新的零售业态和产业格局,因此,对零售企业创新的研究不仅对零售企业有重要的意义,而且对于整个社会的发展也有重要的价值。

第二,经营成本持续大幅上涨,信息通信技术对零售业造成了巨大的冲击和挑战。从2011年下半年开始,特别是2012年以来,受国内外经济环境变化的影响,连锁零售企业普遍出现明显的销售增长乏力甚至负增长现象。我国房地产行业一家独大的状况已经迅速传导到了其他行业。租金的上升加快了零售业逃离零售经营本质的速度,"包租公"成为零售业新的代名词;通货膨胀、食品安全监控等都持续增加了零售企业的经营成本。因此,人工、房租和食品安全监控等成本继续大幅上涨,企业的利润空间不断被压缩,多家企业爆出盈利警告,开店速度明显减缓,资本市场也频频跳水。另外,受物价上涨和对经济前景不确定性的影响,消费者消费信心不足,消费意愿减弱,表现出各种业态的来客数减少。同

[①] 中国国际金融有限公司证券研究报告,大众消费市场进入渠道革命和价格平易阶段:2012年零售业深度分析报告(2),2012年6月18日。
[②] 艾瑞咨询.2017年度数据发布集合报告[EB/OL].[2018-03-31]. http://report.iresearch.cn/.

时，我国零售业从业人员普遍教育程度低，学习能力差；零售业信息技术投资和应用水平远远低于国际零售企业，这极大地阻碍了连锁企业的发展。而且我国公众对零售业的认知度不高，零售业的就业意愿和薪酬水平都明显低于其他服务行业，这在很大程度上制约了我国零售业的发展。

在宏观经济存在不确定性的背景下，我国零售业正面临前所未有的压力和挑战，客观上要求企业转变经营理念，寻求创新，挖掘新的增长点。我国市场巨大，创新具备发展机遇和空间，新型行业格局和店商关系有望产生。从零售企业微观运行层面来说，如何在经济整体呈现下行的趋势下实现增长，是我国零售业共同面临的问题。要应对以上问题，我国零售业必须通过创新寻找和构建核心竞争力。可喜的是，我国零售企业的创新意识和创新实践非常丰富，已经具备了一定的创新基础和文化。通过总结我国零售企业创新的经验和教训，将有利于提高我国零售业的创新水平，提高我国零售业的整体竞争力。

1.4 研究问题和思路

1.4.1 研究问题和意义

目前，零售企业创新的研究成果主要是对创新活动的发生、发展和政策措施的把握。虽然零售企业和学者都一致认为创新对于零售业发展的重要性非常突出，而且，已经有很多学者在从事相关的研究。但总体上，零售企业创新研究还处于起步阶段，主要表现为两个方面：一方面，由于零售企业创新研究过去主要是从经济学的视角来探讨各种业态的演变过程，从管理学角度对零售企业创新管理的研究刚刚开始；另一方面，零售业的创新实践十分迅速，理论研究远远落后于实践的发展，零售业丰富的创新形式及其复杂程度还远未被揭示。因此，本书基于前人的研究成果，对我国零售企业创新活动进行成功和失败案例的总结，反映我国创新的最佳和最新实践，为创新管理提供基于中国环境的素材和经验。因此，针对零售企业的创新活动，为了更加全面、客观地反映我国零售企业的创新实践活动，本书要研究的问题是：第一，我国零售业的创新是什么；第二，零售企业创新过程中的主要影响因素是什么，它们发挥什么作用。创新的根本目的是创建竞争优势，本书将基于对零售业特性、环境变化和创新三者关系的探询，深入到企业特性对创新过程的影响、不同创新类型以及相互关系进行研究。以竞争优势作为衡量零售企业创新过程有效性的标准，总结如何顺应零售业特性和环境变化，以企业日常职能为基础，构建和管理创新过程建立竞争优势的方法和步骤。

理论上，从国际研究来看，零售企业创新研究与新技术、消费新趋势紧密联系，越来越受到实业界和研究者的重视，零售企业创新研究已经从经济学视角扩展为更为微观和具体的企业管理层面。从国内研究来看，我国已经将创新作为国家发展战略，要建设创新型国家。零售业不仅在促进内需、实现经济转型方面有着非常重要的作用，而且也是创新频繁活跃的领域。因此，零售企业创新研究既是国际研究学者关注的领域，也是我国迫切需要进行研究的问题。现实意义上，本书可以使我们对零售企业创新活动有比较全面和系统的了解；能够激发零售企业创新的产生和发展；归纳出零售企业创新的规律；有利于对创新活动进行规划和管理；提供促进创新的政策建议和措施，最终实现零售企业创新能力和竞争力的提升。

1.4.2 本书结构

由于零售业是一个具有独特创新过程、性质和模式的部门，本书强调由零售业本身特性所引发的创新及其影响。零售企业的创新过程不仅需要研究其战略经营活动对创新过程的影响和作用，而且还应该从广泛的价值链出发，关注零售企业与不同利益相关者的交互作用。因此，本书以零售企业创新过程为主线，基于大量公开的二手数据、案例研究和专家访谈，通过我国零售企业创新主题下的12个代表性案例（涵盖百货、超市、家电零售业和网络零售业），试图全面、立体地反映我国零售企业创新的过程和活动。本书尽可能采用不偏不倚的态度，尽量客观、中立地反映2000年以来，我国零售企业的创新实践，以及零售企业和外部环境因素之间的交互作用。

本书的篇章安排如图1-3所示，共十八章：

第一章为研究背景，在对我国零售业现状进行分析的基础上，指出创新对我国零售业发展的重大意义。该章界定了关键概念——零售业及其分类、零售企业创新；提出了研究问题、研究思路和本书结构。第二章是零售企业创新研究综述，对相关前人研究成果进行充分的梳理和总结，以累积性知识为基础，持续不断地改进来撰写本书。第三章是研究设计。该章介绍了本书的研究概念和分析思路，介绍了研究方法，包括研究对象的选择、数据的收集和分析等。

从第四章到第九章是对有店铺零售业态创新的案例研究。针对百货业态，第四章是当代商城创新的案例研究，第五章是银泰百货的案例研究；针对超市业态，第六章是物美创新的案例研究，第七章是永辉创新的案例研究；针对家电专业店业态，第八章是苏宁创新的案例研究，第九章是国美创新的案例研究。第十

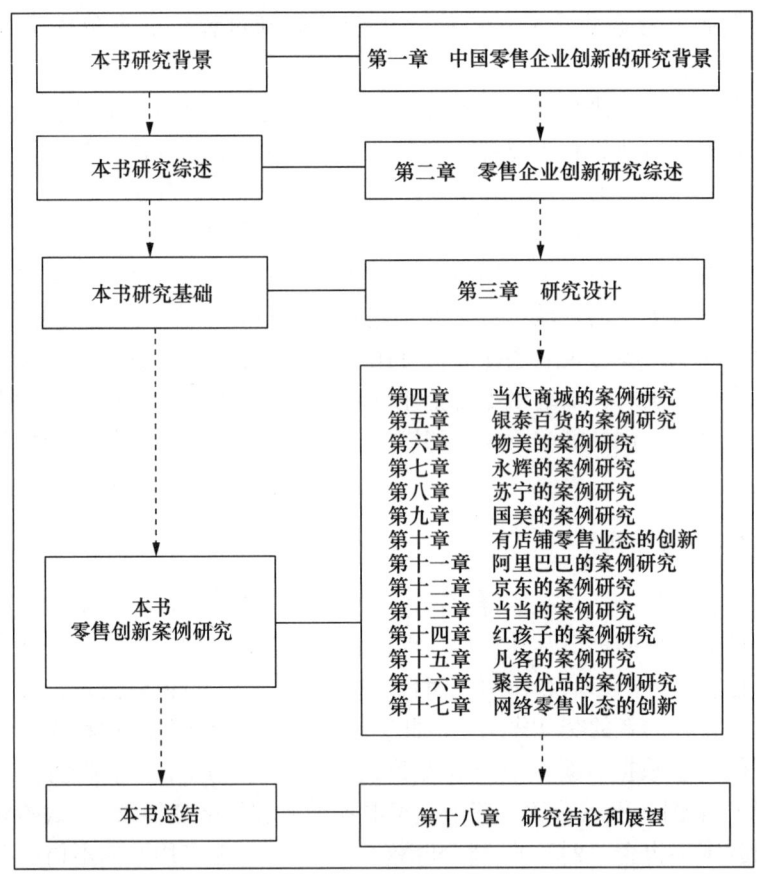

图1-3 本书结构

章对有店铺零售业态的创新情况进行了总结。

从第十一章到第十六章是网络零售业态创新的案例分析，分别是第十一章的阿里巴巴案例研究、第十二章的京东案例研究、第十三章的当当案例研究、第十四章的红孩子案例研究、第十五章的凡客案例研究，以及第十六章的聚美优品案例研究。第十七章对网络零售创新情况进行总结。

通过以上两大分类下共计十二个案例的研究，从不同业态全面地揭示我国零售企业创新的实际情况和存在的问题。

第十八章是全书总结，讨论了技术、资本、政策等在我国零售企业创新中的作用，对本书主要研究结论和创新点进行概括，并对研究局限和不足进行分析，指出了未来研究的方向。

1.5 本章总结

随着技术和社会环境的变化，零售业所包括的内容和涵盖的范围不断扩展。零售业是现代流通服务业中的重要组成部分，在国民经济和满足消费者需求方面有着重要的地位。零售业的竞争力是我国转变经济增长模式和提高国家竞争力的关键所在，而零售业的竞争力与其创新活动密切相关，因此，零售企业创新成为促进我国经济发展的重要问题。本章首先简要回顾了我国零售业发展的历史，分析了零售业在我国经济和人民生活中的重要作用，强调了我国零售业进行创新的必要性。其次提出了研究问题，即我国零售业的创新是什么，是如何发生的。最后，介绍了研究思路和本书结构，这是我们的研究基础。

第 2 章　零售企业创新研究综述

2.1　零售业的定义和分类

零售业是面对终端的产业，它们的活动对象是分散的消费者。因此，分散化、单个性是零售业经营的本质特征，这就导致了零售业呈现出多种多样的形态，很难界定。目前，对零售和零售业的定义和分类还没有统一的标准。西方学者采用广义零售的概念，认为零售包括将商品或服务直接销售给最终消费者供其个人非商业性使用的过程中所涉及的一切活动（科特勒，1990）。据此，零售学者巴里和埃文斯（2007）提出：零售是分销过程的最终环节，零售包括商品零售和服务零售两类。商品零售集中于有形实体商品的销售。服务零售包括消费者不直接购买或拥有实体商品的交易。有许多零售商提供二者的结合，例如，音像商店既从事出租又从事销售、药店提供照片冲印业务、百货商店或超市提供美容沙龙、宾馆开设礼品商店等。服务零售业包含的范围广泛，例如，个人服务、酒店和汽车旅馆、汽车修理与租赁公司，还包括各种各样的娱乐服务。另外，他们还认为，虽然有一些服务尚未被普遍地看成是零售业的一部分，例如，医疗、法律、教育服务等，但当它们承担起面向最终顾客的销售业务时，它们也应该成为服务零售业的一部分。在以巴里和埃文斯为代表的西方观点中，零售包括的范围十分广泛，涵盖了所有面向最终顾客的销售服务。

零售概念的广泛性和复杂性使得对零售业的分类存在争议。迄今为止，学者们虽然提出了很多零售业的分类方法，但还没有一种公认的分类方法。而且，西方学者一般使用分销业（Distribution Sector）这个概念来统称批发和零售两个主要部分的所谓"商业"概念。在这里，分销业是现代市场经济中连接生产者和消费者的纽带，负责将商品从生产者转移到消费者手中，在此过程中，商业本身生产了一系列对消费者有价值的服务，称为分销服务（贝当古，2009）。我国政府和国家统计数据中通常使用流通业的定义。我国流通业所包含的范畴比西方学者分销业的范畴要大得多。流通业是专门从事媒介商品交换的业务，是商品交换的发达形式，包括批发业、零售业、住宿业、餐饮业、居民服务业及其他流通服务业等。因此，零售业的统计数据和相关政策都是在流通业数据和政策中得到体现的，这是我国零售业及其研究一个独特的重要背景。

2002年10月1日，由我国国家统计局制定、国家质量监督检验检疫总局批准的《国民经济行业分类》（GB/T4754—2002）开始实施。该分类标准对零售业的定义是：百货商店、超级市场、专门零售商店、品牌专卖店、售货摊等主要面向最终消费者（如居民等）的销售活动，包括以互联网、邮政、电话、售货机等方式的销售活动，还包括在同一地点，后面加工生产，前面销售的店铺（如前店后厂的面包房）。在这个分类标准中，零售业属于H门类，即批发和零售业中的一个行业大类，其行业代码为65，具体包括9个行业中类，分别是：①综合零售；②食品、饮料及烟草制品专门零售；③纺织、服装及日用品专门零售；④文化、体育用品及器材专门零售；⑤医药及医疗器材专门零售；⑥汽车、摩托车、燃料及零配件专门零售；⑦家用电器及电子产品专门零售；⑧五金、家具及室内装修材料专门零售；⑨无店铺及其他零售。从我国的零售业定义和分类可以发现，我国的零售业主要指的是商品零售，而不包括西方学者所称的服务零售业务。

2004年10月1日，《中华人民共和国标准——零售业态分类》（GB/T18106-2004）开始正式实施，该分类对业态概念、业态划分等问题提出了国家标准。新标准中，零售业被定义为以向消费者销售商品为主，并提供相关服务的行业。零售业态是指零售企业为满足不同的消费需求进行相应的要素组合而形成的不同经营形态。新标准中，将零售业态从总体上分为了有店铺零售业态和无店铺零售业态两类。按照零售店铺的结构特点，根据其经营方式、商品结构、服务功能、选址、商圈、规模、店堂设施、目标顾客和有无固定营业场所等因素将零售业分为18种零售业态：食杂店、便利店、折扣店、超市、大型超市、仓储会员店、百货店、专业店、专卖店、家居建材商店、购物中心、厂家直销中心、电视购物、邮购、网上商店、自动售货亭、直销、电话购物。该标准具有四个特点：①将无店铺零售视为零售业态的类型之一：它是不通过店铺销售，由厂家或商家直接将商品递送给消费者的零售业态，包括网上购物、自动售货亭、电话购物类等。②添加了新近在国内发展起来的折扣店、家居建材商店、厂家直销中心的新型零售方式。③将原本的街边小卖铺统一纳入食杂店范畴。④原有的"直销"被取消。这个标准一直沿用至今。

2.2 零售企业创新的内涵

2.2.1 创新研究的由来

经济学中最早的创新研究可以追溯到 20 世纪初美籍奥地利经济学家熊彼特创立的创新理论。1911 年，熊彼特在其博士论文及 1912 年出版的《经济发展理论》中，最早认识到创新对经济增长的重要作用，提出了创新理论。第二次世界大战结束后，技术创新在经济增长中的作用使得熊彼特创新理论受到了理论界的重视。熊彼特认为：创新就是建立一种新的生产函数，即实现生产要素和生产条件的新组合，具体包括五种情况：①引入一种新的产品或提供产品的新质量。②采用一种新的生产方法。③开辟一个新的市场。④获得一种原料或半成品的新的供应来源。⑤实行一种新的企业组织形式。他还指出，第一个把新产品引入市场的企业，往往不是最终能够获取该项创新收益的企业。大多数企业对创新能力的兴趣都是关注经济效益，而这更多的是创新的广义概念，而不是创新的狭义概念（首先发明者）所能涵盖的，经济发展是在创新活动的推动下周期性进行的。

虽然熊彼特最初提出的创新概念包括技术与非技术的内容，当从其提出创新概念后一直到 20 世纪 80 年代，创新研究一直研究的是技术创新，经历了 20 世纪五六十年代的研发研究、20 世纪 70 年代至 80 年代初的系统研究阶段。这时的创新实质上指的是技术创新，即由技术的新构想经过研究开发或技术组合到获得实际应用，并产生经济、社会效益的商业化全过程的活动。技术创新研究依次形成了四个技术管理学派，即研发管理学派、创新管理学派、技术规划学派和战略性技术管理学派。其中，创新管理学派认为，技术创新对经济发展和人类进步起着关键作用，技术创新不仅涉及技术发明，而且涉及生产、制造、市场、销售、服务等商业化过程。因此，该学派主张将技术管理的视野从研发扩展到技术创新的全过程，使用创新过程的项目管理方法来管理创新（吴贵生，2000）。随着人们对技术创新复杂性和创新主体的认识越来越深入，针对技术创新源泉及其推动机制的研究经历了五个发展阶段（谢伟，1999）：技术推动模型、市场拉动模型、链接模型、整合模型、国家创新系统模型。从早期单向的技术推动和市场拉动模型发展到链接模型，人们逐渐认识到创新是一个复杂的具有很多反馈回路的交互过程。此后，整合模型又使人们认识到创新是所有业务行为共同作用进行整合的结果。而随着国家创新系统模型的提出，人们对创新过程的认识从简单的企业微观层面扩展到了复杂的国家层面的创新,创新参与主体越来越多,过程越来越复杂。

上述模型都侧重于单项技术创新的过程,Abernathy 和 Utterback 则提出了 A-U 模型,研究系列技术的创新过程。他们将系列创新过程划分为三个阶段:不稳定阶段、过渡阶段和稳定阶段。在这三个阶段,产品和工艺创新频率分布呈现一定的规律性。一项重大创新出现之后,往往会有一系列后续的创新跟随其后,形成创新群,从而引起新产业的成长或老产业的演变。因此,围绕某一领域的系列创新对产业发展有重大影响(吴贵生,2000)。彼得·德鲁克是管理学界最为出色的学者,与熊彼特最初提出创新理论的原创性贡献不同,作为管理学者的德鲁克更多关注的是创新活动的具体实施和管理。在 20 世纪 80 年代,创新的重要性已经被大家所公认,因此,此时的关键问题是如何进行创新。具体来说,就是如何寻找机遇;如何进行具体实施;什么样的政策和措施才能培育出企业家精神;企业家如何组织和管理团队;如何将一项创新成功地引入市场,赢得市场。在德鲁克 1985 年发表的《创新与企业家精神》一书中,他认为创新是通过有目的的专注的变革努力,提升一家企业的经济潜力或社会潜力。创新是每位高管的职责,它始于有意识地寻找机会。这些机会可以分门别类,但无法事先预知。要找到这些机会并加以利用,需要人们严格有序地工作。创新是一项系统性的、有目的性的工程。

2.2.2 零售企业创新的定义和分类

由于研究的视角不同,学者们赋予了零售企业创新不同的定义。从宏观角度,宋则(2004)认为,流通创新是在实体经济以信息化带动工业化的进程中,凭借先进理论、思维方法、经营管理方式和科学技术手段,对传统流通业格局中的商流、物流、资金流和信息流所进行的全面改造和提升。从管理学的视角,盛亚等(2007)认为,零售创新是零售商抓住市场潜在的盈利机会,重新组合生产条件、要素和组织,从而建立效能更强、效率更高和生产费用更低的生产经营系统的活动过程。而 Latchezar Hristov(2007)对英国零售企业经理进行的访谈研究中,把零售企业创新界定为新的(显著改进的)零售提供物的要素(包括产品、品种、服务、零售业态等),与支撑这些要素的组织和技术一起成功进行市场引入的过程,目的是使零售商获取新的,或者重新组合的市场知识和技术知识。

Hristov(2007)在对经理的零售企业创新定义总结的基础上认为,零售企业创新存在的不同层次可以用创新金字塔来描述:第一层是战略层面的创新;第二层是顾客相关的创新(提供物的创新);第三层是支持相关的创新和组织相关的创新。第一层是战略创新,第二层和第三层是运营层面的创新。与此类似,樊飞飞、肖怡（2006）认为，零售企业应该在战略整合、组织整合、流程整合三个层次上创新，这三个层次是有机结合在一起的，战略整合有助于企业确定长期的发展方向和战略目标；组织整合是实现企业战略目标的组织保证；而流程整合是形成企业核心能力的基础，所以这三个层次的创新均是企业获得竞争优势之源，是零售企业面对信息时代激烈竞争环境的生存之本。

罗森伯格（2001）则从微观层面研究了零售企业创新的类型。他们认为，零售企业创新有许多并且其本质各异，包括小的创新，如一种新的店内装饰，以及重大的、对世界而言都是全新的零售概念的七种零售企业创新类型：①全新业态；②合并；③不相关的品牌延伸；④相关的品牌延伸；⑤店内改变；⑥改造；⑦零售组合的小变化，如表2-1所示。这种分类借助技术创新理论中从重大创新到形式化创新的创新程度描述，使我们对零售企业创新类型有了新的认识，但是，这种分类实质上仅限于业态创新，没有涵盖更广泛的零售企业创新的类型。而且，限于当时还是主要以实体店面为主的传统零售业，所以，该分类也没有涉及网络零售业的创新类型，更没有涉及各种新零售商业模式的创新，具有很大的局限性。

表2-1 零售企业创新的程度

零售业的 创新程度	零售企业 创新的七种类型	具体例子
全创新 ↓ 小的渐进创新或无创新	全新业态	对世界全新的零售概念，如玩具超市、BBC的五金器具大型超市
	合并	利用关键要素或对两种不同零售种类进行组合，如书店和咖啡店的组合——读者咖啡店（Angus & Robertson）
	不相关的品牌延伸	把零售品牌延伸到不相关的种类，如Woolworths超市进入汽油零售领域——Woolworths的加油站
	改造（升级或革新）	显著变化，通常需要对全店进行根本改造和大投资（如内部改造）或者对商店或品牌重新定位（如预示接近市场的新标语），如凯马特的"新一代"翻新
	店内改变	店内某部分的重新布置（不同地板、灯光、陈设），使其具有特色，如Coles的天然食物精选
	相关的品牌延伸	把零售品牌延伸到相关的种类，如Target开设婴儿Target、麦当劳咖啡店
	零售组合的小变化	小改进，改变零售组合的一些要素（新扫描仪、新标记、小的服务变化），如Franklin的胶卷冲洗（降价）

资料来源：笔者根据Rosenberger等（2001）整理而成。

零售业作为服务业的一个重要分支，服务创新的定义应该适用于零售创新。因此，我们有必要对服务创新的定义进行回顾。欧盟在其服务创新研究项目SI4S中，认为服务创新可被视为从重大创新到形式化创新的一个谱，只是创新程度不同而已。服务创新不是具体的技术创新，而是包括管理、市场、组织等更广泛意义上的创新。因此，SI4S项目给出了服务创新的广义定义，即服务创新是指一切与服务相关或针对服务的创新行为与活动，服务创新可以在服务业、制造业和非营利的公共部门三个层次发生。因此，应用到零售业，可以认为零售企业创新是指一切针对零售服务相关或针对零售服务的创新行为与活动，该创新活动也可以在零售业，与其相关的制造业（上游的供应商），以及其他利益相关者之间发生。

2.3 零售企业创新的目的

如何判断创新是否成功，或者创新的目的是什么，这是一个关键问题。在服务创新中，Rust等（1995）学者对创新的财务效果进行了研究，他们认为，判断一项服务创新与改进计划是否可行，关键指标在于该方案是否能够带来利润。从服务企业的创新策略到提高利润率的路径是：企业引入服务创新活动，提高了顾客对服务质量的感知，从而提高了他们对企业的满意度和忠诚度，为企业带来了更多的利润。因此，服务创新是否能使顾客感知到显著的改善，提高满意度和重复购买成为服务创新成功的关键。但是，如何判断零售企业创新是否成功，或者成功的程度，还需要更多的研究进行说明。借鉴上述学者的研究成果，可以通过对零售企业创新实施前后的财务指标进行比较，如果在一定时期内存在显著的变化，那么，就可以判断这项创新活动是成功的。

企业创新的根本目的是创造竞争优势，而真正能够创造长久竞争优势的是核心能力，因此，创新必须是围绕着核心能力的构建和维持展开的（任学锋，2000）。从营销定位点出发，李飞、汪旭晖（2007）提出，竞争优势体现为围绕定位点进行营销组合所形成的提供给顾客的利益状态。他们认为，判断一个企业有无竞争优势，要看企业是否为相关利益者创造了长期稳定的优于竞争对手的价值，可以通过一系列企业绩效指标来评价，这些指标包括市场能力（市场占有率）、成长能力（销售额增长速度）、盈利能力（投资回报率增长速度）、企业价值（股价上涨速度），以及顾客价值（顾客满意度）。如果这些指标优于竞争对手，可以判定企业存在稳定的竞争优势，否则判定不存在着稳定的竞争优势。他们应用上述理论对沃尔玛的竞争优势进行了案例研究，研究发现，沃尔玛的竞争优势来源于业务流程的创新,而业务流程又受到物流系统和信息系统,以及企业文化的影响。因此,构建竞争优势,塑造企业核心能力是零售企业创新的根本目的。

肖怡(2001)认为,零售企业核心能力包括三个层次:战略整合、组织整合和流程整合。这三个层次均是企业获得竞争优势之源,并随着企业内外环境的变化而动态发展变化。创新是零售企业培育核心能力的主要途径,零售企业要获得持久的核心能力和竞争优势,唯一的方法就是进行持之以恒的创新活动。然而,她的战略整合实质上指的是零售企业要尽早确定自己的基本竞争战略,因此并没有整合的含义。而组织整合指的是企业组织结构、组织制度、组织形式(零售业态)等多方面的整合。流程整合是从企业各环节的作业流程中体现出的一种技术竞争能力,包括采购技术、物流技术、成本控制技术、营销技术、顾客服务技术、防损技术、信息管理技术等。这三个层次是相辅相成的,战略整合有助于企业确定长期的发展方向和竞争地位;组织整合是实现企业战略目标的组织保证;流程整合是企业形成核心能力的基础。她进一步指出,零售创新应该紧紧围绕提升企业核心能力来进行,这是管理变革与创新的出发点与立足点。她也承认核心能力是相对而不是永久性的,必须持之以恒进行创新来不断提升核心能力。

反之,零售商实现创新也必须依赖六个核心能力,如图2-1所示。这六个核心能力统称为以顾客为基础的能力,它能提供给消费者独特的个性化体验。围绕这六个核心能力的创新和整合会产生商业模式的创新。第一,零售商必须具备洞察顾客需求的能力。零售商如果对其目标顾客的需求有深刻的了解,就可以应用以顾客为导向的、由外而内的方法来设计顾客的购物体验。第二,零售商应有与顾客进行个性化沟通的能力。零售商可以通过各种渠道以及接触点实时地与顾

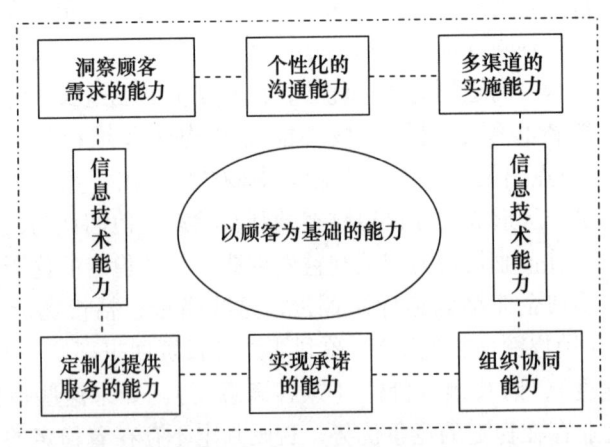

图2-1 以顾客为基础的能力

客进行联系，基于顾客过去的购买情况进行推荐和售后服务。第三，零售商应该具备多渠道的实施能力。零售商可以调整并整合所有渠道来支持兼容的顾客体验。这种能力使得零售商可以在任何时刻、任何地点，以统一的品牌形象提供顾客定制和喜欢的交流和购物方式。第四，零售商应该具备定制化提供服务的能力。零售商针对顾客期望和购物场合等因素来提供商品和服务。第五，零售商要有实现承诺的能力。零售商采用各种策略激励员工，通过员工们的满意来使顾客满意。第六，零售商还要具备组织协同的能力。零售商组织的各个部分应该实现无缝连接，从而适应消费者的需求。

2.4 零售企业创新的驱动力和模式

2.4.1 创新驱动力和模式

零售企业创新的驱动力是学者们最早关注的问题。已有成果对这个问题的研究包括两个视角：什么驱动了零售创新和谁发起了零售创新。这方面有三个代表性的研究成果：①Hertog 和 Brouwer（2000）通过对荷兰零售业的研究得出结论：零售企业创新的驱动力主要来自两个方面：一方面是不断变化的消费者行为；另一个方面是无店铺和新零售商等竞争者的出现。②Hans – Peter Liebmann 等（2003）认为，零售企业创新的动因可能来自股东对利润增长的要求、消费者价值观和购买行为的改变、新信息通信技术的产生，以及经济全球化的趋势。零售企业往往通过观察竞争对手、鼓励内部员工提供创意，从合作者以及消费者获取建议等来获取创新的想法。③Hristov（2007）对英国零售业经理的调查发现，65%的经理人员认为变化的消费者趋势是创新的主要驱动力。按照所占比例，从大到小，零售经理提及的创新外部驱动力依次是消费者趋势、竞争环境、产业周期和组织成长、技术、管制环境、零售商与供应商的关系。而且，许多零售商不再是供应商技术的被动采纳者，而是在日益以零售商为中心的供应链中，为自身利益承担"创新中心"角色的创新者，创新是当代零售商的战略选择。

在服务创新研究中，Sundbo 和 Gallouj（1998）在对多个欧洲国家服务企业调查研究分析的基础上，总结出服务企业创新的基本动力模型。该模型认为，服务企业进行创新的驱动力包括企业内部行为主体的驱动和外部因素的作用。他们将单个企业作为识别驱动力的界面，把驱动力划分为内部驱动力和外部驱动力。内部驱动力包括三类：企业的战略和管理、员工、创新部门和研发部门。服务创新的外部驱动力分为轨道和行为者两类。服务创新主要受五种轨道的制约，即服务专业轨道、管理轨道、技术轨道、制度化轨道和社会轨道。行为者包括顾客、竞争者、公共部门和供应商，他们对服务企业的创新活动有重要影响，并经常被包含在创新过程中。Hertog 和 Bilderbeek（1999）认为，服务业存在五种基本的创新模式：供应商主导的创新、服务中的创新、顾客主导的创新、通过服务进行的创新和范式创新。在此基础上，Hertog 和 Brouwer（2000）认为，零售业同样存在这五种基本的创新主导模式，但是这些创新模式的重要性相差很大：绝大多数零售企业创新是供应商主导的创新，服务中的创新或自发创新模式仅占少数；顾客驱动型创新有一定的比例，但也不占主导地位，而范式创新目前仅指电子商务创新（见表2-2）。他们通过对荷兰零售业的调查研究发现，只有Ahold、Macintosh和KBB等几个少数荷兰企业具有创新思维，大部分零售商是外部创新的被动接受者、成本驱动型的采纳者。

表2-2 零售业中的创新模式

服务创新的模式	例子
供应商主导的创新	• 扫描仪 • 库存补货系统 • 数据挖掘技术
服务中的创新	• 新业态 • 超市新的路线设计 • 新特许计划 • 零售与娱乐和美容相结合
顾客主导的创新	• 绿色或有机产品 • 送货到家
通过服务进行的创新	• 零售咨询者的作用：引入和支持新业态、新信息通信技术（Information and Communication Technology，ICT）系统的支持和引入、新交互营销战略的引入等
范式创新	• 电子商务

资料来源：Pim Den Hertog, Erik Brouwer. Innovation for the Retailing Industry: A Meso Perspective [R]. SIID Project, Phase2, 2000.

姚琼（2004）在对零售企业创新驱动力的研究中指出，零售企业创新受到外在动力和内在动力的驱动。创新的外在动力因素包括市场需求的拉动力、竞争对手的压力和技术发展的推动力；创新的内在动力因素包括企业内在的创新意识。

根据中国零售企业的特点，大城市的零售企业应选择竞争对手导向为主的创新模式；中小城市的零售企业应选择市场需求导向为主的创新模式。可见，消费者、供应商、竞争者、新技术、企业员工、外部咨询企业等是零售企业创新的主要驱动力；不同地区和类型的零售企业存在不同的创新发起或主导模式。

考虑到已有的研究成果没有结合零售业的产业环境和竞争情况进行分析，对零售企业创新模式的总结也不全面，因此，笔者借鉴服务创新驱动力的研究成果，应用波特竞争分析模型，结合零售业产业环境和竞争情况，构建了零售企业创新驱动力模型，并且详细分析了不同的驱动因素，全面概括了这些驱动因素作用下形成的八种创新模式。研究指出，由于技术的迅猛发展，零售企业创新的驱动力日益体现为技术创新的驱动，这主要是通过供应商和设备提供商、知识密集型服务业等外部力量来推动的，体现为两种重要的创新模式。作为面向最终消费者的行业，消费者主导的创新也非常重要，而竞争者引入的创新对于难以进行创新保护的零售业也有一定的影响。这四种创新模式在零售业中占据相当大的比重，其他驱动力和创新模式也在不同企业有所体现。不同规模、不同业态的零售企业应该根据自己的实际情况选择最适合的创新模式。电子商务作为重大的范式创新，是所有零售商都无法回避的创新模式，因为它的迅猛发展已经使得忽视其应用的任何企业都难以在市场中生存和发展。然而，对于零售企业创新的具体机制、创新环境，以及创新过程的分析还有很多空白，有待于今后进一步的研究。

2.4.2 知识密集型服务业

随着知识服务业的发展，创新中的服务研究成为热点之一。主要体现在知识密集型服务业（Knowledge–intensive Business Service）的研究，该研究开始于20世纪90年代，主要标志是英国曼彻斯特大学创新和竞争研究中心主任 Miles（1995）的研究成果。知识密集型服务业是指依赖于专业知识，提供以知识为基础的中介产品和服务，在知识生产和传播中发挥了重要作用的私人企业或组织（Miles，1995）。知识密集型服务业提供以知识为主体的解决办法，这种解决办法有很强的专业性，知识含量很高，这是它区别于其他服务业的一个显著特征。知识密集型服务业包括众多服务部门，目前被普遍采用的是由 Miles 提出的"两分法"，即将其划分为以新技术为基础的服务和传统专业服务。以新技术为基础的服务又称作"技术型"知识密集型服务业，是与技术有较强相关性、技术知识含量较高的专业性服务，其运作内容和结果以技术为主，如软件设计、与计算机相关的咨询和技术支持活动等；传统专业服务与技术相关性较弱，但也是以专业知识为核心的，如营销、金融服务等。

宏观层次上，知识密集型服务业的研究成果主要集中在研究知识密集型服务业在创新系统中的作用（Hertog P. 和 Bilderbeek，1998；Tomlinson，1999；Muller 和 Zenker，2001；Licht 和 Nerlinger，1998），以及相关的政策，主要的成果有 OECD 创新和科技政策（TIP）工作组撰写的《创新与知识密集型服务活动》报告，该报告综合了不同案例研究的结果，集中分析了知识密集型服务业作为载体和创新源所起的作用，而这些知识影响到各个组织的绩效、各部门的价值链和产业集群。微观层次上，一些学者研究了知识密集型服务业在企业创新中的作用。知识密集型服务业在企业创新中发挥了重要作用，它们往往是创新源、创新知识转移的代理人，以及不同类型专门技术的协调和整合者。而且，知识密集型服务业与客户合作过程中能够产生溢出效应，引发新的交互作用和知识创造（Strambach，2001）。然而，Marcela 和 Damian（2005）利用德国和英国的 IT 外包实证证据，对这个结论的普遍性提出了质疑。他们认为服务无形性、信息不对称和由此导致的服务特殊性，加剧了知识密集型服务业和客户间的冲突，给企业创新带来了障碍。

创新活动的本质决定了其基础是对知识的充分理解和利用。随着知识密集型服务业研究的深入，一些学者认为，区分作为功能的知识密集型服务业和作为机构的知识密集型服务业非常重要；同时，还应该区分知识密集型服务业和知识密集型服务活动（Knowledge - intensive Service Activity）这两个概念（Aslesen，2004）。知识密集型服务业主要依靠合格的专业人员作为投入，而知识密集型服务活动被定义为能力的供给，这是产出的概念。而且，知识密集型服务活动并不囿于知识密集型服务业或机构的框架范围内。所有企业和组织不管其是否被视为知识密集型，都在不同程度上从事和使用知识密集型服务活动，它既可以是企业内部也可以是外部提供的。因此，知识密集型服务活动被定义为"由制造企业或服务企业承担的服务活动的生产和整合，最终提供产品或出色的服务"。

如图 2-2 所示，活动和其提供者是分离的。知识密集型服务提供者基本上可以分为两类：第一类是以提供服务作为核心业务的专业提供商，由知识密集型服务企业和研究与技术组织（Research and Technology Organization，RTO）构成，RTO 是公共和半公共的研究和技术组织。第二类是非专业的在其核心业务之外提供服务的组织。而且，企业内部也存在服务提供者，被称为内部服务提供商，它们通常是组织中相对独立的服务部门，向组织中其他单位提供服务（Minna - Kaarina 和 Risto Rajala 等，2005）。在零售企业创新的过程中，零售企业内部和外部都有多种多样的知识密集型服务活动发生，以获取各种创新想法并将其转化为可实现的创新项目。

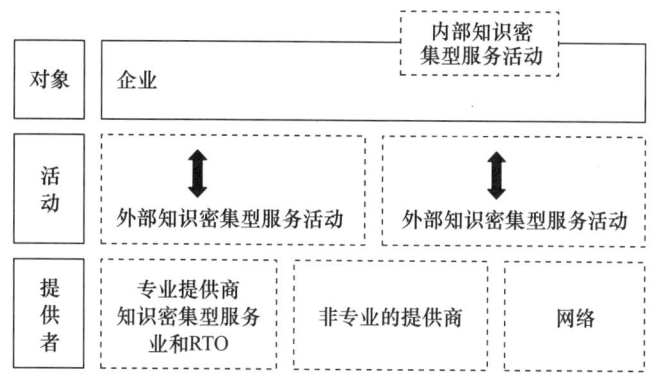

图 2-2 企业内外的知识密集型服务活动

从 2003 年以来,我国一些学者就开始介绍知识密集型服务业理论和发展现状(魏江和 Mark 等,2004;刘顺忠,2005;魏江和胡胜蓉,2007;张金成和陶峻,2005)。知识密集型服务业的发展是整体经济对知识密集型服务业需求快速增长的结果。对不同类型技术知识日益增长的需求,特别是 ICT 的知识,是知识密集型服务业需求增长的最根本原因。ICT 技术的出现和发展带动了密切相关的专业性服务和支持性服务的出现,包括软件开发、系统设计、培训、IT 咨询服务等,它们占据了全球 IT 市场相当大的份额。而且,知识密集型服务业是 ICT 技术的领先用户,知识密集型服务业的技术创新要求其用户具备相应的软、硬件装备和技术,因此带动了用户的技术创新和信息化水平。由于信息产业的飞速成长,现在 IT 服务业已经成为服务业中的一个独立分支(曹鸿星,2008)。对知识密集型服务业溢出效应的定量研究发现,我国知识密集型服务业的发展还是相对滞后的,当前其作用确实不如资本和劳动力明显。我国工业领域较早开始推进改革和开放,竞争压力使相当一部分制造企业在制造过程之内的竞争能力已经较强。但是服务业的低效率、高成本,降低了我国产业的整体竞争力。服务业能否提供低成本、高效率的分销服务、金融服务,以及会计、审计、法律服务等,成为我国产业竞争力能否进一步提高的重要因素。因此,大力发展以知识密集型服务业为核心的商业服务,对我国国家整体竞争力的提高是十分必要的(曹鸿星,2010)。总之,知识密集型服务业在宏观层次上的作用已经得到了很多学者的肯定,但是,关于知识密集型服务业在微观层次上企业创新中的作用,以及具体在零售企业创新中驱动力和对创新模式的影响,还有待于进一步的研究和探讨。

2.4.3 开放式创新模式

21 世纪以来,随着信息通信技术的迅速普及和发展,企业的边界开始变得模糊，传统的技术获取模式已经无法适应市场的需要。2003年，亨利·切斯布瑞（Henry Chesbrough）首先提出了开放式创新的概念。他强调了外部知识资源对于创新过程的重要性。当创新的环境从封闭式变为开放式的同时，创新的过程也必须发生相应的变化。他提倡对创新过程采取一种新视角和新观念。企业应该在所有可利用的资源中寻找有价值的创意，将其应用于发展公司自身的业务，同时也允许别的公司使用本公司的技术。陈钰芬和陈劲（2008）在亨利研究的基础之上，给出了开放式创新的定义：开放式创新模式是指企业在技术创新过程中，同时利用内部和外部相互补充的创新资源实现创新，企业内部技术的商业化路径可以从内部进行，也可以通过外部途径实现，在创新链的各个阶段与多种合作伙伴多角度地动态合作的一类创新模式。

封闭式创新模式的思维逻辑之所以过时，是因为有几个破坏性因素的存在：①熟练工人的可获得性和流动性越来越强；②风险资本的不断扩张给注重内部创新的企业带来了真正的风险；③被搁置的研究成果面临多种选择和出路；④外部供应商的生产能力不断提高。这些破坏性因素为企业在外部创造了一个可以加以利用的、丰富的研究资源，原先封闭的内部创新环境（企业必须自己发明新技术使用）已经转变为开放式创新环境（企业发明创造的新技术可以为内部使用，也可以被外部使用；企业可以从内外获得相关的技术资源）。

开放式创新模式不仅适用于技术创新，其他类型的创新也呈现出从封闭式创新模式向开放式创新模式的转变。其中，消费者对开放式创新有着重要的影响：Eric Von Hippel将消费者称为"领导型使用者"，他们是创新过程中重要的参与者。风险投资及其投资的新建企业也是创新发展过程中不可缺少的一部分。亨利用英特尔和朗讯公司的例子，说明了开放式创新的一个关键特征：风险投资的存在改变了每家公司的创新过程。风险资本的影响力范围早已远远超出它提供融资的新建企业，最终必将影响到相关联的其他公司，包括员工流失到新建企业的公司以及与新建企业有买卖关系、竞争关系或者合伙关系的公司。在开放式创新模式下，企业必须学会与风险资本共存，它们应当充分利用风险资本的实力为各种结构性的技术商业化试验提供融资服务，并把这些试验作为早期的市场探索，以保证公司未来的长远发展。风险资本的不断扩张给注重内部创新的企业带来了真正的风险。

我国很多学者不仅迅速引进了开放式创新的概念和思想，而且很快就结合我国创新活动的实践情况开展了很多研究。例如，陈钰芬和陈劲（2008）指出，在开放式创新模式下，创新不再以传统方式进行，而是发展成为一种全局性的活动。开放式创新体系吸纳更多的创新要素，形成以创新利益相关者为基准的多主体创新模式。目前，中国企业自主创新能力薄弱，创新资源投入不足，投入结构不合理，关键技术与装备基本依赖国外，企业掌握和运用专利制度的能力不强。导致上述问题的根本原因在于我国企业采取的是封闭创新模式，企业内部科技资源与外部丰富的创新资源相脱离，研发力量分散，难以形成攻关合力；企业不理解开放式创新的内涵、机理和管理方法。中国企业同样面临封闭式创新的破坏因素，如知识型员工越来越高的流动性，知识创造和扩散的速度越来越快，风险资本已经在中国布局，因此，开放式创新模式已经不仅是美国等发达国家的趋势，也将成为中国趋势乃至全球的趋势。

在开放式创新体系下，技术创新不再是一个简单的线性过程，而是一个多主体密切协作的、复杂的系统模型。开放式创新体系将引起企业核心能力概念的变化。在开放式创新体系下，内外创新资源的整合能力是创新成功的关键。因此，企业如何评估、管理和获取外部创新资源，如何整合内外创新资源，发挥协同效应，是开放式创新管理的重要内容。表2-3为封闭式创新和开放式创新基本原则的比较。

表2-3 封闭式创新和开放式创新基本原则的比较

基本原则	封闭式创新	开放式创新
公司精神（理念）	自己创意、发明和创新	最佳创意可能来自别处
创新空间范围	以内部资源进行创新和商业化	整合全球资源实现创新
核心能力	产品和服务设计的垂直一体化	外部资源的搜寻、识别、获取和利用，内外资源的整合能力
研发的功能和运作	内部研发、商业化而获利	整合内外部资源使公司资产产生最佳绩效；为识别和分享外部研发的价值，必须进行足够的内部研发
员工职责	完成自上而下的工作任务	企业创新主体
用户角色	被动接受我们的产品	主动的合作创新者
创新成功的测度	新增利润、销售收入、减少进入市场的时间、市场份额	研发的投资回报率、突破性的创新产品或商业模式
对知识产权的态度	拥有和严格控制知识产权	购买外部的知识产权，出售内部的知识产权获利

注：陈钰芬，陈劲. 开放式创新：机理与模式 [M]. 北京：科学出版社，2008.

2.5 零售企业创新过程

如何进行零售创新，这需要揭开零售企业创新的具体过程。目前，对零售企业创新过程进行全面概括和总结的研究还很缺乏。零售企业创新活动是一个由不同阶段组成的过程，已有的研究主要对零售企业创新过程的不同阶段进行划分，代表性的研究成果有以下四项：

第一，Hristov（2007）对英国零售企业的研究。该研究发现，许多英国零售商都存在类似于制造业的新产品开发过程。例如，英国零售商 Sainsbury 的新产品开发过程经历了五个阶段：①获取和开发创意；②开发项目；③开发自有品牌的战略计划；④行动、确认、产出和测试阶段；⑤产品分析和项目的绩效评价。ASDA、Boots 和 M&S 等零售商也存在类似的线性创新过程。不过，一些接受访谈的高层经理认为，创新是非结构化的，更多的是试验性的和机会主义倾向的。而且，该研究还证实零售企业创新过程符合逆向产品周期理论。Barras 的逆向产品周期理论是服务创新过程研究的成果。20 世纪 80 年代，Barras 在对一系列服务行业，包括银行业、保险业、会计业和公共管理部门的研究基础上，总结出由于技术波流入而引起的服务创新的一般演变规律，提出了服务创新活动的演进周期。由于它与制造业产品生命周期的顺序相反，被称为逆向产品周期理论。该理论认为服务创新是由对信息技术的吸收和使用而形成的，将技术看作服务创新的巨大推动力，属于典型的供应商主导的创新。

Hristov 的研究表明，与制造业创新过程不同，零售业典型的创新过程"行动—学习—行动"揭示了其逆向的开发和投资周期。制造业创新的研发是开发努力和资金支出最多的阶段，而新产品投放后就是渐进的产品改进。零售业正好相反，创意产生和评价阶段很大程度上是试验性的、渐进的和相对花费少的，然而，从组织、过程和资源来看，将创意在整个零售业务组合中执行和扩散阶段常常需要重大和长期的努力。例如，1994~2006 年，Tesco 花费了将近 12 年的时间，才在其整个零售业务系统中推广和实施了快递商店的概念，这项创新是典型的逆向创新过程。

第二，Martin 和 Horne（1995）对零售企业创新投入的研究。为什么一些零售创新要比另外一些零售创新成功？美国学者 Claude R. Martin 提出了这个非常重要的问题。他认为，绝大多数研究都没有讨论什么因素影响了零售企业创新过程，以及什么因素导致了其成功。因此，Martin 和 Horne 对美国零售企业管理者进行了访谈，揭示了内外投入和顾客信息的使用是零售创新过程的关键点，是决定创新成功程度的主要因素。在进一步的研究中，Martin（1996）把零售创新过程分为三个阶段：概念开发、商业分析和市场测试商品化。在这三个阶段中，创新思想相继被产生、筛选和实施。通过实证研究，Martin 发现，在创新的前两个阶段，即概念开发和商业分析阶段，大量采纳顾客信息对创新成功水平具有显著影响。

第三，在创新研究的主流文献中，一般用技术推动来说明过程创新，用市场推动来说明产品创新。据此，Gary Davies（2006）认为，零售企业创新可被看作是在产品和过程两个维度或二者都同时发生的过程，他对英国食品零售业进行了分析发现，不断的产品创新是保持零售商差异化必备的手段。

第四，我国学者盛亚等（2007）指出，尽管零售创新的具体过程与方式是多种多样的，但零售创新的一般过程可分为四个基本阶段：①零售创新的构思设计阶段；②零售创新的设计阶段；③零售创新的试评估阶段；④零售创新的实施推广阶段。他们还认为，零售创新过程是一种持续性创新过程，顾客常常充当着创新的参与者、合作者、消费者等角色，对零售创新的过程延续性和有效性产生重要影响。

从零售业的功能出发，Hristov 还总结出了现代零售企业创新的六个显著特征：①许多现代零售商已经成为双向的创新扩散网络中心。一方面，他们向下游的消费者进行新的产品、服务和技术的扩散；另一方面，他们又把消费者需求的市场知识向上游的供应商进行扩散。在这个过程中，零售商发起与顾客和供应商进行合作创新。例如，Tesco、沃尔玛、家乐福等都通过与供应商合作进行多元化发展，迅速进入融资服务、电信等行业。②零售企业创新比制造业创新容易模仿得多，因为它们常常是反复的、高度可见的和相对简单的。这导致企业间的知识溢出迅速侵蚀了创新者的先动优势，因此极大地影响了零售商通过创新获取长期利润的能力。③零售企业创新占主导地位的是非技术创新。在调查中，零售从业者认为，零售创新大多是由社会经济趋势驱动的非技术的、面向消费者的创新活动。当然，技术是重要的基础，但是，与制造业相比，技术轨道对零售业的影响相对有限。④零售企业创新是面向消费者的。创造差异化、以顾客为中心是零售商创新的优先选择。⑤许多零售商都存在类似于制造业的新产品开发过程。⑥与制造业的创新过程不同，零售企业创新是逆向的创新周期。

2.6　本章总结

目前，零售企业创新的研究集中在零售企业创新的定义和类型、零售创新的驱动力和模式、零售企业创新的阶段和创新目的等方面。这些研究成果使我们更好地理解零售企业创新过程，促进了零售企业的创新活动。但总体上，零售企业创新研究还处于起步阶段：一方面，由于零售企业创新研究过去主要是从经济学的视角来探讨各种业态的演变过程，从管理学的角度对零售企业创新管理的研究刚刚开始；另一方面，与丰富和活跃的零售企业创新实践相比，已有成果对零售企业创新过程的研究还十分有限，远远落后于零售企业创新实践的发展。

首先，现有研究理论上缺乏对我国零售企业创新的了解，具体而言，我国零售企业创新是什么，怎么发生的，受到哪些因素的影响，还不太清楚，存在一个较大的理论缺口。与其他行业相比，零售业研究在我国所受的关注和重视非常低。已有的研究主要集中在基础理论和经营管理方面，非常缺乏对零售企业创新实践的案例分析和总结，尤其缺乏对我国零售企业创新过程及其环境的研究。

其次，Hertog 和 Brouwer（2000）的研究使我们对零售企业创新的驱动力有了更多的认识。Hristov 和 Martin 等（2007）的研究为揭开零售企业创新过程的"黑箱"做出了一些贡献，使我们对零售企业创新过程的投入、顾客信息的作用，以及逆向产品周期的特征有了认识。但是，正如 Martin 指出的，单个研究很难实证整个零售企业的创新过程，它是一个杂乱的、难以规划的、跨部门合作的、对权力和规则进行平衡的交互过程，要构建出能够实际应用的创新过程模型是非常困难的。此外，作为零售企业创新过程的最后阶段，如何判断零售企业创新是否成功，或者成功的程度，还需要更多的研究进行说明（见表 2-4）。而且，这些研究结论是否符合我国零售企业的创新实践，都有必要进一步研究。

总之，由于零售业提供的是有形物品、分销和服务的组合，因此，零售企业创新过程是复杂多样的，本质上是混杂的，需要新的分析工具和测量方法来反映这种复杂性。目前的研究都没有完整地说明零售企业创新过程具体是什么，每个阶段发生了哪些活动、有什么特点。今后可以围绕这些问题进行研究，这将有利于我们归纳零售企业创新的规律，对促进零售企业创新产生和创新管理有着重要的意义。

表 2-4 代表性研究成果

创新过程	研究的问题	研究者	需要进一步研究的问题
1. 明确创新定义	零售创新定义	Latchezar Hristov（2007） 宋则（2004） 盛亚等（2007）	零售创新的定义过于宽泛，需要有明确指标来确定什么是创新及其创新程度
2. 产生创新动机	零售创新目的	李飞、汪旭晖（2007）	应该结合零售创新的目的——形成竞争优势来构建判断什么是零售创新，以及创新是否成功的指标体系
3. 出现创新驱动	零售创新驱动力	Hertog Pim Den、Erik Brouwer（2000） Hans-Peter、Liebmann 等（2003） Latchezar Hristov（2007） 姚琼（2004）	在什么环境下，不同的驱动力发生作用，驱动力之间的互动关系和作用机制如何

续表

创新过程	研究的问题	研究者	需要进一步研究的问题
4. 界定创新内容	零售创新层次	Rosenberger 等（2001） 樊飞飞、肖怡（2006） Latchezar Hristov（2007）	根据创新目的，对零售创新层次和内容进行研究
	零售业态创新	Stephen Brown（1989，1990） Reynolds、Jonathan 等（2007） 李飞（2006）	对新兴业态的研究： 在研究业态创新的同时，关注其与技术创新、商业模式创新的关系研究
	零售技术创新	Ogenyi Ejye Omar（1995） H. T. Keh（1998） Julio Jimenez–Martinez、Yolanda Polo–Redondo（1998） Ruud T. Frambach 等（1998） K. Lal（2002） 宋则（2004）	对新技术应用的研究： 在研究技术创新的同时，关注其与业态创新、商业模式创新的关系研究
	商业模式创新	M. J. Xavier 等（2005） Reynolds、Jonathan 等（2007） Kaufman–Scarborough C. 等（2008）	对新商业模式的研究： 在研究商业模式创新的同时，关注其与业态创新、技术创新的关系研究
5. 创新发展阶段	零售创新阶段	Martin C. R.、Horne D. A.（1995） Claude R. Martin Jr.（1996） Gary Davies（2006） Latchezar Hristov（2007）	对每个创新阶段具有什么活动发生、有何特点和规律进行研究
6. 创新过程系统	前述内容的综合	很少	需要对零售创新过程从创新的界定、创新的目的、驱动力和创新主体、不同阶段的具体活动和特点进行全面、系统的研究

第 3 章　研究设计

3.1　研究概念界定

首先,由于零售业是一个行业大类,具体包括九个行业中类,在我国主要指的是商品零售,而不包括西方学者所称的服务零售业务。限于时间和资源有限,本书以狭义的零售业定义为准,即仅指商品零售,以 2004 年 10 月 1 日《中华人民共和国标准——零售业态分类》(GB/T18106—2004)为标准,本书选择两个大类:有店铺零售业态(Store Retailing Format)中的百货、超市、家电专业店,以及新兴的无店铺零售中的网上商店作为研究对象。有店铺零售业态即实体零售业,是有固定的进行商品陈列和销售所需要的场所和空间,消费者的购买行为主要在这一场所内完成。网上零售是借助网络实现商品或服务从商家/卖家转移到个人用户(消费者)的过程,在整个过程中的资金流、物流和信息流其中任何一个环节有网络的参与,都可称为网上零售。具体如表 3-1 所示。

表 3-1　研究对象的说明

研究业态	含义
百货店	在一个建筑物内,经营若干大类商品,实行统一管理,分区销售,满足顾客对时尚商品多样化选择需求的零售业态
超市和大型超市	是开架售货,集中收款,满足社区消费者日常生活需要的零售业态。根据商品结构的不同,可以分为食品超市和综合超市。大型超市是指实际营业面积 6000 平方米以上,品种齐全,满足顾客一次性购齐需求的零售业态
家用电器及电子产品专业店	以专门经营某一大类商品为主的零售业态。家电专业店指专门经营家用电器和计算机、软件及辅助设备、电子通信设备、电子元器件及办公设备的零售活动

研究业态	含义
网上商店	通过互联网进行买卖活动的零售业态,即不通过店铺销售,通过现代通信工具进行互联网销售,由厂家或商家直接将商品递送给消费者的零售业态

零售业属于服务业的一个分支,所以,从零售业价值链的角度,本书采用服务创新的广义定义,认为零售企业创新可被定义为发生在零售业中的创新行为与活动,不仅包括技术创新,而且涵盖管理、市场、组织和其他软性方面的创新活动。该定义包括微观的零售企业层次和中观的零售产业层次两个方面:从微观层次来说,是指发生在某个零售企业的创新行为和活动;从中观层次来说,是指发生在零售产业价值链中的创新行为和活动,涉及其他的参与者或利益相关者。如何认定是否存在创新呢?按照熊彼特的定义,在某个范围或程度上首次出现就是创新;当然,在全世界范围内首次出现属于根本性创新。本书采用前者,即认为在我国市场中首次出现,或在同类中属于最早出现的活动或模式就认为是创新,根据这个标准来对零售企业的创新活动进行取舍。其中,中国连锁经营协会历年举办的中国零售创新奖项,以及世界零售大会关于创新的颁奖都是选择的重要参考。

3.2 研究的理论框架

本书关注我国零售企业创新的原因、类型、效果和保障条件,力图较为全面、客观地反映我国零售企业的创新实践活动,具体有两个研究问题:①我国零售业的创新是什么?②零售企业创新过程中的主要影响因素是什么?它们发挥什么作用?在前人研究成果的基础上,图3-1给出了本书研究的理论框架。

零售企业创新是在一定的环境下发生的,表现为外圈的创新驱动力。现有的研究结果表明,零售企业创新主要是在消费者、竞争者和技术驱动下发生的。作为面向最终消费者的行业,消费者是最为直接和重要的创新驱动力;各种激烈竞争的挑战是零售企业不得不进行创新的原因,而且由于这些创新往往难以保护,很容易模仿,因此又引发了零售企业新一轮的创新热潮。技术创新的驱动主要通过供应商和设备提供商、知识密集型服务业等外部力量来推动,这类创新在零售业中占据相当大的比重。对于我国零售业,这三个方面的影响因素是不是最为重要的,还有没有其他重要的影响因素,都是有待研究的问题。

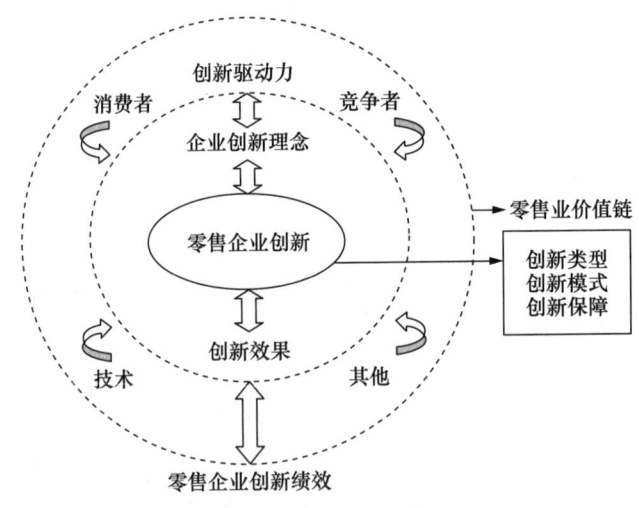

图3-1 研究的理论框架

根据德鲁克《创新与企业家精神》的观点：创新是每位高管的职责，它始于有意识地寻找机会。本书的研究目标是探究我国零售企业的创新活动是什么，受到哪些因素的影响。因此，更多的是借鉴德鲁克的创新管理视角，关注我国零售企业创新活动的具体实施和管理。因此，在内圈，零售企业在不同驱动力作用下进行创新活动。构建竞争优势、塑造企业核心能力是零售企业创新的根本目的，也是零售企业创新研究的价值所在。在这个过程中，不同的企业领导人及其团队信奉不同的创新理念，这直接决定和影响着零售企业的创新活动及其效果；由于我们对零售企业创新的具体机制、创新环境，以及创新过程的分析还有很多空白，因此，本书具体研究零售企业的创新类型、创新模式和创新保障，以及我国零售企业创新的显著特征是什么。正如前人研究所示，当代环境下，有两个明显的发展趋势：一方面，知识密集型服务业在企业创新中发挥重要的作用，零售企业内部和外部都有多种多样的知识密集型服务活动发生；另一方面，我国企业面临封闭式创新的破坏因素，开放式创新模式已经成为我国的发展趋势，因此，考虑到这些影响因素，我们提出以下四个命题：

命题一：创新是否能够取得成功需要客观要素和主观能动性的有机融合。领导人理念和相应的组织保障是创新是否能够成功的关键。

命题二：零售企业创新与中国宏观环境密切相关，各个关键时点往往会出现密集型的创新活动。

命题三：零售企业创新存在风险，如何制衡创新活动与其带来的风险，直接决定创新的效果和绩效，是零售企业的重要战略问题。

命题四：不同零售业态的创新类型、创新驱动力和创新模式存在差异。

3.3 研究方法

如图 3-2 所示，本书采用多案例研究的方法，具体而言，本书的研究分析单位是我国零售企业的创新事件，我们将按照时间顺序，回顾每个案例企业的历史发展过程，并且关注其中发生的重要的标志性创新事件，以及在此过程中该企业的创新理念和相应的组织保障。

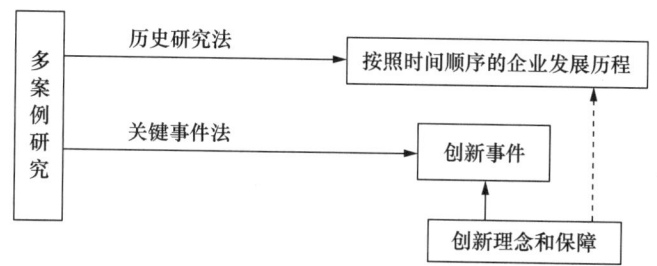

图 3-2　研究方法的逻辑

案例研究可以分为探索性、描述性和解释性三种类型。探索性案例研究适合在不能确定研究问题和理论假设的情况下，为形成明确的研究问题和理论假设而使用。描述性案例研究通过对研究对象的历程、关键事件以及过程进行深度描述，以坚实的经验事实为支撑，形成主要的理论观点或者检验理论假设。解释性案例研究旨在通过特定的案例，对事物背后的因果关系进行分析和解释，适用于研究"为什么""怎么样"之类有关因果关系的问题。案例研究的问题可以是理论驱动型，也可以是现象驱动型，对于现象驱动型的研究问题来说，研究者必须强调此现象的重要性和现有理论的贫乏（王金红，2007）。进一步，苏敬勤和李召敏（2011）根据案例的作用这个维度，也认为案例研究方法的运用模式有探索性、描述性和验证性三种。探索性运用模式的目标重在对企业的新实践和客观事实进行探索，以挖掘出创新性理论。该模式可用"先案例探索+后理论升华"来表示。描述性运用模式的目标重在对人、事件或情景的概况做出准确的描述，以期望揭示新问题和新现象，主要以提供研究所需的素材为目标。该模式可用"基于扎根理论的案例描述"来表示。验证性运用模式的目标重在验证、补充或修正理论命题，可用"先理论构建+后案例论证"来表示。他们认为应该多采用探索性运用模式，尽量不采用验证性运用模式。

正如第二章所言,现有文献缺乏对我国零售企业创新过程的系统研究,因此,本书研究我国零售企业创新是什么,怎么发生的,兼具探索性和描述性的研究问题,而定性的案例研究方法回答"是什么""怎么样"等问题,尤其适用于探索较少被研究的现象,以形成新的概念或理论。因此,本书采用案例研究方法是合适的。零售企业创新的形成和发展涉及较长时间的动态过程,因此,必须对零售企业的历史过程进行详细追踪。本书同时采用了基于时间序列的过程模型分析,和基于多案例分析基础的模式匹配分析。本书研究分析的具体单位是案例企业的创新活动和实践,这些活动和实践是零售企业发展历程中的关键性事件,具有一定的里程碑式的作用和意义,因此,采用关键事件法也是恰当的。

3.3.1 多案例研究

本书采用多案例研究,多案例研究就像做了多个实验,这种设计能对相同的逻辑过程进行重复,每个案例都可以验证从其他案例得出的结论。根据 Eisenhardt(1991)的建议,随机选择案例不是必要的,也不是可取的,而且必要时可以选择极端案例,并且她认为选择 4~10 个案例进行分析是比较合适的。她还进一步指出,多案例研究设计可以更好地提炼出理论,并能通过案例的重复支持研究的结论,从而提高研究的效度,多案例的研究能够更全面地了解和反映案例的不同方面,从而形成更完整的理论。Sanders(1982)则建议进行多案例研究时最佳的案例数目为 3~5 个。遵循这些学者的建议,本书兼具探索性和描述性的研究性质,目的在于拓展理论,因此,针对现有文献和理论中的缺口,同时,在文献综述的基础上,根据上文提出的理论框架和分析思路,按照一定的选取标准,最终确定了 12 个案例,它们具有很强的典型性和可比性,基本上能够反映我国零售业的创新实践活动。

仅仅关注领先企业,所反映出来的创新实践不足以反映中国零售多姿多彩的创新活动。因此,不管是第一梯队的,还是第二梯队、第三梯队的,甚至已经退出市场的零售企业也应该成为我们的研究对象,这样才能够从总体上反映中国零售领域的创新实践。对有店铺零售业态和无店铺的零售业态,我们分别选择了每个业态中具有代表性的两家企业进行两两比较和总结,通过对具体创新活动、创新类型、创新的影响因素进行分析,得出各个零售业态创新的共性,并且比较不同零售业态创新活动的差异性。如表 3-2 所示,选择这 12 家公司是基于以下考虑:①它们的创新活动非常具有代表性;②它们的创新类型包括业态创新、技术创新和商业模式等多种零售创新类型;③它们分别属于不同的零售业态或业种,可以反映出我国零售企业创新活动的全面情况。

表 3-2 案例研究的公司

案例研究公司	百货商城	超市	家电专业店
有店铺零售业态	当代商城	物美	苏宁
	银泰百货	永辉	国美
无店铺零售业态	平台式电商	垂直式电商	
	阿里巴巴	红孩子	
	京东	凡客	
	当当	聚美优品	

根据交易主体、经营商品范围和种类，可以将网上零售分为以下六类（见表 3-3）：

表 3-3 网上零售的分类

交易主体	销售商品范围	销售商品种类
B2C	垂直类	虚拟服务类
C2C	综合类	实物类

由于无店铺零售业态的模式创新非常迅速，阿里巴巴集团衍生出了淘宝、天猫、聚划算等模式；京东在 2004 年创业时专注于 3C 产品，现在已经发展成为各个品类的综合式平台电商；当当也是从书籍这个品类入手，发展成为更多品类的综合类电商平台。因此，我们将阿里巴巴、京东、当当作为一组来进行对比研究。而红孩子、凡客、聚美优品一开始都是聚焦于化妆品、母婴用品、休闲服饰等一个具体的品类，开创了自有品牌，为某一个特定的目标市场服务作为特色，后来经历了上市但寻求退市、被收购，以及扩张后压缩等挫折，所以，很难用单一的分类标准来刻画它们，因此，将其作为一组进行创新类型、影响因素和模式的分析。表 3-4 为 12 个案例研究公司的创建年份及其现状的描绘。

3.3.2 历史研究法

历史研究是指对过去出现的事件、人物、机构等的事实和原因以及它们对社会或某个领域的影响的研究。由于历史研究的对象和数据来源的特殊性，历史研究所采用的方式和所面临的问题就与其他研究方法有所不同，从而构成比较专门的一类研究方法（张晓林，1995）。只要是追根求源，追溯事物发展的轨迹，探究发展轨迹中某些规律性的东西，就属于历史研究的范围，也就不可避免地要运用历史研究法。简而言之，历史研究就是以过去为中心的研究，它通过对已存在的资料的深入研究，寻找事实，然后利用这些信息去描述、分析和解释过去的过程，同时揭示当前关注的一些问题，或对未来进行预测。历史研究要穷尽所有可能，找到尽可能多的史料来进行归纳总结，但是，作为个体，笔者是无法完成如此庞大的工作量的，因此，还是只能选择性注意，即根据一条思路清晰的线索，合乎逻辑地进行证据链的展开，从而大致描绘出各个企业的创新过程和概况，也就是只能抓住根本，忽略枝蔓，否则会再次陷入只见树木，不见森林的境况。

表3-4 12个案例研究公司的创建年份及其发展

公司名称	创立年份与创始人	现状
当代商城	1995年 金玉华	2014年底，当代商城被并入北京翠微大厦股份有限公司，成为其全资子公司。2015年，当代商城向购物中心转型
银泰百货	1998年 沈国军	2015年5月，阿里巴巴成为银泰百货的第一大股东，银泰创始人沈国军和复星集团目前为银泰的第二、第三大股东。至此，银泰百货演变为一家以百货零售、购物中心、电子商务为主营业务的、大数据驱动的、消费解决方案提供商
物美	1994年 张文中	2006年11月12日，公司创始人原董事长张文中因经济罪案辞职。2008年10月10日，河北省衡水市法院以个人诈骗罪、单位行贿罪和挪用资金罪一审合计判处其18年有期徒刑
永辉	1995年 张轩松	开创中国"农改超"的"永辉模式"。2010年，A股成功上市，实现年销售额过百亿元；与京东合作推出O2O电商平台
苏宁	1990年 张近东	2004年7月21日，苏宁电器（股票代码：002024）在深交所成功挂牌上市。从2009年转型到2015年，苏宁的线上线下销售比例已经达到1:3
国美	1987年 黄光裕	2004年6月，国美电器有限公司（股票代码：HK.0493）在中国香港上市。2008年11月23日，黄光裕遭公安机关拘查。2010年8月30日，黄光裕因非法经营罪、内幕交易罪、单位行贿罪，数罪并罚，被判处有期徒刑14年，并处罚金6亿元，没收个人财产2亿元
阿里巴巴	1999年 马云	2007年11月，阿里巴巴网络有限公司（股票代码：HK.1688）在中国香港联交所主板挂牌上市。2012年6月20日，"1688"在香港联交所退市。2014年9月19日，阿里巴巴集团于纽约证券交易所正式挂牌上市，股票代码"BABA"
京东	1998年 刘强东	2014年5月，京东在美国纳斯达克证券交易所正式挂牌上市（股票代码：JD）
当当	1999年 李国庆、俞渝	2010年12月，当当成为中国第一家完全基于线上业务、在美国纽约证券交易所上市的B2C网上商城。2016年9月2日，当当宣布公司股东已经批准了公司之前达成的私有化协议。当当即将从纽交所退市，成为一家私人控股公司

续表

公司名称	创立年份与创始人	现状
红孩子	2004年 徐沛欣等	2012年9月25日,红孩子被苏宁电器以6600万美元的价格收购,其后并入苏宁易购平台
凡客	2007年 陈年	2013年9月,凡客陷入供应商欠款风波,进行战略调整
聚美优品	2010年 陈欧等	2014年5月16日,聚美优品在纽交所正式上市。2016年2月17日,聚美优品启动私有化进程

正如《基业长青》的作者吉姆·柯林斯和杰里·波勒斯在论述历史研究方法时所说的:"更重要的是,我们相信唯有历史的维度,才能引导大家了解高瞻远瞩公司背后的根本动力。打个比方,你不可能完全了解美国,除非你了解美国的历史——独立战争、立宪理想、南北战争、开发西部、20世纪30年代的大萧条和杰斐逊、林肯、罗斯福等先贤们的影响力,以及其他历史因素。我们认为,公司很像国家,两者反映过去事件和遗传因素的塑造力量。这种因素根植于过往的世代。"本书旨在于纷繁复杂的中国零售环境中,较为全面、系统、深入、客观地对企业创新过程进行记录、总结、归纳和反映。不人云亦云,也不站在时代风潮,肆意点评和展望各种未来发展的趋势,而是更多地从历史事件来探索、捉摸,找出创新内在发生的逻辑和规律。另外,每个案例的内容简短精练,但是客观阐述事实,不用溢美之词或者误导性措辞,通过典型事件,勾勒出每个零售企业创新过程中的关键事件和决策点,注重纲举目张;通过对零售业各个代表性业态典型企业创新过程的分析,概括出中国零售业过去20年的发展历程和创新活动,既可以作为史料了解,又可以作为创新研究的学术成果呈现。

3.3.3 关键事件法

本书的分析单元是具体的零售企业创新事件。对创新事件的选择,有三个视角:第一,来自企业自身的观点,很多二手资料里有关于创新的介绍、宣传等;第二,各个媒体的相关报道,里面既有企业的授意,也有报道者的主观判断和评价;第三,来自第三方的评价。相比而言,各种榜单提供了一个相对客观的标准,因此成为本书的首选。

关于零售创新的奖项,主要来自两个方面,一个是《中国连锁经营年鉴》,另一个是世界零售大会的评选(2013年11月首次有中国企业入选——物美)。要研究零售创新,必须从零售企业实践出发。因此,本书选择案例的标准来自零售业第一线的行业评比——中国连锁经营协会（China Chain-Store & Franchise Association，CCFA）每年对我国零售企业创新的评奖。该协会成立于1997年，截至2015年底，协会会员有1000余家，连锁店铺约34万个，覆盖零售、餐饮酒店和服务业，其中零售会员2015年销售规模达3万多亿元，占社会消费品零售总额的10%。根据笔者所能收集到的数据，从2013年起，每年CCFA都会定期评审出当年中国零售创新的各项奖项。例如，2016年，除了当年的中国零售创新大奖之外，CCFA将零售创新分为业态创新、营销创新、客户体验创新、管理模式创新、供应链创新五类奖项。2016年，CCFA零售创新奖采取企业自荐与专家推荐相结合的方式，聘请行业权威专家组成评审委员会，秉承公正、科学的评选标准，从创新力、影响力、发展潜力、借鉴价值四个维度综合衡量，共评出5个零售创新大奖，29个零售创新奖，共计34个零售创新奖项[①]。本书案例企业所获中国连锁经营协会零售创新奖项如表3-5所示。

表3-5 中国连锁经营协会零售创新奖项（本书案例企业）

获奖企业	获奖年度和事宜
银泰百货	2015年零售创新大奖 第一时间直购全球，为你的家精挑细选——银泰西选创新项目 2016年零售创新大奖 好商品不贵——银泰集货项目
永辉超市	2016年业态创新奖 永辉"精标店"业态创新：餐饮+零售+智能硬件
苏宁	2013年零售创新大奖：模式创新 "电商+店商+零售服务商"的云商模式 2015年零售创新大奖 苏宁易购云店——互联网思维的创新零售门店 2016年管理模式创新奖 苏宁易购服务站直营店，创新县域级农村O2O零售模式
国美	2013年零售创新奖：管理优化 门店激励模式创新推动零售连锁企业经营模式变革 2014年零售创新大奖 国美全渠道零售商战略 2015年零售创新大奖 智享新生活+构建新零售生态圈 2016年营销创新奖 国美营创创新型平台，链接共享极致价值

---

① 中国连锁经营协会官网，http://ccfachuangxin.kuaizhan.com。

续表

获奖企业	获奖年度和事宜
京东	2016年零售创新大奖 京东基于实时监控系统的生鲜冷链一体化解决方案

3.4 数据收集和分析

为了确保研究的信度与效度,应该使用多种数据资料分析,并有多人参与访谈。因此,笔者在数据收集、数据分析等环节都遵循了Yin等学者的建议。Yin(1994)认为,案例研究最常见的信息来源有六种:文献、档案记录、访谈、直接观察、参与性观察和实物证据。Denzin(1978)也认为,应该使用多种数据资料,如面对面访谈纪要、企业历史档案、新闻报道等来保证研究的信度和效度。由于数据的不可获得性,本书数据收集和分析采用了以下三种方法:

第一种方法:文献、档案记录等,对案例公司的二手资料进行研究。

采用收集和整理文献、档案数据的二手资料分析方法,笔者查阅了2000年至今有关的报纸、杂志、网络报道等,浏览了相关企业的宣传海报、手册、公司刊物和公司网站等。在数据来源、分析数据的原则和控制手段方面,笔者秉承一个很重要的原则:对于材料,一定要分清哪些是宣传内容,哪些是事实陈述。

第二种方法:深度访谈和现场观察。

围绕研究领域,通过阅读文献资料确定大致的研究框架,形成访谈提纲,对案例公司以及主要供应商的管理人员和员工进行访谈,请他们提供和核实有关信息,并就主要研究结果提出看法。在访谈之余,对案例公司的产品销售现场进行了参观。当然,限于资源和能力,笔者无法对每一个案例公司进行深度访谈。但与以下一些零售企业管理人员进行了交流,并现场参观了企业。

2009年3月,笔者参加了当代商城高层经理座谈会,时间为3个小时。当代商城副总裁与物流运营部、商场管理部、客户服务部、企业发展部、信息部等主要部门的部长都参加了座谈会,对当代商城的品牌创新体系、服务创新、管理创新、信息系统创新以及国际代购等问题进行了讨论与交流。同时,参观了当代商城VIP会员俱乐部、退换货受理处等,感受其产品及卖场气氛,有助于具体了解企业各个方面的运行情况。参观了红孩子的各个事业部、呼叫中心和技术中心，具体了解了企业各个方面的运行情况。参观了物美公司总部和凡客诚品公司总部。2009年5月，笔者对红孩子的品牌推广部总监和公关经理进行了访谈，时间为3个小时，对红孩子的发展历程、社区体验中心和企业核心竞争力等问题进行了讨论与交流。2009年6月，对物美公司的公共部经理、公司副总裁等进行了访谈，了解了物美技术项目创新、自有品牌开发等情况。2011年，对凡客诚品公司的管理人员进行了访谈和交流，并参观了当时的凡客诚品总部，听取了相关人员的介绍，并进行了交流。

第三种方法：聆听零售企业关键领导人的演讲。

本书研究的案例企业的领导人都非常有领导力和个人魅力，他们经常接受各种媒体的采访，并受邀到各种会议、论坛，或者大学进行演讲。因此，通过阅读他们的采访报道、观看他们的演讲视频、聆听他们的演讲广播、分析他们的个人传记及其企业传记，能够为本书提供非常丰富的素材和研究资料，也是突破个人能力和资源限制的解决方案。

学术界非常强调案例研究中第一手数据的重要性，笔者认为：首先，由于研究问题本身的性质不同，一味要求第一手数据是否合理，这值得具体探究。其次，由于第一手数据的可获得性问题，使得研究者往往是有什么样的资源，就选择什么样的企业进行采访，导致案例研究的抽样性原则无法保证。再次，同样由于数据可获得性问题，使得研究者往往倾向于从正面去解释案例，带有很强的主观性和偏差，导致成功经验总结成为中国案例研究的一个通病，往往也被企业视为一种软性传播的文案，从而愿意合作，研究的客观、公正难以保持，原创性观点的提出更是不太可能。最后，从具体方法而言，第一手资料收集限于收集时点和频率非常有限，往往成为孤立的截面数据，很少有案例研究者能够在多个不同时点反复多次进行数据采集，所以，导致时过境迁的例子比比皆是，是否能够根据某一段特定对话就得出相应的结论，恐怕连当事人自己都难以保证思路不会变化，因此，受制于太多偶然因素，作为编码内容的第一手数据的信度非常低。因此，基于以上各种考虑，笔者认为，第一手数据固然"看上去很美"，但是如果的确无法获取，也不是无法容忍的事情。对于缺乏资源的普通研究者而言，只能通过二手数据来弥补了。

总之，零售企业创新的形成和发展涉及较长时间的动态过程，本书不强调具体每一项创新的过程，因为要切实了解一家零售企业创新活动的过程，必须通过访谈才行。而且，这需要非常具体和微观的数据，往往涉及企业的商业机密，很难获取。本书强调的是创新的驱动力和影响因素，以及由此形成的创新模式和类型，属于中观数据，所以，可以通过二手资料为主的数据分析获得，并对事件的历史过程进行详细追踪。本书研究的目的不在于发现普遍规律,而是希望发现特定情境下的具体逻辑,因此,采用案例研究方法是比较合适的。

3.5　本章总结

　　本书以事实为依据,客观地反映中国零售业 30 多年来的创新活动和历程。因此,综合应用多案例研究,在历史研究方法、关键事件法的基础上,研究拟对 12 个零售企业的创新实践进行分析。这些零售企业的资料,虽然不能说是汗牛充栋,但是作为一个独立的研究者而言,已经是极其丰富了。这些资料不仅包括各个企业网站公开的各种大事记,各种媒体的采访、报道,各位创始人的内部报道和讲话,各个企业的传记、编著和专著,还有各种财经专业人士的深度报道,以及学术界各位研究者的论文和成果。因此,限于笔者资历、资源相当有限,虽然对于大部分企业笔者都没有获得第一手采访的数据,但是,通过以上大量的数据收集、整理和总结,单个研究者也可以针对自己的研究兴趣,做一些力所能及的探究了。

第4章 当代商城的案例研究

4.1 引言

北京当代商城位于海淀区中关村核心区,是以经营高档精品百货为主,集餐饮、休闲娱乐、商务公寓于一体的大型百货商店。从2005年起,当代商城通过不断创新,成为海淀区高知人群的精品购物场所。当代商城被国家商务部评定为首批"金鼎级"精品百货店,拥有包括"中国商业名牌企业""中国商业服务名牌""全国商业质量管理奖"等多项荣誉称号,成为了北京市商业的一面旗帜。2008年,在世界金融危机的复杂经济环境中,当代商城通过创新应对市场挑战,再创2008年经营业绩历史新高,位居京城百货店年度销售增幅前列。然而,2010年以后,面对消费需求的变化和网络零售业的冲击,整体上,以百货商店为首的店铺零售业都面临着巨大的挑战,当代商城的发展也陷入了瓶颈期。因此,本章针对当代商城的创新活动进行案例研究,对于百货商店通过转型和创新应对市场环境的巨变,具有较强的现实意义和理论价值。

4.2 当代商城的发展历程

第一阶段:1995~2008年,定位于高档精品百货,成为中国商业服务名牌。1995年9月23日,当代商城正式成立。当时,管理团队成员的平均学历就达到了大学4.2年,即有一批硕士、博士学历的人才,是一支高素质的团队。从2000年起,海淀区政府将当代商城托管给国有企业翠微百货。2005年1月1日,当代商城开始自主经营，金玉华成为当代商城总裁。自主经营后，当代商城开始改变市场定位，并且针对顾客需求推出了一系列创新举措，在当时的百货业属于创新的先锋。当时，针对中关村地区的客层、人员定位、消费能力、经营面积，以及历史状态综合分析，当代商城确定了目标顾客是"成功的有消费能力的知性人士"，即追求高品质生活的高收入消费者，定位是"高档精品百货店"。同年，当代商城首先推行了"先行退货原则"。当代商城开始推行"感动顾客"服务营销工程，编制出《感动顾客工作法》。其后，当代商城在服务创新方面进行了很多探索。2006年，当代商城成立VIP俱乐部，主要是面向高端客户提供"一站式服务"。2006年8月10日，当代商城开通了北京百货业第一条24小时服务热线。2006年9月20日，当代商城通过验收，成为北京市英语购物无障碍示范商场。2007年，当代商城高层经理在清华经济管理学院进行在职培训、学习和拓展。这个时期，当代商城的销售额从2004年的7.1亿元增长到2008年的12.2亿元，实现了两位数的增长，在四年间企业营业额增长了70%左右。

第二阶段：2008~2014年，信息部成立，开展各种创新尝试。

2008年2月，当代商城在京城是首家执行全面替代塑料购物袋"方案"的商城，再次成为零售业内的环保标杆。2008年2~3月，当代商城正式成立信息部，包括两个中心：信息中心和电子商务中心。信息中心负责对现有信息系统进行维护、提升；电子商务中心负责网上商城的工作。同年，当代商城成立了工会联合会，联营品牌商的员工也加入当代商城的工会联合会。当代商城评出了12个品牌顾问，向消费者提供导购服务。2008年9月23日，当代网上商城正式开业，开始进行电子商务的尝试和创新。2008年12月，当代商城开始了国际代购业务。2009年10月28日，位于石景山TSM商务区的当代商城鼎城店正式开业，这是当代商城开设的第一家分店，填补了石景山乃至京西地区高档大型百货商业的空白。作为全国首批金鼎级百货店精品店，当代商城由此步入连锁化、集团化发展之路。2012年，由于市场环境恶化，当代商城遭遇到了开业以来从未有过的经营压力：客流量下降，交易次数减少，顾客忠诚度降低，最终体现为销售额和利润的下滑。针对于此，当代商城提出了以购物中心化为核心的"新百货思维"，从两个方面展开战略调整：一是从过去追求"高定位"转向追求"高客流"。二是从过去追求"高流水"转向追求"高收益"。

第三阶段：2014年至今，并入北京翠微大厦股份有限公司，积极寻求转型。

2014年底，当代商城根据海淀区国资委要求，参与海淀商业企业资产重组，并入北京翠微大厦股份有限公司，成为其全资子公司。2015年9月，当代商城正式开始向购物中心转型。其后，关于当代商城的报道相对较少，市场影响力有所下降。

4.3 当代商城的创新

4.3.1 服务创新

第一，首创北京百货商场"一站式退换货中心"。为了保证顾客能够在当代商城购买到放心可靠的商品，当代商城商品管理部的物价质监中心形成了严格的商品质量检验管理体系，即便如此，当代商城的很多顾客投诉都是基于顾客退货时的烦恼和不愉快。因此，如何提供更好的售后服务就成为当代商城必须解决的问题。2005年，当代商城首次推行了"先行退货原则"，即当两个顾客同时出现时，导购先退货，再对购物顾客进行服务。当代商城按照目标顾客的需求和期望，通过不断考虑、论证，提出了"一站式退换货中心"。在试运行过程中，当代商城对所有退换货的顾客进行回访，比例达到70%，针对顾客的意见对退货的流程和方法进行了16次的修改，逐步建立起了当代商城独有的"一站式退换货中心"。中心成立后，给当代商城带来了很大的资金压力。公司高层领导给予了大力的支持，当代商城每年拿出200万元作为退换货的基金，使这个中心能够坚持下去。虽然当代商城在资金上确实有很大的损失，但却提高了顾客忠诚度，特别是维护了高端顾客的忠诚度。

商场管理部部长说："当代商城一直贯穿着一种思想，叫'退的是货，留的是客'，还有一句话，'当责任分不清的时候，以我为主'，责任分得清的，也以我为主。这几年下来，我们在资金上确实有很大的损失，但从另一个角度也维护了一大批顾客，特别是维护了很多金卡、银卡的顾客。在当代商城非常具有消费能力的、年消费几十万元的客人，当他买商品的时候，他很放心，没有后顾之忧，在退货的时候，又没有其他遭遇，在当代商城买东西就很放心，可能，当他有消费高价值的东西的需求时，他都会来当代商城购买。这是'一站式退换货中心'的职责，应该说也是当代商城的创新点吧。""一站式退换货中心"是当代商城的一项典型的服务创新。这项创新参考了国际零售企业的做法。中心负责人曾说过："我还在参考沃尔玛的退换货制度，有些东西我们是要经常更新的，有用的我们会拿来，用到现实当中去，不断地改进。"

第二，推出北京商业首个"试衣间标准"和"商业环境规范"。2005年，当代商城开始对商城内外进行大规模的装修改造，总面积达29000平方米。根据目标顾客群的特点，当代商城从所处的区位及经营定位出发，按照国际化、高起点、新模式的框架，强调超前的设计标准和生态环境，力求形成一个体现品位、尊贵、享受的消费场所，给顾客创造一个较为舒适的购物环境。并且，当代商城率先制定了北京商业的第一个"试衣间标准"和"商业环境规范"，在业界引起高度关注，并被作为制定行业标准的参考。在之前，我国百货业在"商业环境"方面是没有标准的。当代商城制定标准之后，北京市便推出了百货商店"试衣间标准"，这是借鉴当代商城的经验，但是比当代商城的标准要低得多。这是因为当代商城是以高档百货店进行标准制定的，这些措施得到了当代商城消费者的高度认可。除了硬件环境的改善，当代商城还重视软件方面服务环境的改善。2008年，当代商城评出了12个品牌顾问，向消费者提供导购服务。目前，配合着这种服务模式的推出，当代商城正在酝酿推出品类顾问。品牌顾问是针对一个品牌进行介绍，品类顾问则是推介一类商品，如女装、香水和化妆品等。

第三，针对高端定位，建立VIP俱乐部。2005年，当代商城高层管理者意识到社会集团购买是当代商城的一个弱项，没有一个专门的部门来负责机构的购买。因此，2005年，社团部门成立后，当代商城专门进行了市场调研。通过后来不断的开发、维护和提升，2005～2008年，当代商城的社团销售额提高了3倍。2006年，当代商VIP俱乐部成立，其主要是面向高端客户提供"一站式服务"。客户需要什么品牌，客户代表就取来让其挑选，同时也能办理消费结账系统，实现"一站式"购物。VIP俱乐部依托信息部的CRM系统对高端客户进行维护，通过顾客的消费方式、消费结构、品牌喜好、价值取向、忠诚度、生命周期等数据分析，有针对性地对这些客户开展一些促销活动。信息部通过数据分析，发现顾客购物的时间点，将这些信息反馈到商品运营部，对这些品牌提前推出新品，同时经过顾客允许，通过电子邮件、电话等多种方式对其提供商品信息。这种无缝连接的沟通使客户增加了购买次数，提高了对当代商城的认同，延长了顾客的生命周期价值，也增加了高质量的顾客。

在当代商城管理者看来，以上创新活动属于服务模式的创新，这些创新活动都有很多学习和知识密集型活动发生。在"一站式退换货中心"建立的过程中，当代商城高层领导到北京、青岛等其他商场进行了考察。2007年，当代商城高层经理在清华经济管理学院进行了在职培训、学习和拓展；在中国零售研究中心的组织下，当代商城高层经理还去美国参观了第五大道、梅西百货等企业，并请教了世界顶级零售专家，这为当代商城后来的创新活动打下了基础。VIP俱乐部的建立，就是当代商城中高层经理在清华学习时开始酝酿，从美国考察回来后正式推出的，既吸收了美国的经验，也有这些经理在学习过程中的思考。而且，当代商城还聘请了三位零售专家做顾问，并在专家的指导下进行了很多创新的尝试。

4.3.2　品牌评价体系

当代商城的店面经营有两种方式：一种是联营，即厂家在当代商城开设店面，用销售额的返点来支付租金，以及当代商城的日常管理费。商品进货、销售、员工都由厂家负责。另一种是当代商城自营，即购买厂家的商品来经营，赚取买卖差价。当代商城的经营方式主要是联营，其联营的面积占到90%以上。联营方式下如何选择品牌，如何选择供货商，如何管理供应商派驻的员工，是非常关键的问题，因此，对联营品牌和员工的管理就成为当代商城创新的重点。品牌评价体系就是对店面布局和品牌选择的创新。当代商城高层领导的要求和远见是直接促使这项创新产生的动因。一位经理提到："当代商城的高层管理者要求采购部门通过集体决策，增加品牌选址的透明度。"在高层管理者的要求下，以这位经理为首的管理团队通过多年的摸索、逐步完善、加工和定量化，形成了一套筛选供应商品牌的体系。品牌评价体系的建立没有太多可借鉴的经验，在建立之初，这位负责人曾经寻找过相关的书籍、资料，但是没有适合百货店品牌采购评价的内容。因此，他利用多年的经验，借鉴了专家的方法，提炼、综合形成了品牌评价体系。当代商城对品牌供应商的选择不像其他百货店，依靠某个采购能人进行品牌选择。当代商城的品牌评价体系是采取一套科学的体系进行供应商的品牌评价，通过品牌听证会制度，即由业务经理介绍、推荐品牌，然后由集体对哪些品牌应该进入卖场进行决策。

随着环境的变化，当代商城从市场追随者成长为局部市场的领先者，因此，其在不同阶段对品牌的评价标准也需要随之调整。当代商城采购部不断完善品牌评价体系。在市场追随者阶段，当代商城的品牌引入以燕莎商城为标杆。成为局部市场领先者后，当代商城对品牌的选择更多的是考虑目标顾客的需求和自身定位的实现。因此，当代商城中高层经理通过学习、国外考察等方式，不断借鉴和完善品牌评价体系。随着该体系在实践中的不断应用，品牌评价体系每年都进行修改。2005年以来，当代商城的发展速度和销售额迅速增长，这与品牌评价体系的品牌选择成功率高有密切的关系。跨部门的合作也是促使该评价体系不断完善的重要原因。例如，商品管理部有权利向采购部提出哪些品牌是合作顺利的，哪些品牌是合作有问题的，之后他们在品牌的引进和清退上就有所考虑。该评价体系还在不断发展和完善，当代商城希望通过制定定量化标准来衡量具体某个品牌的成功程度，并将其作为对业务人员考核的重要因素之一。

对联营品牌供应商派驻员工的管理也是当代商城的一项重要创新。由于当代商城店面的经营方式主要是联营，对于90%以上的联营品牌商，其营业员都是他们自己招聘和管理的，当代商城只对其进行上岗资格的审核。对这些营业员的管理确实有很大的难度,这也是各大百货商店,包括家电卖场等共同存在的问题。这些营业员所占的比例越来越高,为使其能够从百货商店的利益出发来考虑问题,对消费者提供高素质的服务,当代商城采取了多种创新方式来管理这些员工。2008年,当代商城成立了工会联合会,联营品牌商的员工也加入了当代商城的工会联合会。通过定期组织一些文体活动和竞赛,以及过节时发放与当代商城自己员工一样的福利,使这些联营品牌商员工与当代商城的感情联结得更深一些。因此,虽然这些员工工资由品牌商发放,但是他们对当代商城比较认同,这样就更便于管理。当代商城还制定了一套完整的工资指导线。有些品牌商因为经营不好,或者利润不高,可能给员工的工资较低。员工因为工资少,在服务方面就会出问题。当代商城在测算了北京市的平均工资后,根据当代商城现有的客源和员工的条件,制定了不同品类销售人员的一套完整的工资指导线,给不同品类的品牌商一个工资指导。工资指导线的制定,对品牌商和员工的沟通,以及改善营业员服务态度起到了很大的带动作用。工资指导线是当代商城独一无二的管理创新。

4.3.3 国际代购业务

2010年以后,O2O模式、跨渠道、全渠道等涉及线上和线下业务融合的名词成为零售业的热点。其实,当代商城早在2008年就开始了实体店向虚拟店的延伸。这是基于信息系统和管理方式的创新,在百货业中属于较早的探索。在2008年全球金融危机的影响下,西方零售业萎靡不振,而我国消费需求非常旺盛。然而,很多国际著名品牌在国外的销售价格比在我国要便宜几成,有些品牌则还没有进入中国市场。因此,顾客常常要费尽周折托人从国外带回这些商品。虽然网上购物为消费者提供了方便,但长期以来普通网络购物的安全性和可靠性还是令很多消费者望而却步。在访谈中,当代商城信息部部长者提到:"2008年,曾有顾客提出来,他在当代商城的实体店里买不到LV的包,问我能不能帮他买。"如何满足顾客这一需求,当代商城管理者对具体实施方式讨论了很长时间。

当代商城现有的目标顾客主要是高收入的30~50岁的消费者。为了扩大顾客群,吸引年轻消费者,当代商城必须考虑年轻消费者的偏好。年轻消费者是比较喜欢网络购物的,因此,网上商城是一个发展趋势。2008年9月23日,当代网上商城正式开业。当代网上商城将当代商城实体店会员体系全部移植到网上,顾客的积分包括升级全部在网站实现,为会员提供增值服务。根据上述顾客未满足的需求,在当代网上商城的基础上,2008年末,当代商城开始了国际代购业务。与淘宝等虚拟店开展的"国际代购"业务不同,当代商城的国际代购业务充分利用当代商城实体店多年来形成的忠诚顾客和良好口碑，降低顾客购物时对货品真伪、付款安全、运输保障等一系列问题的风险，使消费者能够放心地进行网上代购，进一步提高忠诚顾客的满意度和生命周期价值，这使当代商城国际代购业务在与纯网站经营者的竞争中占据优势。当代商城不做实体店内已有品牌的代购，只代购奢侈品品牌。当代商城的国际代购业务还不是真正意义上的世界代购，主要业务还是集中在美国，虽然欧洲也有一些比较好的品牌，但是因为合作方在欧洲的条件相对弱一些，还需要洽谈。对此，当代商城高层计划从法律法规、知识产权、关税等角度请教零售专家，完善自身国际代购业务的品牌管理和经营。

经过一段时间后，当代商城国际代购业务形成了下面的运行流程：在当代网上商城的国际代购页面，顾客可以直接进入商城推荐的一些知名品牌官网，或是自行选择其他海外购物网站，大范围地挑选更多商品。在国外网站选择了中意的商品后，顾客只需跟随网上购物流程指示便可顺利完成询价、下单、付款等步骤，商城的客服人员会及时与顾客取得联系。例如，顾客看中了LV官网上的一款包，通过当代商城进行代购，价格是国外官网的价格加上运费、关税和服务费。此外，顾客还可以到位于当代商城实体店一层南侧的国际代购专柜来现场订购，一般1~2周就能拿到商品。国际代购业务带来的品牌效应对当代商城实体百货经营产生了良性影响，当代网上商城正逐渐成为当代商城新的经济增长点。国际代购业务是典型的顾客驱动下的创新，这项创新在初期取得了不错的成绩，原因有三个方面：一是当代商城对消费需求和自身问题的准确分析，依托于实体店的会员体系和充分利用既有的资源优势；二是高层管理者具有创新理念和远见，具备较高的管理水平；三是跨部门的合作和支持以及中层经理的优秀执行力使这两项创新迅速发展起来。

国际代购业务更容易被竞争者模仿。当代商城信息部负责人认为，国际代购业务创新的保护主要依靠两个方面：第一，与完全虚拟的网上商城相比，当代商城作为实体店，主要依靠信誉和商品质量保真来赢得顾客的信任，因为对实体店有信任，就对当代网上商城有信任。当代商城的目标顾客对价格不是非常敏感，主要追求方便可靠，因此，这些是当代国际代购业务迅速发展的基础。第二，当代网上商城移植了实体店的全套会员体系，也包括国际代购业务。实体店会员体系不是完全可以复制的，具有当代商城的特色。因此，虽然国际代购业务确实很容易模仿，但是，当代网上商城是为实体店会员顾客提供增值服务的，这使得其他竞争者难以模仿。但是总体上，依旧很难对服务创新进行保护。例如，某经理提到："我们只能不断地去创新，但是保护不了。因为这种创新只要用心都会想得到，而且没有涉及知识产权的问题，只不过是改头换面，换个别的方法就能被复制。一旦某个创新点被别人使用之后，那就逼着我们进一步创新。"不断地创新就是最好的保护。当代商城采取的手段主要有两种：第一，对于明晰化的知识，如文件、影像资料，当代商城管理者具有强烈的保护意识，对资料加密，不经过允许不能提供，这也体现和印证了其高素质的判断。第二，对于缄默化的知识，如店面布局、品牌选择，当代商城通过不断创新来应对模仿。

4.4　创新理念和保障

2005年起，国内百货商场的竞争日益激烈。为了应对挑战和环境变化，当代商城确立了"以顾客为中心"的新经济营销思想，开始了各种服务方式的创新。2005年，金玉华担任当代商城总裁。上任伊始，他就提出了"价值营销"理念，启动了当代商城"蓝海"战略，即退出价格战的"红海"，超越"价格营销"的传统模式，寻求新的市场空间。根据"蓝海"战略，当代商城果断放弃了当时市场盛行的返券促销，而是潜心研究顾客价值，转向价值营销。金玉华说："消费者眼中的'利'并不完全是表面上的价格低廉，而是指物有所值，物超所值，即顾客的心理比较优势，在购买商品时，心里感觉付出的价款值得。而消费者的感受来源于购买或消费过程的体验，心理需求正成为市场销售的组成部分，感觉价值的判定正成为消费者是否购买的重要依据。所以，商品、服务、环境、便捷、安全五大商业元素都是顾客对商家进行感知的参数，商城的购物环境、可靠度、信誉度、舒适度以及便捷程度等，都变得具有价值。"2005~2008年，当代商城迅速增长的销售业绩印证了金玉华的"价值营销"理念。

金玉华还说："在实施环节中，我们围绕商品、服务、环境、便捷、安全五大商业元素，成立了三个督导组，即商品督导组、服务督导组、环境安全督导组，建立了百名员工信息网，在消费者中邀请了20余名高级服务顾问……我们理顺了日常服务管理流程，增加了感动顾客、为顾客提供超值服务的服务点和服务的项目，结合各工作组提出的改进建议，逐步积累，编制出《感动顾客工作法》。"因此，当代商城中高层管理者具备超前的创新理念和长期的经营思想，这是当代商城不断创新的力量源泉。当代商城的一位经理曾经提到："按照ISO9000的要求，我们每季度、每个月汇报工作时都要谈谈在创新方面有什么想法。"因此，当代商城不仅从理念上，而且从制度上把创新提到了相对重要的高度，这是当代商城不断推出创新的实际原因。而且，创新不一定会产生效益，特别是在初期。但是，当代商城领导班子重视创新，因为他们重视企业的长远发展，而不仅仅是眼前的利益。这种经营思想决定了创新成为当代商城评价管理者的一项重要内容。更重要的是，当代商城领导班子不仅理念上重视创新，而且在创新发展过程中，也通过多种方式提供实际的支持，如提供200万元的退换货基金，这使得创新能够延续和坚持下去。

当代商城内部已经形成了创新的文化。当代商城信息部每年都会召开供应链管理研讨会，讨论信息技术发展的方向和重点；当代商城对营业员内部工作流程进行整理和记录，对新进员工进行培训，这是内部培训员工的一种高效率的方式。当代商城管理者还通过不同的渠道收集行业领先者的资料，对创新活动进行借鉴和改进。同时，在组织结构上，当代商城董事委员会和总裁办公室之下设立了11个部门，其中，商品运营部、商场管理部、客户服务部、企业发展部、信息部是当代商城的核心职能部门，很多创新活动都是由这些部门发起和开展的，特别是商场管理部、客户服务部是当代商城创新的重要部门，而信息部主要负责信息系统的创新和对其他创新活动提供支持，如图4-1所示。

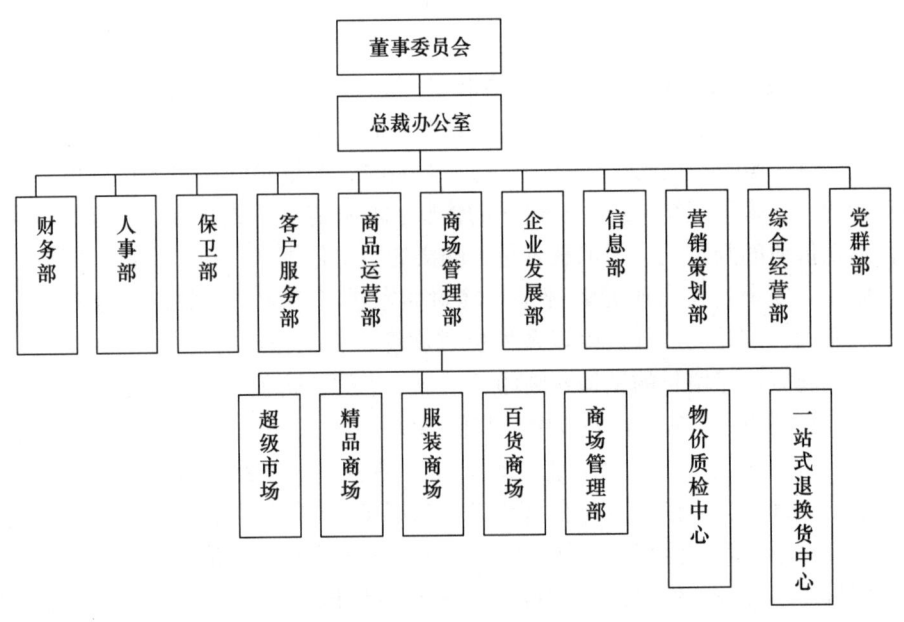

图4-1 当代商城的组织结构

资料来源：根据访谈资料整理得到。

信息系统在当代商城的创新保障中发挥了非常重要的作用，各个部门对信息系统有不断的需求，信息部通过不断完善，配合业务部门去实现创新，给当代商城的经营带来不同层次的提升和完善。当代商城的信息系统称为"三大系统两大网络"，"三个系统"是ERP、CRM和Call Center。ERP负责商城的人、财、物、进、销、存的整个过程,从签订合同开始,进货、定价、销售、统计、分析,包括人员、财务、账务、财务报表的管理。CRM 主要负责客户深度分析,顾客消费次数、消费金额、购物特点、生命周期、顾客价值分析、顾客偏好等。Call Center 是通过电话提供 24 小时顾客服务。"两大网络"是指内部局域网和外部互联网,为了保证内部局域网的运行安全,这两个网是完全物理隔离的。外网为店面的供货商提供上网服务,供应商与其公司总部进行一些数据交换等。

当代商城在信息系统方面也进行了各种创新尝试,可以分为三个层面:第一个层面是保证系统安全进行的纯技术创新。第二个层面是技术配合业务创新。业务有需求,信息部从信息技术的角度帮助业务实现,让其更便捷。例如,品牌评价体系需要对供货商的记录进行保底考核;营销策划需要信息系统对团体顾客进行消费趋势等各种方面的全过程分析;CRM 系统从商品、会员、服务人员的角度,对顾客数据进行整合等,这些都是技术配合业务进行的创新。第三个层面就是从整体项目上创新。例如,从 2005 年开始的 ERP 整体升级项目、呼叫中心项目、CRM 项目和网上商城项目。以呼叫中心项目为例,当代商城的目标消费者都属于高收入、时间稀缺的人群,因此,为了给这些高端人群提供便捷的服务,2006 年 8 月 10 日,当代商城开通了北京百货业第一条 24 小时服务热线。消费者通过拨打热线电话,可直接投诉商场或预约购物。当代商城信息部部长提到:"我们认为科学决策是企业发展比较高级的境界,但是数据挖掘是信息化比较高级的境界。信息化的发展水平也要与高档精品百货店的定位相符合,主要从这么几个方面来发展商城的信息技术:一是高效内部流程体系;二是数字化营销;三是顾客忠诚度管理;四是商业智能。可以简单地概括为自动化、网络化、数字化、连锁化、智能化几个方面。"

在访谈的过程中,不同部门的经理都提到,经营创新、管理创新等都依靠信息系统的支持。例如,"一站式退换货"需要信息系统收集数据,与 CRM 系统的数据进行整体分析,并且从技术上帮助退换货中心实现"一站式退换货"。因此,业务创新和技术创新都很重要,缺一不可,是一个互相引领和支持、共同促进发展的过程。当代商城没有将 IT 管理外包,当代商城信息部部长指出:"信息技术应该带有明显的经营业务的色彩,外包企业不一定认同我们的理念,包括我们对顾客的理念、对供货商的理念。主要的业务部分,如 CRM、ERP 都有很强的当代商城的色彩,外包在目前不是很适合。"虽然当代商城与零售业中的两大技术提供商都有合作,一个是富基,另一个是长益,当代与长益科技合作已达六年之久,在零售新技术应用方面成效非常显著,但是,对于这些企业在信息系统创新中的作用,当代商城管理者认为与外部企业合作创新存在很多问题,如双方互不了解,合作创新的成本比自主创新的成本高。

4.5 本章总结

当代商城的创新活动立足并服务于定位战略。市场定位决定创新行动,当代商城的创新是围绕着实现"高档精品百货店"的定位目标而来的。因此,除了硬件环境要好,当代商城还要创出一种与高档百货店相适应的服务模式,使顾客对当代商城的商品更加信任,在此基础上才能建立起对当代商城高档次定位的认同。不管是服务创新、品牌评价体系,还是国际代购业务,当代商城的创新活动都是围绕着如何更好地满足目标顾客的需求来进行的。

当代商城的创新既有高层管理者的支持,又有组织上的保证。其创新类型属于典型的顾客驱动下的创新,当代商城之所以能够创新成功有三方面的原因:一是对消费需求和自身问题的准确分析,依托于实体店的会员体系和充分利用既有的资源优势;二是高层管理者有创新理念和远见,具备较高的管理水平;三是跨部门的合作和支持以及中层经理的优秀执行力使这两项创新迅速发展起来。

当代商城的案例研究反映出了两个突出的问题:第一,如何对创新进行保护,这也是零售企业创新面临的共同问题。当代商城管理者认为,由于服务创新、管理创新都是非常容易观察、模仿的创新,因此,很难对创新进行保护,只能通过不断创新来进行应对,即通过创新速度的领先来抢占优势。第二,合作创新的成本高,当代商城主要还是封闭式的创新。创新需要不同的知识来源,但是,从对当代商城的访谈中可以发现,他们主要依赖于内部的信息和知识进行创新,基本上属于封闭式的创新模式,这可能使其创新的质量和水平受到了很大的限制。当代商城管理者认为寻找到合适的认同当代经营理念的合作伙伴非常困难,即使找到也有较高的成本,对于具有当代商城特色的创新业务主要还是依靠自主创新,而不是合作创新。因此,如何扩大零售企业的知识来源,形成企业的创新体系,是相关政策研究必须考虑和解决的问题。

本章的结论与李飞等(2010)的研究结论相符,即当代商城服务创新的内部驱动力是中高层经理起到了主导作用,外部驱动力是顾客信息起到了主导作用,同时同行标杆也起到了一定的驱动作用。当代商城服务创新的主要保障是公司战略和组织环境。当代商城的创新活动主要是在消费者、高层领导的驱动和影响下发生的,其创新主要发生在2005~2010年,而且都是服务创新和管理创新,以及相应的技术系统的创新,创新程度不大;2010年后,当代商城创新乏力,2015年开始寻求从百货店向购物中心的转型,因此,属于封闭式的创新模式。

第5章 银泰百货的案例研究

5.1 引言

中国银泰投资有限公司（以下简称银泰）创立于1997年，总部设于中国北京，拥有多家境内外上市公司和100多家控股或参股公司。根据银泰官网，银泰集团旗下有商业零售、地产开发与经营、矿产资源、智能物流、投资与金融和公益慈善共六个板块，这也是2013年银泰发布未来十年战略规划时致力发展的六大业务领域。银泰的商业零售产业包括银泰商业、银泰百货、银泰购物中心、银泰网、银泰裕盛、燕莎友谊和武汉商业共七个分支。

本章重点研究银泰百货，它是以百货零售业为主营业务的百货零售集团，于2007年3月20日在香港联交所挂牌上市。银泰百货被业内认为是"异类"，或者说是行业标杆。一直以来，银泰百货被视为传统零售业的变革者，特别是从2009年以来，银泰百货在百货零售业态的基础上，以"多业态、多品牌"为发展战略，进入了购物中心、电子商务等业态。银泰百货在营业面积、经营业绩、业务创新能力等方面均居中国零售业前列，并于2013年被摩根士丹利评为全球正在引领零售革命的16家公司之一。从2014年起，银泰百货与阿里集团的O2O整合创新模式，又开启了中国传统百货零售业进行互联网转型的尝试，具有非常强的示范意义，本章将对银泰百货的业态创新和O2O创新进行分析。

5.2 银泰商业集团的发展历程

第一阶段：1997~2007年，以高端定位取胜，通过并购实现迅速扩张。

1997年，34岁的沈国军创立了银泰。按照沈国军的说法，进入零售业是迫不得已。早在创立银泰前，沈国军已在中国建设银行系统里历练了11年，并亲历了海南地产泡沫的破灭。由于收购了一栋物业，需要寻找商业租赁来运营，但无人接手，不得已之下，沈国军引进了一个中国台湾的团队，开始了零售业创业①。1998年11月16日，银泰百货的第一家店——杭州武林店正式开业。因为这样的人生积累，银泰百货从一开始便奠定了"以资本运作带动产业发展"的路数。这在其2006年并购鄂武商和杭州百大的事件中体现得尤为明显。随着在百货业站稳脚跟，银泰百货开始在浙江省内进行扩张。2004年3月，"银泰百货"商号被浙江省工商局评为"浙江省知名商号"。2005年起，继杭州之后，银泰百货分别在宁波、金华、温州等中心城市开设了门店。这些门店都是集百货、休闲、美食于一体的大型综合性百货商场，定位中高档，以年轻时尚的都市白领和新型家庭为主力客户。这个时期正是我国人均支配收入迅速上升的时期，适应了消费升级的需要，银泰百货的高端定位获得了不错的业绩，银泰获得了快速的发展。

然而，沈国军并不满足于现状，他开始积极寻找资本，力图推动银泰百货超速发展。2005年10月，银泰百货引入了美国华平投资集团作为公司的战略合作伙伴，引入国外先进的管理理念和国际资本市场的运作方式，推动银泰百货实现跨越式发展。2005年11月16日银泰百货7周年店庆日，武林店以8210万元创造了全国百货店单店单日销售新高。寻求快速扩张的银泰百货急需巨额资本的支持。因此，2007年的上市对银泰百货具有重要的战略意义。2007年3月20日，银泰百货在香港联交所挂牌上市，成为第一家在港交所上市的中国内地民营百货公司。从此，银泰百货走上了多元化扩张的连锁式、集团式发展道路。

第二阶段：2007~2013年，从零售业向多元化发展成为跨行业的银泰商业集团。

有了充足的资本，银泰百货不仅继续实施其"密集浙江"的战略，在浙江这个中国最为富裕的东部大省进行开店，甚至在2008年3月1日，正式接管了杭州百货大楼，获得了杭州百货大楼20年的经营权，这意味着银泰百货已经后来居上，超越了传统的领先者。而且，银泰百货还开始了对湖北、北京等地的资本扩张。2008年，北京王府井银泰百货正式开业。2009年12月9日，银泰百货正式收购湖北省仙桃供销商业大厦有限责任公司65.8%的股权，成为控股方，银泰百货对仙桃大厦进行扩建，使其成为江汉平原最大的二级城市购物中心。2010年11月，银泰百货收购湖北新世纪购物中心84.5%的股权，进一步实现了公司

---

① 银泰创始人沈国军："利"字当头的生意做不成［EB/OL］．［2016-09-28］．http://tech.sina.com.cn/zl/post/detail/i/2016-09-28/pid_8508629.htm.

百货店版图计划，扩大了湖北市场的市场份额。

2009年，银泰股份更名为京投银泰股份有限公司。2010年，银泰百货成功收购燕莎友谊商场（集团）有限公司50%的股权。2010年，京投银泰创办百货购物类网站——银泰网。同年，银泰置地集团有限公司成立，商业地产成为银泰核心的业务之一。银泰的触角伸向了四面八方。2013年7月5日，银泰百货更名为"银泰商业集团"。银泰百货2012年年报显示，实现总收入39.07亿元，较上年上涨25.3%；净利润达到9.72亿元。更名后，在银泰商业公司品牌下，银泰百货、银泰购物中心以及银泰网三大业态品牌将向产品化方向发展。2012年，银泰网销售额达5.6亿元，占集团总营业额的3.6%，距离与百货、购物中心并驾齐驱的目标还有很大差距。截至2012年底，银泰百货集团直接自营门店已达30家，总销售额约为163亿元，资产规模达到210亿元以上。在资本运营下，银泰商业集团成为一个横跨商业零售、地产开发和矿产资源三大产业，资产规模400多亿元的商业帝国。在2013年《福布斯》上，沈国军以116亿元身家名列第44位，达到了一个新的高度。

第三阶段：2013年至今，与阿里巴巴集团合作，开启O2O之路。

2013年起，银泰商业集团在全系统引入支付宝、微信支付、免费Wi-Fi、银泰宝等互联网服务，创造线上线下融合的O2O商业模式。2013年"双十一"，银泰百货首批入驻天猫。银泰宝APP上线100天会员数就远超银泰商业成立16年来积累的会员数量。银泰旗下的友宝在线成为全国最大的互联网自动售货机定制公司。2014年3月31日，阿里巴巴集团以53.7亿港元投资银泰商业集团，成为第二大股东。根据银泰商业集团公布的2013年年报，银泰商业集团在全国拥有36家门店，包括28家百货店及8家购物中心。2013年实现销售额约156.92亿元，同比增长12.6%；实现营业收入45.1亿元，同比增长15.4%。2015年5月，阿里巴巴成为银泰商业集团的第一大股东，银泰创始人沈国军和复星集团目前为银泰的第二、第三大股东。至此，银泰商业集团演变为一家以百货零售、购物中心、电子商务为主营业务的，大数据驱动的消费解决方案提供商。

5.3 银泰商业集团的创新

5.3.1 业态创新

银泰百货作为传统百货商店，一直在进行业态创新。这里主要介绍2009年向购物中心和电子商务转型。2008年金融危机之后，中国传统百货零售业面临着客流不断流失，同业内同质竞争激烈，整体销售增长乏力的困境。然而，2009年的银泰百货集团（含联营店）销售额逾140亿元，拥有150多个战略合作品牌，是浙江省最大的百货连锁集团，却在众多国资背景下的零售百货商包围中异军突起，取得了不错的成绩。2009年，面对电子商务的咄咄逼人，传统百货零售业面临着非常大的挑战和风险。如何应对这种新兴渠道的竞争，成为了业内讨论的热点。2009年4月，公司董事会和高管团队在乌镇开了两天的封闭会议，会上对整个公司的商业模式和未来发展做了一次深刻的检讨，最后确定了今后的发展方向——发展购物中心，同时开发电子商务业务。

银泰商业集团CEO陈晓东说："其实，当时银泰的百货业务发展得很好，而电子商务远没有今天的影响。如果做电子商务将会给传统百货和购物中心业务带来影响，但我们仍然做出了改变的决定，这就是一种自我否定、自我革新。在整个行业持平或者说略有下降的大环境下，银泰仍能保持合理的增长速度，最重要的原因是企业的创新和改变……企业自身对目标和梦想的追求、自身创新的改变，甚至自我否定的勇气，才是企业持续发展的真正动力。"

银泰商业集团于2009年起，依据城市级别、消费水平、区域实力在全国拓展购物中心业务。此后，银泰集团没有再开一家百货店，而是针对消费者体验式、"一站式"购物需求进行全面创新，重点发展体验式购物中心。同时，开始了传统零售商对电子商务商业模式的探索。银泰商业集团由此成为全国首家转型体验式购物中心的百货连锁品牌，并由此带动了银泰商业集团零售板块业务的整体转型。因为突出的业态创新，银泰商业集团分别于2015年和2016年荣获中国连锁经营协会中国零售创新大奖。2015年的获奖项目是"第一时间直购全球，为你的家精挑细选——银泰西选创新项目"，这是银泰联合杭州跨境电子商务产业园全力打造的跨境电子商务平台，合作推出的杭州第一家保税进口商品直营中心。当时，"海淘"成为很多年轻白领阶层的生活方式，银泰商业集团密切跟踪消费趋势，迅速推出了线上线下跨境购业务，帮助消费者实现第一时间直购全球的愿望。

2015年11月12日，银泰商业集团的第一个集货项目在银泰百货武林总店A馆9楼正式开业。集货项目是以商品为导向，第一家银泰百货的全渠道买手店。集货首次引进无线射频技术，射频识别商品，依托银泰网后台支撑，线上线下同步销售，实现同时同款同价。优质的线上品牌有其价格优势，希望谋求线上品牌线下落地，集货就为这些希望落地的品牌提供了一种线下合作的新模式，通过自身线下实体店铺运营、渠道掌控等实体经营经验，扶持线上品牌落地，打造全渠道买手店，这也是集货创立的初衷之一。集货商品主要来源于天猫TOP品牌、线上TOP单品、线上原创设计师作品和生产商直采，买手们为顾客精选了十多个商品品牌，陈列了近千个单品，让顾客挑选，坚持"以客为先"的经营理念，寻找优质货源，以质优价廉获取顾客满意度。作为一种新的商业模式，银泰百货从 2015 年 11 月 11 日开业至今已经实现了近千万元的销售额。这种新消费模式为传统商贸企业在"互联网+"大环境下如何转型升级提供了新的思路。开业至今，集货已经获得 2015 年金麦奖年度创新项目金奖、2015 年连锁业优秀全渠道创新奖、2015 中国零售企业转型升级优秀案例，以及 2016 年中国连锁经营协会的创新奖（"好商品不贵——银泰集货项目"）。值得注意的是，西选项目和集货项目都是银泰通过合伙人制度推出的新项目，反映了银泰在创新机制上的成果。

5.3.2 O2O 平台创新

银泰百货为了在时间上争取竞争优势，以应对百货业同质化的竞争，从 2009 年之后就开始了 O2O 模式的探索。有一项研究将 2010～2013 年的银泰百货 O2O 平台模式总结为三步：第一，初期触网，布局移动端；第二，线上商城落地，双线打通；第三，携手天猫，发力精准营销。笔者认为，从 2013 年至今，银泰的 O2O 创新可以增加第四步：引入战略投资，实现线上线下全面整合，如表 5-1 所示。2010 年 2 月，银泰网作为银泰商业集团 O2O 业务的拓展正式上线，其主要专注于精品时尚百货的 O2O 平台，定位中高端品牌的消费（张振伟，2015）。2010 年 10 月 11 日，银泰网（www.yintai.com）正式宣布上线。2013 年，"银泰百货"改名为"银泰商业集团"，新公司名称反映了其将着力发展银泰百货、银泰购物中心和银泰网三大业态的新策略（方璐，2013）。

表 5-1 银泰 O2O 平台创新过程

时间节点	里程碑事件	特点
2010 年 2 月	银泰网	独立运营，与银泰百货共享资源
2011 年底	手机银泰	内容上与银泰网有所差异
2012 年初	I'M 银泰名品集合店	买手制；对商品掌控力增强，线上线下首次结合
2013 年 11 月	与天猫合作	百货店试穿，扫码，线上支付，天猫旗舰店"双十一"销售额是上年同期的 6 倍
2013 年底	店内铺设 Wi-Fi	直接获取消费者数据，进行精准营销
2014 年 3 月 31 日	阿里巴巴战略投资银泰	阿里巴巴以 53.7 亿港元战略投资银泰，成为第二大股东
2015 年 5 月	阿里巴巴增资银泰	阿里巴巴成为银泰第一大股东

2011年9月，分拆后的天猫宣布开放平台战略，首批38家企业入驻天猫，而银泰百货为38家企业之一。2012年初，银泰O2O真正实现落地是推出了I'M名品集合店。消费者进入店内可先体验商品，然后通过店内提供的iPad进行选购。2013年10月17日上午，银泰百货与天猫宣布达成战略合作，共同探索线上线下（O2O）的融合发展。这应该是迄今中国零售业最大的O2O合作项目。作为合作的第一步，银泰商业集团旗下35家实体店相关资源将支持天猫"双十一"购物。2013年11月15日，银泰商业集团与支付宝钱包宣布达成战略合作，这是国内首家百货连锁公司接入支付宝服务。2013年底，银泰百货全国门店的Wi-Fi网络铺设完毕，顾客进店可以免费登录使用Wi-Fi。2014年3月31日，阿里巴巴集团以53.7亿港元投资银泰，成为第二大股东。2015年5月，阿里巴巴成为银泰的第一大股东，银泰创始人沈国军和复星集团目前为银泰的第二、第三大股东。

线上线下商业走向融合是商业模式创新的需要。银泰与天猫由竞争转为合作。在谈到与阿里巴巴合作O2O时，沈国军说："电子商务企业的落地以及新兴业态的创新和需求是有必要的……我们把整个供应链改了，将传统行业数字化。因为百货店有太多中间的供应链，有华东区的代理、浙江省的代理、杭州市的代理等各种层级，想要突破这些不是那么容易的。当时我们就做了决定，这些决定以后对电商企业发展还是非常有价值的。现在我们一个店里大概有4万多个SKU的商品，一些有价值的东西，哪怕有一半是数字化的都是可以直接去卖的。我们做了很多创新的东西，两家公司合作也是有原因的，并不是很贸然地走在一起的。"2015年年报中，银泰明确提出了四个手段：数字化、泛渠道化、平台化、娱乐化，意欲通过这种模式成为以大数据驱动的消费解决方案提供商。阿里巴巴通过大数据支持对银泰的思维、模式和业务形态进行全面调整，将公司带入了"新银泰互联网+"的时代（邹毅，2016）。银泰不仅仅与阿里巴巴集团合作，只要是符合其战略发展需要以及能够与银泰的资源实现互补的，银泰都会选择与其合作。2017年3月3日举行的"百度世界2014"大会上，银泰百货与百度宣布，银泰百货将首家全面接入BaiduEye，并共同在智能商业领域开展合作和探索。双方计划在提供顾客第一视角消费体验、门店等泛渠道、导购预判和公司大数据应用、科技服务商业文明和人性需求等方面合作。百度方面曾说："我们致力于技术和商业创新、营造健康生态，将助力传统企业抓住机遇，在移动时代实现转型。银泰百货作为BaiduEye中国零售业首家合作伙伴，我们是看中银泰百货具备广泛的实体连锁优势和互联网思维。"可以看到，银泰作为一家零售企业，并没有将自己局限于百货商店的业态，而是顺应消费趋势和技术发展潮流，积极跨界，力图通过提供更好的服务体验，获得可持续发展的竞争优势。

5.4 创新理念和保障

银泰商业集团的创新理念从两次重要的会议中可以得到充分的体现。第一次是2009年的乌镇会议，正是在这次会议上，创始人沈国军力排众议，在销售形势一片大好的情况下，居安思危，提出了企业必须转型创新的思路。2009年的中国百货业欣欣向荣，但是，沈国军要求银泰百货的团队转型做体验式的购物中心，这是前文提到的银泰百货第一次重要的业态创新。第二次重要的会议是2012年的长白山会议。虽然沈国军和马云是朋友，但是在谈到与阿里巴巴的合作时，沈国军有过这样一段表述："商业行为就是商业行为，朋友是朋友，生意是生意，从生意的角度，我们双方的团队都是在做了认真的讨论和思考后才决定合作的。电子商务企业的落地以及新兴业态的创新和需求是有必要的。"长白山会议提出银泰百货要改变，要创新，内部讨论很激烈，银泰商业集团CEO陈晓东说："任何行业都有周期，当时我们对市场的预判是零售业会有深度调整，会脱离高速增长的状态，在严寒当中，需要强身健体。"正是在这样的意识下，银泰百货在外部做新探索，在内部激发员工做创新。而在谈到银泰创新的环境时，陈晓东说："线上线下由竞转合，是完善消费者体验的实际需求，传统线下渠道与线上电商平台，各自满足了消费者不同的需求及体验。线上线下商业走向融合，也是商业模式创新的需要。"

银泰的核心管理层具有强烈的自我激励和危机意识，他们勇于打破既有利益格局，勇于变革自己，从而不断找到新的发展机会。为了给创新提供激励和保障机制，他们还推出了一系列的制度创新和组织创新，以保护创新、激励创新，形成创新的文化和氛围。在线上线下融合的过程中，银泰商业集团特别成立了创新保障小组，鼓励基层团队创新，这个小组由陈晓东亲自担任组长。"我们对创新的保障是很到位的，集团层面设立了创新保障小组，给予员工人力、资源、组织等多层面的保障。例如，一位同事参加某个创新项目，如果与工作冲突的话我们会通知其直属上级，可以优先保障创新。"陈晓东说："十次创新中九次半是失败的，但企业必须从企业文化上重视创新，这种价值观对一家公司尤为重要。此外，还有集团内部业务创新宽容的容错机制，可以说这一机制是保障企业创新的核心。失败了是应该的，成功了才是意外。当高层有了这种想法、胸怀和包容态度，员工才敢放胆创新。否则，创新很难成功，慢慢地，企业就会形成故步自封、唯上而尊的僵化体系。"

银泰商业集团还以创新首字母 CX 设置了"创新邮箱",直通陈晓东,任何一个员工都可以给该邮箱发邮件,提出自己的创新项目,公司要做的事情是保证可行的创新项目能够顺利实施。"相当于一个内部孵化器。"陈晓东说,对员工的好点子,公司会给予奖励,奖励分几个等级,对公司今后发展产生巨大驱动力的,最高奖励 100 万元。他表示:"我们会用机制鼓励大家把创新成果转化为公司和团队的收益。好的想法我们会通过合伙人的方式,使其进入到内部创业阶段,团队和公司会共同将创新项目转化为经营成果。"他们还通过合伙人制度进行内部创新,于 2015 年 6 月推出了跨境精品超市西有项目。从阿里巴巴集团的视角,可以看到银泰商业集团创新的重要意义。银泰商业集团董事会主席张勇(阿里巴巴集团 CEO)在关于阿里巴巴战略投资银泰商业集团的采访中提到:"互联网对用户所覆盖的效率和广度是所有线下商业实体用传统的方式无法企及的。整个零售业态和电子商务的升级都是一件箭在弦上的事情。通过战略投资可以把合作伙伴银泰商业集团升级为资本层面的合作,把新银泰商业集团作为进行零售业 O2O 尝试和拓展的新平台。同时,也会积极地去帮助整个行业进行升级,这是阿里巴巴之所以花巨资投入的出发点。"总之,作为传统零售商,银泰商业集团不断地否定自己、改变自己,在不断的试错中实现创新。

5.5 本章总结

银泰商业集团的高层领导人居安思危,具有强烈的自我激励和危机意识。他们勇于打破既有利益格局,勇于变革自己;他们秉承着以客为先的理念,不断在市场的变化中探索创新和变革,实现了对自身商业模式的持续革新与完善。所以,其被视为传统零售业的变革者,通过创新在经营业绩等方面名列中国零售业前茅。而且,银泰商业集团的管理团队积极拥抱技术的变革。正如沈国军在银泰商业集团的宣传片里所说:"在未来的 10～20 年,我们最好的防御就是进攻,就是改变。一定要敬畏技术的进步,要积极地拥抱变革的潮流,尊重和坚信市场和客户的力量。"

因此,银泰商业集团能够在自己业绩尚处于优秀的情况下,开始业态创新和商业模式的创新。第一次是 2009 年向购物中心和电子商务转型,针对消费者体验式、"一站式"购物需求进行全面创新,重点发展体验式购物中心。银泰商业集团由此成为全国首家转型体验式购物中心的百货连锁品牌,并由此带动了银泰商业集团零售板块业务的整体转型。同时,开始了电子商务商业模式的探索。为了应对百货业同质化的竞争，从 2009 年之后就开始了 O2O 模式的探索。2010年，又创建银泰网，开始从战略高度进行线上零售业务的转型。从 2013 年起，与阿里巴巴合作，进行线上线下的商业融合，这是商业模式的创新，具有很高的创新程度。所以，银泰商业集团的创新是在竞争压力和消费需求驱动下，由高层领导者主导的由上而下合作式创新模式。线上线下由竞转合，是完善消费者体验的实际需要，结合传统线下渠道与线上电商平台各自满足了消费者不同的需求与体验。同时，线上线下商业走向融合是商业模式创新的需要。

消费者购物体验改善是传统百货零售转型的关键。当然，创新要取得成功，需要必要的组织和制度上的保证。为了给创新提供激励和保障机制，银泰商业集团还推出了一系列的制度创新和组织创新，以保护创新、激励创新，形成创新的文化和氛围。总之，银泰商业集团在零售领域的一系列创新举措，为中国传统零售业转型提供了一个切实可行的操作模板。

第 6 章 物美的案例研究

6.1 引言

北京物美商业集团股份有限公司（以下简称物美）是我国华北及华东地区具有优势的连锁集团。物美自 1994 年 12 月在北京率先创办综合超市以来，已经拥有大卖场、生活超市、便利商店、百货店、家居商场等各种业态。物美年销售额超过 400 亿元，年纳税额超 18 亿元，位列中国连锁百强前茅[①]。物美在信息现代化和物流体系建设方面都处于我国零售业领先地位，颇具创新性，也是国内同行业盈利水平最佳的连锁商业集团。其中，物美标志性的成就是在 2009 年 5 月 7 日获得了世界零售大会的最佳新兴市场零售商奖，该奖项是为新兴市场的零售商设立的。物美获奖的原因主要是其结合了国际标准和中国的需求特点，成功地发展出从便利店到大卖场的多种模式；同时，物美把技术创新成功地应用在超市运作的各个环节，多年来保持了强劲的销售和效益的同步增长。这是中国零售商第一次在该大会获得大奖。由于物美创新的代表性，本章选择两个典型的创新成果——物美"百宝箱"项目和"农超对接"项目进行分析，进而得出物美创新的特点、过程和经验。

---

① 物美简介，http://www.wumart.com/index.php/5383fd600a? city=bj。

6.2 物美的发展历程

物美于 1994 年成立，迄今的发展历程可以大致分为三个阶段：

第一阶段：1994~2001 年，以超市业态取胜，与国企合作低成本迅速扩张。

物美最早并不是做商业零售的。1994 年 4 月 16 日，物美创始人张文中与一批海外归国人员创办了一家信息技术公司，初衷是为其他企业做系统集成，后来发展到自主开发了一套专为超市设计的管理信息系统，即 POS 系列。由于没有销路，他们决定建立一家超市进行示范。1994 年 10 月 6 日，北京物美商城有限责任公司（物美商城）在北京市海淀区翠微路 5 号成立，注册资金 1000 万元，是隶属于内贸部的"全民所有制与集体所有制企业"。同年 12 月 26 日，第一家物美综合超市翠微店成立。对投身零售业的原因，张文中曾自认为是"误入歧途"，"我并没有想自己去做流通业，我只是说为那些做流通业的人做计算机系统，但做出的计算机系统别人不认账，我们就把它拿来自己开了个示范商场"。出乎意料的是，超市的生意非常好，1995 年，该超市的销售额就达到 1 亿多元。从此，本以信息技术为方向的创业团队全力进军零售业。然而，作为一家零售企业，如何找到合适的店面、迅速开店以实现规模化效应成为物美进一步发展的关键。1997 年，张文中开始通过与国有商业企业签订租赁、合作、托管和合资等协议的方式进行低成本扩张，这些合作成效显著，使物美把 300 多家国有店铺网点和 8000 多名国有企业职工逐步纳入物美的连锁系统。例如，1998 年 1 月，物美合作的第一家国有商业企业石景山区属企业古城菜市场重张开业，销售额比过去增长了 10 倍。同年 11 月底，物美与国有企业北京石景山天翔贸易总公司订立合作协议。物美在北京、天津等地与多个国企或第三方企业订立类似协议，获得多个经营场地管理及经营权，以稳定租金取得北京市黄金地段的长期租约，进入了商业网点快速发展期。这些合作使得物美迅速发展壮大起来，这是物美后来饱受诟病的"原罪"起源，也是日后张文中身陷囹圄的起因。张文中凭借着内贸部的背景，以较小的注册资金，用托管或者合作的方式取得其他企业很难触及的国有资源，将其变成私人资产，获得远高于一般超市的营业利润，迅速完成原始积累，抢占了市场先机，赢得了资本市场对其股价的高估值。然而，2001 年 2 月，国家内贸局被撤销，相关行政职能并入了国家经贸委。随着经营环境的改变及城市中心地带商业物业资源的价值重估，使"国有托管经营"模式难以继续。

第二阶段：2001~2009 年，在中国香港上市，并购实现超常规发展；加强信息物流建设，走内涵式发展道路。

2003年11月21日，物美集团旗下北京物美商业集团股份有限公司在中国香港联交所正式挂牌交易，这是国内第一家在中国香港上市的民营商业企业。此时，物美的商业网点已达到226家，其中141家的经营权是通过托管国企或第三方企业经营场地的方式取得的。根据物美上市首份年报：2003年营业收入为15.79亿元，同比增长43.5%；净利润达到7160万元，同比大幅增长161%；净利润率高达4.55%，大幅超出香港主板上市的内地最大连锁企业联华超市的1.76%，还高于沃尔玛3.27%的净利润率。物美保持高利润率的关键之处在于其出租物业所带来的租金收入，而这又得益于"国企托管"模式下物美获得的优质地段长期的租金优惠。但这种方式难以为继，物美上市后逐渐放弃了"国有托管经营"模式，并购成为其上市后的主流扩张模式。2003~2006年，物美实现了一系列并购活动：控股了北京超市发连锁股份有限公司；兼并了北京怀柔最大的国有商业企业——京北大世界；收购了天津大荣超市（日资）；兼并了北京商业排名第四的美廉美公司，取得了北京市场的绝对优势；收购了西北最大的商业上市公司——宁夏新华百货，初步形成了以京津为中心的华北、以银川为基地的西北、以江浙和上海为重点的华东三个核心区域市场。

通过并购，物美形成了"高价发售股票—并购扩张带来高增长—提升股价—高价发售股票—并购扩张带来高增长"的资本驱动增长模式良性循环，实现了超常规的发展。根据2006年商务部的统计排行，物美名列中国商业企业30强的第6位，名列2006中国企业500强的第160位。物美被评为"年度北京十大商业品牌"。创始人张文中也在2006年以15.2亿元的财富首次跻身"新财富500富人榜"。2006年11月12日，物美董事长张文中因经济罪案辞职。物美股票从2006年11月至2007年9月被停牌10个月。吴坚忠正式出任物美董事长。在吴坚忠的领导下，物美不仅延续了物美创业之时的信息技术基因，而且更大力加强了信息和物流的建设与创新。2008年1月1日，物美ERP项目（"百宝箱"项目）在五个配送中心、一家大卖场、十家综合超市和便超店铺成功上线。在2008年度中国企业信息化500强大会上，物美于2002年开始实施的连锁企业"信息现代化项目"获得了"重大企业信息化建设成就奖"。吴坚忠指出，正是信息化打造了物美的核心竞争力。2009年5月7日，物美获得了世界零售大会的最佳新兴市场零售商奖，这是我国零售企业第一次获得该奖项。根据物美的业绩报告：2008年物美实现总收入97.49亿元，较2007年上升24%；净利润4.9亿元，同比增长37.2%。在2008年食品价格呈明显下降趋势的背景下，物美的同店销售仍然增长了8.1%。物美的商店数量也从上市前2002年的76家扩大至2008年的434家，2008年的纯利是2002年的18倍。

第三阶段：2009年至今，面临各种挑战和并购后的整合难题，开始O2O模式探索。

2009年之后，我国零售业环境发生了重大的变化，经济发展速度放缓，电子商务，特别是无店铺零售业态迅速发展；租金及人工成本的快速上涨使店铺零售业态的发展出现了停滞甚至危机。物美从2009年至今，出现了首个连续四年的净利下滑，主因依然是营业成本高企，营业税金及附加、销售费用和管理费用提升。从表6-1可以看出，物美净利润率保持3%以上的增长，但增长率下降；净资产收益率也呈现下降的趋势。物美不得不开始进行战略转型，由零售企业向供应链企业转型，改变原有单一的盈利来源，通过对供应链的控制和整合，获取更多的盈利点。物美转型的核心之一就是以快速增长的生鲜来应对零售业整体的缓慢增长。从2008年1月到2010年12月，物美开发了"农超对接"电子商务平台、标准物流筐和以发定收的生鲜工作台等技术。2010年5月，国内目前规模最大、技术最为先进的华北配送中心正式投入运行，物美加快物流网络改善和优化。这一系列的物流改造项目使得物美始终处于国内零售企业技术领先的地位。物美的门店主要集中于华北及华东地区，业态主要以大型超市和便利超市为主，属于区域领先的连锁集团。物美继续进行并购。但并购之路并不顺利。2013年10月15日，物美宣布将斥资23.45亿港元收购卜蜂莲花36家店铺。然而，2013年10月18日，因卜蜂莲花北京区员工罢工停业，收购失败。2013年10月29日，物美商业发布公告，称吴坚忠因个人原因辞去董事长一职，由公司非执行董事蒙进暹接任。2014年，物美收购控股了英资在华企业中国百安居。然而，在店铺零售市场不景气、电商、高租金、高成本的冲击下，物美面临着严峻的困难和挑战。

表6-1 2008~2012年物美集团主要财务指标

年份	2008	2009	2010	2011	2012
年度业绩					
收益总额（千元）	9749790	11782009	14246881	16395645	17334077
综合毛利率（%）	18.10	18.70	19.70	19.20	19.50
净利润率（%）	3.70	3.70	3.70	3.60	3.50
主要财务指标					
净资产收益率（%）	15.90	18.60	20.70	19.40	17.90
资本负债率（%）	23.60	19.20	6.70	7.50	14.10
应付账款周转期（天）	75	77	73	73	77
存货周转期（天）	27	30	33	33	31
经营活动现金净流量（千元）	733130	1105246	681600	1233935	1694019

为了应对网络零售的冲击，2015年4月，物美与多点达成战略合作，在商品、采销、物流、会员等方面深度融合，目前已经实现线上线下一体化运营，而会员一体化带来了强支付，目前会员已突破1300万人，2小时送达的妥投率为平均98%。多点是创立于2015年4月的线上线下一体化全渠道零售平台，多点与物美的合作，除了体现在对传统商超供应链的整合改造外，还体现在采购、商品管理、物流、仓储等多个环节。多点APP就是物美的会员卡，多点用户摇出会员卡即可实现秒付，扫码结账、积分付款一键完成。告别超市排队并可缓解拥堵带来的安全隐患。截至2017年1月底，多点用户数量达到1300万人，其中1200万个用户来自北京。

6.3 物美的创新

6.3.1 物美Winbox项目

2006年以前，国内零售业信息化建设大致分为三个阶段：一是最初企业自我研发来满足财务系统、信息系统等的管理需求；二是零售企业逐渐采用一些国内厂商的专业零售行业的软件；三是随着企业经营规模的持续扩张与管理水平的不断提升，处在领先地位的零售企业越来越希望能够借鉴国际最先进的零售行业的管理理念和管理实践。物美的信息化建设正是这样的特点：从1994年的POS机到2002年的信息系统，再到2006年与SAP的携手，这就是物美信息化建设的"三步曲"（胡雪琴，2009）。第一步（1994~2002年）：自我研发，逐渐采用其他优秀软件。1994年，张文中创办信息技术公司，开发专为超市设计的管理信息系统POS系列，创建了北京第一家规范的超市；2000年，物美开始利用互联网平台进行商品订货和商品管理，成为北京市第一个真正运用互联网技术进行采购和管理的连锁企业。第二步（2002~2006年）：物美"以提升连锁规模效益为目标的整合管理"项目荣获"第九届全国企业管理现代化创新成果"一等奖。第三步（2006年至今）：2006年10月8日，物美Winbox项目（Wumart in a box，Winbox，意指物美的百宝箱）正式启动。该项目的背景如下：

2003~2005年物美的多次并购，特别是在2005年收购名列北京第四名的美廉美超市之后，物美在北京市场的规模迅速扩张，涵盖了众多业态。物美名列商务部2006年中国商业企业30强的第6位，中国企业500强的第160位。然而，物美成长的同时不可避免地带来了问题。一方面，快速增长使得连锁门店可以获取规模效益；另一方面，这对物美管理和信息化建设提出了更高的要求和挑战。这也是我国零售企业普遍面临的两大难题：一是规模发展造成的管理成本居高不下；二是规模扩张要求的精细化管理不足。为了寻求解决这两大难题的系统和管理解决方案，从 2005 年 11 月 ERP 选型开始，物美集团创始人张文中亲自带领 ERP 项目组，先后考察了一些国际知名软件公司；参观了法国、瑞士、加拿大、英国、美国等 20 多家成功实施 ERP 的企业；走访了国际最先进的零售业企业如美国的沃尔玛、英国的特易购等。他先后组织了企业高级管理团队和核心骨干 40 余人次接触并走访了世界领先零售软件公司。其中，2006 年，物美集团组织了几个代表团到加拿大、美国、欧洲专门考察其零售业，发现国外零售市场也面临着类似的挑战，即社会阶层分化，需求呈现高档化和贫民化两级的发展趋势，国外零售企业通过不同的定位及其业态来满足这些不同的需求（吴坚忠，2006）。

当时的副董事长吴坚忠曾说："物美现在碰到的问题比较复杂，大小的店铺分成几类，没有数据的积累在未来竞争中会越做越乱、越来越麻烦、越来越没有效率，这是我们经历过的。所以物美下决心要建立一个统一系统的 IT 平台，这就是我们最近要启动的 ERP 项目。"他还说："连锁行业最困难的是规模扩张，以前因为空间多，只要有基本框架和技术支持，开连锁店基本上是赚钱的，这是之前的一种增长方式，但现在有几个问题，一是竞争激烈，二是消费者对质量、购物环境的要求越来越高，所以中国零售业从规模发展模式过渡到精细模式，如果没有 IT 技术支持和一个配送中心，那么营销创新和供应链的改善是很难实现的。"物美最终选择与 SAP 合作，他们发现在德国可以通过实施 ERP 流程再造，形成物美的最佳经营与管理解决方案，这就是 Winbox 项目，目的是通过学习全球最佳零售业业务实践并务实创新来提高物美的竞争力（杨超，2006）。这是我国零售行业的第一个企业资源规划（Enterprise Resource Planning，ERP）"灯塔"项目，主要是解决规模发展与管理成本居高不下，以及精细化管理这两个难题。

2006 年 10 月 8 日，物美 Winbox 项目正式启动。2007 年 10 月 22 日，Winbox 项目成功实现主数据上线。2008 年 1 月 1 日，正式在物美多家店铺上线，该系统覆盖采购、销售、物流、财务、人力资源和营销等各项业务。物美集团副总裁、Winbox 项目经理于剑波表示，物美可在此基础上通过业务优化和系统优化不断升级。Winbox 项目可以使物美以更加精准的技术手段加强毛利分析和控制，不断进行供应商及商品品类优化，因集中采购形成的规模效应而降低商品单位成本，提升物美集团运营管理的专业化与标准化水平。在 2008 年度中国企业信息化 500 强大会上，物美于 2002 年开始实施的连锁企业"信息现代化项目"获得了"重大企业信息化建设成就奖"。2009 年 5 月，物美获得世界零售大会新兴市场零售大奖。物美集团董事长吴坚忠说："我们认为获奖的主要原因是良好的地域发展战略和 IT 物流技术的有效运用，以及物美结合国情的做法成了中国零售商的一个模板。""2008 年之前的几年，物美销售额都保持了 35% 以上的增长，即使 2008 年受到金融危机的影响，物美销售额的增长也达到 25%。"物美 Winbox 项目的成功是物美和 SAP 公司高层紧密合作的结果。从物美创始人张文中开始启动，一直到 2008 年 1 月成功上线，物美高层管理者都积极支持该项目，也为其后续的创新活动奠定了基础。

6.3.2 物美"农超对接"项目

作为面向大众的超市和综合超市业态，"天天廉价，永远物美"是物美的经营原则。生鲜产品在超市中具有非常重要的作用，它们往往是带动整个超市销售的引诱商品。因此，如何采购既新鲜又便宜的生鲜产品就成为物美较早进行"农超对接"集团采购的内因。企业有开展"农超对接"的动力，但还需要良好的政策推动。早在 2007 年，物美就在农业部信息中心的支持下，在海南建立了第一个"农超对接"香蕉基地。2008 年，在商务部和农业部相关政策的推动下，物美作为首批"农超对接"试点企业，开始对生鲜农产品的流通方式进行创新尝试。2009 年，物美决定全面推进果蔬"农超对接"项目，成立采购、信息系统、财务、物流等主要部门负责人参与的"集团采购部"，开展新鲜果蔬的"农超对接"项目。

传统的果蔬供应商模式包括几个环节：农户在田间采摘，由地头小贩、代办户、经纪人收购，然后将果蔬卖到当地的集散市场或批发市场；由批发商再卖到各地的批发市场；果蔬批发商从这些批发市场进货，再销售给连锁超市的仓储配送中心，最后配送到各个超市的门店，向最终消费者销售。而"农超对接"项目就是要创新传统果蔬供应链模式，建立起生产基地与超市的对接。其关键是如何通过有效物流，使超市与大产地和规模化的农村合作社对接，形成规模化产业链，通过组织化生产、减少农产品销售的中间环节，推动规模化销售，让更多的鲜活农产品进入流通市场，使农民、消费者和销售企业都受益。物美拥有 100 多家蔬菜直采基地，与上百家专业合作社、龙头企业、经纪人建立了对接关系，实施了订单农业。如图 6-1 所示，首先，物流中心根据需求和存货情况，向生产基地发出订单，生产基地向合作社预约订货，合作社通知下属农户，农户进行田间采摘，然后统一发货给物流中心，物流中心配送给超市各个门店，超市门店面向最终消费者销售各种新鲜蔬菜和水果。与传统供应商模式相比，"农超对接"的采购步骤主要有三个：农户田间采摘—物美配送—超市货架，减少了流通环节（李凤荣，2012）。

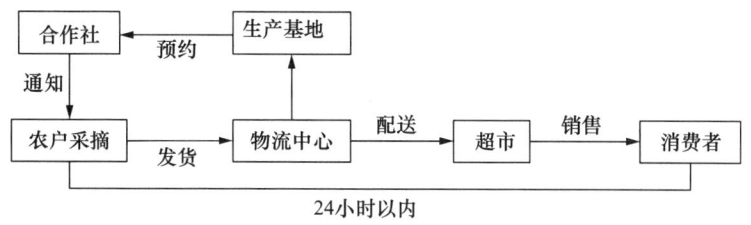

图6-1 物美"农超对接"采购路径

"农超对接"项目运行应具备的两个条件：一是"农"与"超"都要具备一定的规模；二是要有高效的物流、信息系统。这两个条件物美都具备。2008年1月到2010年12月，物美开发了"农超对接"电子商务平台、标准物流筐和以发定收的生鲜工作台等技术，该平台在全国700个门店有效运行，实现了农副产品供应链零库存、低损耗、零搬动、及时上架销售。物美还建立了高效的物流系统，打造了一条新鲜24小时供应链。物美"农超对接"项目取得了非常不错的业绩。截至2013年12月21日，物美北京地区的生鲜销售额达到了1700万元（不含税），打破了公司的销售纪录；其生鲜销售额同比增长了20%以上。"农超对接"项目不仅引发了生鲜产品流通模式的变革，也给物美的经营管理带来了新的挑战。根据生鲜农产品的供应链模式和管理，李宪宁和安玉发（2013）基于协议流通，总结了三种典型的供应链模式，他们认为，物美的"农超对接"项目属于连锁集团主导型的供应链模式。这种模式存在三个问题：①连锁集团的组织结构条块分割。②物流运作的衔接不畅，分散农户与大型集约化终端进行对接存在很多实际操作的难题。③对农户支付及票据管理困难。物美集团应采取纵向一体化、组织结构变革和作业流程标准化的供应链管理策略。

"农超对接"项目迫使物美不得不进行组织结构调整以及管理创新。如图6-2所示，物美集团原本是传统组织结构，总裁下属各个子公司和经营事业部，而各个子公司和经营事业部都下设了生鲜蔬果部门，拥有独立的生鲜采购、物流体系，各自独立运营。这种组织结构不仅重复设置，而且采购、物流和门店销售是脱节的，运作效率较低，物流成本很高。为了适应"农超对接"项目的新供应链模式，物美集团对组织结构和管理方式进行了创新。在总裁之下，专门设立了蔬果项目组，将所有的蔬果采购、物流集中统一管理，从总体上做到统一采购、统一运营，完全按照生鲜农产品供应链管理的业务流程及需求进行统一操作，实现组织、流程、作业的一体化。

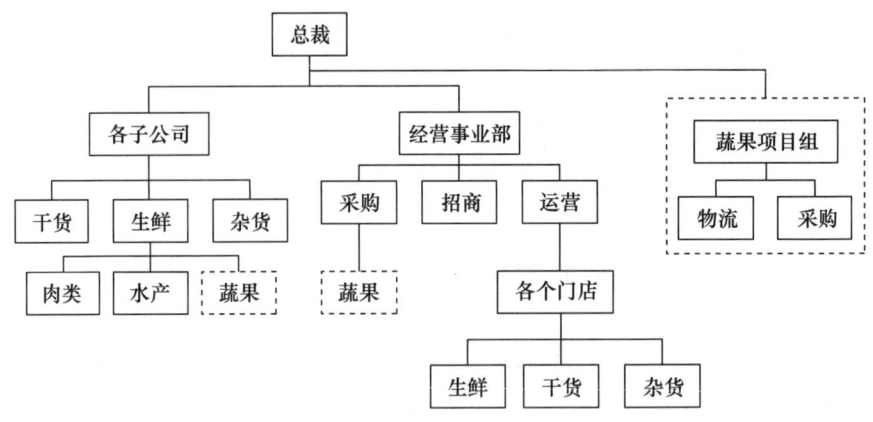

图 6-2　物美集团组织结构变革

资料来源：根据李宪宁和安玉发（2013）改编。

"农超对接"项目不仅意味着物美生鲜产品供应链模式的创新，还意味着物美向新的零售业商业模式转型。在 2013 年底物美召开的"零售业模式转型研讨会"上，物美集团副总裁兼北京超市事业部总经理许少川表示，物美超市已开始由"农超对接模式"向"厂超对接模式"推进，将进一步减少流通环节，降低成本。与此相应，物美将创新组织结构和管理方式以适应这些变化。

6.4　创新理念和保障

物美具有独特的经营理念。按照物美的官方观点，物美扩张的"三驾马车"，是区域发展的稳健战略、团队与执行、信息化管理，这三个因素形成的企业文化使物美模式可以迅速复制。其中，信息技术既是物美的前身，也是其连锁零售集团的基础。与传统零售企业的认识不同，物美团队一直认为零售企业是高技术企业。物美创始人张文中曾经说过："连锁零售业是高科技企业。零售业应用的计算机技术是最先进的，应用的深度也得到了业界认可。不仅是信息技术，零售业在引进其他先进技术时的步伐也是很快的，也为其他产业的技术进步创造了很多标准。比如条码技术，如果没有零售企业的推动和应用，条码技术就不可能得到快速普及和发展。"他还认为："连锁零售企业也是物流企业。"所以，物美管理层一直有一个共识和理念：IT 技术对零售业的进步具有核心作用，商业企业首先应当把自己的核心技术和信息系统搞好。他们不仅这样认为，也将这种重视信息技术的理念贯彻到了物美的经营管理中。物美非常重视新兴技术在零售业中的应用，如对无线射频技术 RFID，物美从 2004 年起，以沃尔玛和麦德龙为标杆，追踪其对 RFID 技术的应用，专门由一个技术小组负责。

物美的经营和创新理念源于其具备全球视野的高素质管理团队，这在我国零售企业中也是非常少见的。物美高层团队中有多名海外归国的博士、博士后，这些人曾经受过数理化的高等教育，因此，对技术的重视和理解是其他零售企业难以企及的。这从某种程度上也形成了物美特有的技术驱动下的创新和文化。当然，理念的领先只是让物美站得更高，务实的创新理念才是物美取得创新效果的关键。吴坚忠一直秉持这样的观点："创新要结合实际，物美结合实际的要点，是连锁的精髓要能够共享，鞭长莫及的事情不要做。"物美认为零售企业最重要的是信息管理和物流管理，物美的创新主要是在这两个方面开展。

物美信息化管理是一个复杂庞大的系统工程，在这个过程中，很多知名企业为物美提供了技术和智力支持，这些，都是典型的知识密集型服务企业。信息系统软件对于超市的发展至关重要。Winbox 项目就是物美与 SAP 合作成功开放的信息管理系统。在硬件设备上，从 2007 年开始，为了避免"规模后遗症"的发生，物美集团以摩托罗拉企业移动业务的条码扫描、移动计算及企业级无线产品为架构，在商品流通管理、客户管理、供应商管理，以及员工管理方面全面启动信息化管理。摩托罗拉企业移动业务产品分别应用在店内前台收银、店内验货及配送中心。物美集团硬件网络部经理申培忠说："在不影响企业现有运营的情况下对企业进行信息化改建是很有风险的，我们需要一个在业界享有盛誉的厂商来帮助我们完成这一改建。"摩托罗拉不仅为物美提供了产品和服务，也为物美带来了国际先进经验和最新动态。

6.5 本章总结

物美在信息现代化和物流体系建设方面都处于我国零售业领先地位，也是国内同行业盈利水平最佳的连锁商业集团。物美的业态以大型超市和便利超市为主，其发展也是我国超市从发展到繁荣、成熟的阶段，很好地诠释了超市这一零售业态与市场和政策环境之间的互动关系。

纵观物美的发展历程可以发现，因为拥有高素质且具有全球化视野的管理团队，物美一直是信息技术倡导者和积极采纳者。而且，物美认为零售企业最重要的就是信息管理和物流管理，所以，其创新活动也体现在这两个领域：前者是信息管理的典型创新成果——Winbox"灯塔"项目，后者是物流管理中的"农超对接"项目，二者之间有着必然的联系。2008年，物美Winbox项目上线，ERP系统实施，并成功构建了供应链集成系统，后者作为零售企业核心IT系统，可以全方位支撑企业的关键流程。之后，以ERP系统为核心，物美自主开发了供应商关系管理系统，该系统帮助物美实现了供应链全程的信息化，这些成果为物美的"农超对接"项目和其他管理创新提供了基础和平台。物美能够成为"农超对接"项目的首批试点企业，正是得益于Winbox项目作为代表性成果的一系列IT系统创新。同时，由技术创新带来的商业模式创新，又进一步要求物美的组织和管理模式进行改进和创新，以适应和支持运营的需要。总之，超市的管理信息系统在零售业态中属于程度较高的。消费者对大众消费品的需求被引导，对商品价格关注。所以，物美的信息化建设具有内在的必然性，物美呈现出了"技术创新—运营模式创新—组织和管理创新"的创新路径，在中国零售企业中也是独特和领先的。

第7章 永辉超市的案例研究

7.1 引言

永辉超市是中国500强企业之一，是国家级"流通"及"农业产业化"双龙头企业，获得"中国驰名商标"。永辉超市是中国大陆首批将生鲜农产品引进现代超市的流通企业之一，被国家七部委誉为中国"农改超"推广的典范，被百姓誉为"民生超市、百姓永辉"。在2014中国版财富500强榜单中，零售企业共有31家，其中永辉超市以营收305.43亿元领衔超市业态。数据显示，近几年来，永辉超市在这一榜单中的排名一直在大踏步前进，从2012年的224名，到2013年的197名，2014年已经是第176名，其营收增长率超过20%，利润率也从2013年的2%提升到2014年的2.3%，在整个超市行业净利率仅不足1%的困局之下，永辉超市的利润率几乎可以领跑整个行业。2015年，永辉超市位居中国连锁百强企业10强、中国快速消费品连锁百强5强。永辉超市2016年年报的数据显示，永辉超市的营业收入为492亿元，同比增长17%；净利润为12亿元，同比增长105%。从主营产品来看，生鲜及加工和食品用品依然是永辉超市营业收入的主要来源，其营业收入分别为191亿元和189亿元，同比增长19%和20%。永辉超市的快速逆势增长是和其创新分不开的。2016年，永辉超市精标店因为集餐饮、零售和智能硬件于一体的业态创新，荣获中国连锁经营协会的零售创新分项——业态创新奖。永辉超市的创新不仅是其对待消费者的方式，更体现在其对"内部客户"的激励机制和满足，事实上这才是永辉超市高速发展的关键原因。因此，永辉超市是我们研究零售创新的恰当案例，本章将对永辉超市"农改超"模式和业态创新两个事件进行具体分析。

7.2 永辉超市的发展历程

永辉超市迄今的发展历程，可以大致分为三个阶段：

第一阶段：1995~2002年，中国"农改超"的开创者，"永辉模式"形成。

1995年12月，24岁的张轩松在福州市古乐路开起了面积仅有100平方米的"古乐微利超市"，主要经营日用品。他看好在福州刚刚兴起的超市业态。他认为，与传统的小商店相比，超市的理念先进，经营的品种也多，肯定会成为主流。他坚持以平价销售赢得市场的经营策略，在保证质量的前提下，尽量提供物美价廉的商品。"看得见的实惠""天天平价"成了张轩松经营超市的样板口号[①]。此后，张轩松开始发展啤酒厂，试图建立啤酒从上游到下游的一体化。然而，该项目让他损失惨重，至此他重新聚焦于零售业，开始专注于超市的发展。1998年8月，福州市火车站地区永辉超市开业，这是首个以"永辉"命名的超市。然而此时，市场形势已经发生了巨变。1999年，福建省首家大卖场——新华都购物广场亮相，福州整个零售业格局也因此拉开了巨变的序幕。紧接着，中国台湾零售业连锁巨头好又多和世界500强企业麦德龙、沃尔玛相继进入福州，大卖场成了福州零售业的主流业态。2001年，经过一番市场调查，张轩松确定以"把生鲜农产品搬进现代超市"作为永辉超市的主营方向，实施"农改超"模式，建立以经营海鲜、农副产品、餐桌食品为特色的超市和连锁店。这种超市的目标客户定位是家庭主妇、上班族，其地址也不像一般超市那样选择在闹市区、商业中心，而是选址在居民区、次干道及城乡接合部。在不断的摸索中，永辉超市形成了"产、供、销"一体化的运作机制，外资超市在短时间内无法复制这种模式。2002年9月，国务院七部委联合检查组考察永辉超市，将其誉为中国"农改超"的开创者，永辉超市被认为是中国超市零售行业的典范，他们提倡将"永辉模式"在全国范围内推广。

第二阶段：2002~2010年，全国性扩张，成为年营业额超过百亿元的大型零售集团，在A股成功上市。

在明确的目标和一系列的创新之下，短短三年时间内，永辉超市在福州的连锁店已达近30家。从这时起，张轩松开始被称为"福州超市之王"。2004年10月，重庆第一家永辉超市开业并一炮走红。2004年年底，永辉集团营业额达到

---

① 永辉简介，http://www.yonghui.com.cn。

20 亿元，首次进入全国超市零售业百强之列。2007 年，张轩松获得了汇丰控股私募股权部门 4000 万美元的投资；2008 年，他再度取得汇丰控股私募股权部门 3500 万美元的注资。"永辉超市"也由此成为获得境外私募基金投资最多的国内超市。获得资本支持之后，永辉超市开始了全国性的扩张。2009 年 1 月，北京首家永辉超市（六里桥店）开业；2009 年 8 月，永辉超市正式入驻合肥市滨湖世纪城。截至 2009 年 7 月，永辉集团已拥有大、中型连锁超市 150 个（不含便利店），连锁经营面积超过 60 万平方米。永辉超市于 2010 年 12 月 15 日在上海证券交易所举行上市仪式，标志着永辉超市 A 股成功上市（股票代码：601933），被誉为"生鲜第一股"。

第三阶段：2010 年至今，并购扩张，实现年销售额过百亿元；与京东合作，推出 O2O 电商平台，应对电子商务挑战。

上市之后，永辉超市开始了两个比较大的举动：第一，通过并购和在各地开店，利用资本的力量进行迅速扩张。2011 年 11 月，永辉超市迈出"收购"第一步，成功收购北京一家"易买得"；其后，永辉分别在东北三省、广东、陕西、上海等地开设门店，并且分别与上蔬集团、中百集团建立战略性合作伙伴关系，进一步加强其在生鲜领域的竞争优势。第二，利用科技提升管理水平，紧跟环境变化，抓住市场机会。永辉超市意识到科技对于零售业发展的巨大作用，在规模不断扩大之后，如何利用新兴技术提升企业管理水平已迫在眉睫。2012 年 3 月，永辉超市 ERP 项目启动，与 SAP、IBM 国际一流的软件服务商合作，进一步提升信息管理共享平台。与此同时，紧跟国家促进农业产品流通的政策，2012 年 7 月，永辉超市被商务部认定为"农超对接试点企业"，在福州、重庆、贵阳、郑州、沈阳等地开展"农超对接"项目。2014 年 1 月，面对电子商务和移动端购物的浪潮，永辉超市推出了"永辉微店 APP"，该 APP 首先在福州上线试运行，这标志着永辉超市推出 O2O 电商平台。除了技术创新之外，永辉超市在福建启动了"重庆品牌全国推广周"，举办地方特色产品联合展销会，这也可以说是一个营销创新。2015 年 8 月，京东以 43 亿元入股永辉超市，标志着中国零售业的竞争合作进入了一个新的阶段。在市场环境风云变化的不同时期，永辉超市都努力适应环境，并且坚持以生鲜为主的差异化战略，在超市业态中独树一帜，成为翘楚。

7.3 永辉超市的创新

7.3.1 永辉超市"农改超"模式

1999年，由于新华都购物广场，中国台湾零售业连锁巨头好又多，世界500强企业麦德龙、沃尔玛相继进入福州，福州零售企业的竞争日益激烈。与此同时，消费环境和政治环境也在发生着重大的变化。2001年，福建省在全国率先大力治理餐桌污染，号召民众"杜绝餐桌污染，建设放心市场"。目光敏锐的张轩松认为这是让自己的超市走向强大的一个机会。经过一番市场调查，张轩松确定以"把生鲜农产品搬进现代超市"作为永辉超市的主营方向。他摒弃了一般超市主营服装、日用品、家电的模式，率先将"生鲜区"的经营面积扩大到整个超市的50%~70%，并投入资金营造干净、有序、舒适的购物环境，再配备果蔬农药残留检测设备，为食品安全提供保障，告别传统农贸市场的脏、乱、差……这种模式被称为"农改超"。2000年7月，第一家"农改超"超市——永辉生鲜超市（福州屏西店）开业。

张轩松的这次创新可以说是被逼的，其目的是为了避免与实力雄厚的洋巨头正面交锋。但这次困境中的创新，却开拓出了一块潜力无限的大市场。沃尔玛、麦德龙等洋超市不可能介入生鲜超市这一领域，也就不可能对张轩松形成威胁。自此，永辉超市走上了持续而快速发展的康庄大道。而这也是永辉超市后来能够迅速崛起的真正原因。当然，"农改超"经营模式仅仅是张轩松计划的第一步，要将永辉超市做大还需要真功夫。经过集思广益后，张轩松高调提出了"家门口的永辉超市"这一口号。这句口号的第一层含义是永辉超市的定位是"开在每个人家门口"的；另一层含义则是指其扩张目标要"开到每一个人的家门口"。

"农改超"是经营模式的一种创新，在具体的经营细节中永辉超市更是不断创新。张轩松组建了庞大的采购团队，来保证采购到的产品既新鲜又低价；永辉超市采用了直接向农场下订单、与农户建立长期合作关系的模式。这种"包销到户"的做法既能够获得稳定的货源，还可以打消农民担心产品卖不出去的顾虑，提高其生产积极性。永辉超市创新还设立了500万元专项资金，预先垫付肥料、种子、新型农具等给农民，生产出的全部农产品由永辉超市实行不低于市场价的保底价收购。这一系列创新，使永辉超市形成了"产、供、销"一体化的运作机制，外资超市在短时间内无法复制这种模式，也就无法和永辉超市竞争。永辉超市至此致力于生鲜农产品的经营，也间接地解决了部分农产品难卖的问题。同时，永辉模式还"改变了老百姓的消费方式"。按照张轩松的说法："我们为消费方式的改善提供了一个有价值的模式，同时也得到了政府的认可，所以才能够从福建走出来。"

7.3.2 超市业态创新

2010年以后，由于电商的强势发展，以大卖场为购物中心主力店的固定模式正在被打破。超市的发展从开始的求"全"求"大"，到如今的要"小"要"精"，消费人群的细分和个性化直接导致了超市的细分。超市业态进一步细分为大卖场超市、精品超市和便利店超市。随着中产阶级的崛起和消费升级，在激烈竞争的情况下，精品超市的扩张已经成为一种明显的趋势。从创立以来一直到2010年，永辉超市的市场定位是"民生超市·百姓永辉"，即为顾客提供价廉物美的商品和便捷的购物服务；提供和销售与百姓日常生活息息相关的商品；坚持"大众化"路线，把家庭作为目标顾客；坚持薄利多销，做大流量；努力营造良好的购物环境，树立平价超市的社会形象。

然而，2010年，张轩松意识到了市场环境的转变。他说："随着中产阶层的崛起，现在消费者对于高端进口类产品的需求越来越大，这也是我们开绿标店的出发点。"针对年轻人聚集、互联网影响较大的一线城市的购物需求，定位中高端的永辉绿标超市应运而生。这是永辉超市第一次从红标（传统的红色门头永辉超市）到绿标（定位中高端的永辉Bravo超市）的业态创新。2010年，第一家"Bravo YH"永辉超市绿标店在重庆开业。"Barvo"来自于意大利语，表示"很棒"的意思。与永辉超市以往红色的外观相比，"Bravo YH"装修风格以绿色和灰色为主，在商品结构、环境和服务、体验上都区别于红标永辉超市，其人力资源管理也有非常大的差异。截至2015年上半年，全国共有32家"Bravo YH"门店。作为永辉超市探索的创新业态，绿标超市的两年期门店营业收入同比调查显示，2014年，大卖场、卖场、社区店、Bravo精致超市四个业态中，Bravo精致超市的同店同比增长最高，达7.68%，高于大卖场和卖场。

2015年，永辉超市把18个省分为两个事业集群。第二集群包括北京、上海、江苏、浙江、广州、天津6个地区，其他12个省份则被划归为第一集群。第二集群着重发展绿标店；第一集群则仍以原来的红标店为主。在这个过程中，两个集群独立发展、相互竞争，被永辉超市内部视为"赛马机制"。然而，即使是绿标店，永辉超市也日益感受到由网络零售和消费需求升级带来的竞争压力。随着社会化分工越来越专业、细致，很多原来在超市销售的服装、床品等呈现出缓慢增长的趋势，其销售逐渐被专营店所取代。超市需要进行品类调整。永辉集团

CEO 张轩宁早在 2012 年就开始构思布局永辉超市"精标店"。早在精标店开出之前，Bravo 团队已经在绿标店里培养了迷你版的精标了。Bravo 通过大力开设健康有机美食馆，先带动了一批愿意为更高端价位的健康食品埋单的消费者，也为精标店培养了消费群。通过每个城市少数精标店加上多个小型健康有机美食馆共同发展的方式，永辉超市在逐步进军高端市场。

2015 年 12 月，第一家精标店在福州开业，其规格要高于一般的 Bravo。该店通过对"餐厅＋零售＋智能体验"的结合，来吸引中高端消费人群消费。2016 年 12 月 9 日，永辉超市旗下第二家精标店 Bravo YH 南京茂业店开业。Bravo YH 南京茂业店的一大亮点是它首次推出了永辉超市的自营餐饮品牌——盒牛工坊。这才是真正意义上的"精标店"，通过时尚的门店设计、社交化的互动体验、精致的食物，加上卓越的服务，打造出"餐厅＋超市＋智能体验"的全新业态定位，重新点燃消费者对实体店的渴望。

永辉超市精标店的业态创新主要体现在：第一，精标店推出了丰富的食品种类，进行了品类创新。精标店生鲜及食品占比高达 90%，其中，60% 是进口商品，未来期望能够达到 80%～90%，实现差异化经营。

第二，精标店是跨界创新。餐饮面积占其卖场面积的 1/3，而且均为自营，餐饮区域发挥了永辉超市食品加工的产能优势，又吸引了不同的消费者，形成了多元化的客户组合。永辉超市餐饮项目的三大模块是"鲑鱼工坊""麦子工坊""盒牛工坊"。2014 年 11 月，永辉超市第一家以餐饮为主的自营品牌"鲑鱼工坊"诞生。定位为"食材体验店"，以三文鱼为主线经营高级日料食材。由永辉超市总部控股，并将单店利润依照相应比例分给鲑鱼工坊的团队合伙人。"麦子工坊"是 Bravo 的自营烘焙品牌。依托永辉超市全球供应链，致力于生产健康、优质、高性价比的烘焙品。产品包括各类欧式面包、麻薯、蛋糕、鲜榨果汁等。2016 年 12 月，"盒牛工坊"进驻南京茂业天地。"盒牛工坊"专注进口牛肉，是提供现切现煎、原汁原味牛排的体验店，运营团队自负盈亏，在永辉超市门店中租赁经营区域，为顾客提供堂食、外卖等多种体验方式。"工坊"系列与永辉超市共享供应链，借助其门店网络进行扩张。但从其设置"内部合伙人"，与永辉超市保持相对独立的运营机制来看，永辉超市对于零售融合餐饮的尝试早已不限于互相带动客流这一目的，而是希望孵化出独立的餐饮品牌，成为永辉超市未来一大盈利点（张思遥，2016）。

第三，精标店积极应用先进的智能硬件技术，开展技术创新。精标店选用了汉朔电子价签来代替传统纸质价签，可以实时进行价格更改。另外，卖场还采用智能收银方式，提高收银效率，增强顾客体验。精标店由一支中国香港的团队进行设计和运营，该团队拥有在中国香港营运高端超市的经验，永辉超市还聘请了德国专业设计团队进行精标店的门店规划和形象设计，营造舒适美观的购物环境。精标店被永辉超市在 2016 年年报中定义为"超级物种"，即将零售与餐饮结合起来的新业态，这些业务都归于永辉超市子公司永辉云创。它已经在福州、上海和南京三地进行了不同程度的实验，接下来准备在北京市场进行选址。2016年，永辉超市精标店因为集餐饮、零售和智能硬件于一体的业态创新，荣获中国连锁经营协会的零售创新分项——业态创新奖。根据永辉超市的战略规划，未来永辉集团将会放慢红标发展的速度，大力发展绿标和精标，精致超市将成为趋势。以"永辉超市会员店"命名的便利店已经在北京、上海等地陆续开出，这是继红标超市、绿标超市、精标超市之外，永辉集团的第四大业态。经过近 20 年的发展，永辉超市逐渐形成集上游供应、物流配送、线下实体、线上电商于一体的发展链条（陈艺群，2016）。

7.4 创新理念和保障

2012 年 8 月，张轩松在接受采访时，道出了自己成功的八字经："勤劳，创新，总结，沟通。"他说，永辉超市面临着宏观经济不景气、购买力削弱、网商巨大冲击、跨界竞争激烈，以及企业内部机构臃肿、效率缺失等内外部挑战。他希望能够优化组织架构，以创业时的激情与高效，借助现代科技的力量，创新制胜。他还提出，要将企业经营管理中的创新之举进行有效的归纳、总结与推广，使其服务于公司发展；同时要勇于从各个环节进行优化、革新，真正建设老百姓喜欢的"菜篮子"、老百姓喜爱的"厨房"。张轩松说，多年来永辉超市沉淀了敢拼爱拼的文化、敢于创新的文化、敢于纠错的文化，并在团队中形成了共识。

根据永辉超市官网，永辉超市的经营理念包括五个方面：一是"家门口的永辉"，即始终以社区作为首要立足点，把超市开在广大城乡百姓的"家门口"；二是"新鲜的永辉"，将食品安全视为生存之本、发展之道，引领生鲜绿色消费；三是"放心的永辉"，以顾客为中心，注重精细化管理；四是"绿色的永辉"，积极引进和培育绿色商品，引用低排放、高效能的建筑材料及经营装备，倡导绿色低碳理念；五是"科技的永辉"，将信息技术深入运用于零售经营，建立 ERP 信息化管理平台，在零售终端、物流中心等领域广泛使用 RFID、GPS 等当今世界领先的科技成果，打造成为科技型零售企业，从而借助科学技术实现精细化管理，提升经营管理绩效。

从经营管理上看，永辉超市很注重引进先进的管理技术和理念。公司从 2009

年就开始引入外资化管理，和 IBM、贝恩、安永等专业化管理咨询团队都有过合作。永辉超市对于创新的看法是："创新就是关注细节，创新就是提升标准，创新就是挑战自我。"《第三只眼看零售》的作者认为，从最早的红标店到后来的绿标店，再到最新推出的精标店，可以窥探永辉超市的业态进化之道：借消费升级之风口，绿标店颠覆了传统的红标店，成为"先进生产力"的代表。这是永辉超市自我革新之道，与其被别人颠覆，还不如自己颠覆自己，关键是要对自己"够狠"。这反映出植根永辉超市基因的两种文化：一是赛马文化。永辉超市将红标、绿标两种业态分为两大事业集群，鼓励竞争，优势互补（不排除未来精标店作为独立的一大事业集群加入竞争）。二是家文化。关心、团结每一位员工，使得彼此竞争而不伤及整体。"永辉因为'家'的文化而存在、而成长。"永辉集团董事长张轩松表示。

绿标店是在红标店的基础上升级而来的。最开始的时候，绿标店的管理团队、供应链以及其他一些商业资源来自红标店。而伴随着绿标店的日渐成熟，它已经成为可以颠覆红标店的一股新势力。永辉集团总部似乎乐于见到这种来自内部的相互竞争。在绿标店的基础之上脱胎而出的精标店也是这个路数。精标店的前身是永辉超市有机食品馆，它作为店中店项目在绿标店进行孵化。伴随着精标店的进一步成熟和消费者升级的大势所趋，未来精标店也会加入"赛马机制"，这将使得它与绿标店的关系微妙起来。或许这也是永辉超市高层的智慧所在，鼓励内部竞争，敢于自我颠覆。

在创新的管理和保障上，永辉超市也有很多机制上和体制上的保证。例如，为了保证生鲜产品特色，增加员工薪酬，节约成本（果蔬的损耗）以及提升营运收入，2013 年，永辉超市在执行副总裁柴敏刚的指挥下开始了运营机制的革命，即对一线员工实行"合伙人制度"。在品类、柜台、部门达到基础设定的毛利额或利润额后，由企业和员工进行收益分成。其中，对于一些店铺（主要是精品店），甚至可能出现无基础销售额的要求。员工通过提供更出色的服务，尽量避免不必要的成本浪费，来获得更高的回报。以果蔬为例，国内整个果蔬部分都是超过 30%的损耗率，永辉超市只有 4%～5%的损耗率。在"合伙人制度"下，永辉超市的人员招聘、解雇都是由员工组的所有成员决定的，因为所有的收益共享，极大地降低了管理成本，员工流失率也有了显著的降低。对于和生鲜相关的专业买手，永辉超市还进行更大的利益分享——股权激励。并和当地农户建立了一种类似"合伙人制度"的合作。在多年的合作后，永辉超市得到了一批忠实的合作伙伴，这也成为了永辉超市在果蔬方面的核心竞争力。

为了促进创新，总部设立创新研发部门承担风险及相关费用。总部设立创新研发部门，新业态、新品类的尝试风险及成本由总部承担，成本收益制度设计令前台门店及业务部门对推动创新落地较此前更为积极。例如,2014年1月15日试点的永辉微店,即为总部承担成本费用,门店受益线上业务可能带来的新增收入;同时永辉超市部分门店开展了"鲜炒系列"等进一步迎合消费者需求的微创新业务。

7.5 本章总结

  永辉超市拥有敢拼爱拼的文化、敢于创新的文化、敢于纠错的文化,并在企业中形成了共识。早在2002年9月,永辉超市就开创了中国"农改超"流通新模式,即"永辉模式"。使得永辉超市得以成功的"农改超"生鲜超市,不仅非常切合大众消费者的需求,而且符合国家对农产品流通领域的扶植政策,更是在市场中尚未满足的空缺,可谓"天时、地利、人和",取得了非常不错的业绩。

  2010年后,面对电子商务的强劲挑战,永辉超市开始推广"Bravo YH"精致超市。从红标店进化到绿标店,再从绿标店进化到精标店,"Bravo YH"超市的业态创新不仅符合了消费升级的需要,而且有力地应对了电商的冲击。接着,永辉超市跨界进入餐饮业,推出了三个"工坊"系列品牌,并且通过投资人与合伙制,孵化这些创新项目的发展。餐饮是高毛利品类,不仅可以直接改善超市盈利结构,而且能够增加消费次数和滞留时间,增加客户黏度,提高整体的销售业绩。精标永辉的出现,正是永辉集团对市场环境变化再次做出的应对。永辉超市表现得比同行业的竞争者具有更为超前的创新意识。永辉超市的创新都是顺应时势的市场导向型创新,体现了一种关注竞争压力和消费需求变化,由高层领导者主导的自上而下合作式的创新模式,这在很大程度上可以解释永辉超市为何在零售寒冬的背景之下依然保持高速增长。

  从创新理念和保障而言,永辉超市的创新更加大胆而具有制度保障,它们强调"创新就是关注细节,创新就是提升标准,创新就是挑战自我"。并且在总部设立创新研发部门承担风险及相关费用,实施"合伙人制度",调动内部员工的创新积极性。总之,在整个超市业态处于微利甚至亏损的情况下,永辉超市能够继续逆市上扬,和其不故步自封、不断勇敢创新有着密切的关系。

第8章 苏宁的案例研究

8.1 引言

苏宁集团是中国领先企业,2016年,该集团以3502.88亿元的年营业收入位居中国民营企业500强第二名。苏宁控股集团包括商业、地产、金融、文创、体育、投资六大产业。其中,苏宁云商集团股份有限公司从事零售业,也是我国领先的商业零售企业。2016年,苏宁线下连锁网络覆盖海内外600多个城市,拥有苏宁云店、苏宁生活广场、苏宁小店、苏宁易购直营店、苏宁超市、红孩子门店等业态近4000家自营门店和网点;苏宁易购线上通过自营、开放和跨平台运营稳居中国B2C市场前三[①]。在商品运营上,苏宁坚持"巩固家电、凸显3C、培育母婴超市"的全品类发展战略,并创新变革供应链,深度协同零供关系,加强商品运营及供应商服务能力。目前,苏宁的经营品类已覆盖家电、3C、母婴、超市、百货、美妆等。截至2016年末,自营与平台商品SKU数量超过4400万个,开放平台商户近30000家。截至2016年末,公司零售体系会员总数2.8亿人。苏宁云商三次荣获中国连锁经营协会的创新奖项:2013年荣获零售创新大奖:模式创新——"电商+店商+零售服务商"的云商模式;2015年再次荣获零售创新大奖,获奖项目是苏宁易购云店——互联网思维的创新零售门店;2016年荣获管理模式创新奖,获奖项目是苏宁易购服务站直营店,创新县域级农村O2O零售模式,因此,该企业在中国零售业是创新的标杆企业,值得我们研究。

---

① 苏宁官网,http://www.suningholdings.com/cms/profile/index.htm。

8.2 苏宁的发展历程

苏宁的发展历程可以分为三个阶段：

第一阶段：1990~2000年，从创立空调店发展为综合电器全国连锁经营企业。

1990年12月26日，张近东辞掉国企的工作，以10万元自有资金，在南京宁海路60号租下一个200平方米的门面房，开设了一家200平方米的空调专卖店。最初，苏宁以"春兰空调南京经营部"的方式来专卖专营春兰空调，这开创了国内一个全新的商业业态——家电专营模式，其后，苏宁开始和松下、三洋、三菱、华宝等一线品牌合作（成志明，2011）。从1991年起，苏宁开始了"淡季订货、反季节打款"的模式，到1994年，苏宁成为了中国最大的空调销售企业。1996年，空调市场乃至家电市场从供不应求转变为供过于求。苏宁开始从空调扩展到家电，从南京扩展到全国连锁的发展。这一年，苏宁在扬州开设了第一家公司，这是其全国连锁发展的开始。1999年12月，苏宁南京新街口旗舰店开业，标志着苏宁电器从空调专营转型到综合电器全国连锁经营。

第二阶段：2000~2010年，从实体家电专业店扩展为网络零售双平台。

2000年12月，苏宁的ERP系统上线，这在中国零售业是比较少见的。2002年10月，苏宁从南京走向浙江、北京、上海、天津、重庆等地，初步建立了全国连锁发展的战略布局。2003年3月，苏宁南京山西路3C旗舰店开业，苏宁连锁经营全面进入"3C"时代。2004年7月21日，苏宁电器在深交所成功挂牌上市。2006年4月，苏宁实施了中国零售业信息化1号工程——SAP/ERP系统上线，建立了集团化、全球化的经营管理平台。2009年4月9日，《福布斯》公布了全球2000大企业排名，苏宁排名第1055位，成为排名最高的中国零售企业和排名第一的中国民营企业。同年，苏宁开始了国际化进程，先后入主日本LAOX电器和中国香港镭射。苏宁以1170亿元、941家店面的经营规模成为中国最大的商业流通企业，提前实现行业领先。

第三阶段：2010年至今，从"店商+网商"的双平台向O2O模式发展。

2010年至今，苏宁一直在进行商业模式的探索和创新。2010年2月，苏宁易购正式上线，成为了网络销售与实体店铺双平台销售的混合业态。2011年6月19日，苏宁发布未来十年的发展规划，启动以"科技转型，智慧再造"为方向的发展规划，目标到2020年跻身世界一流企业行列。2012年4月，苏宁首个自动化仓库正式上线运行。2012年9月25日,苏宁拟出资6600万美元或等值人民币收购母婴品牌红孩子公司,承接红孩子及缤购两大品牌和公司的资产、业务,全面升级苏宁易购母婴、化妆品的运营。这是苏宁在电商领域的首次并购,对于苏宁"超电器化"经营和苏宁易购品类拓展、精细运营、规模提升具有重要意义,也拉开了电商行业整合的大幕。2013年,苏宁投资PPTV,进军网络视频行业。2013年2月,苏宁正式公布新模式、新组织、新形象,标志着行业革命性的云商模式全面落地,开启了跨越式发展的新征程。2013年6月8日,全国所有苏宁门店、乐购仕门店销售的所有商品将与苏宁易购实现同品同价,这是全国首例大型零售商全面推行线上线下同价,此次价格一致是苏宁多渠道融合的重要一步,标志着苏宁O2O模式的全面运行。2013年9月12日,苏宁云商开放平台。2013年11月19日,"苏宁美国研发中心暨硅谷研究院"开始运行,该研究院着眼于融合线上线下O2O模式,聚焦于智能搜索、大数据、高性能计算、互联网金融等领域的前沿技术研究。

2014年,苏宁公布2013年财报,利润同比下降95.5%。2015年8月10日,阿里巴巴宣布将以约283亿元战略投资苏宁,成为苏宁第二大股东;苏宁将以140亿元认购不超过2780万股的阿里巴巴新发行股份,双方将打通线上线下全面提升效率,为中国及全球消费者提供更加完善的商业服务。从2009年转型到2015年,苏宁的线上线下销售比例已经达到1∶3。2016年8月,全国工商联发布"2016中国民营企业500强"榜单,苏宁控股以3502.88亿元的年营业收入名列第二。

8.3 苏宁的创新

8.3.1 技术创新

1990年创立时,苏宁就开始制订五年计划。发展了三个五年计划后,2005年,中国家电连锁业态快速扩展,陷入开店速度、规模和价格的恶性竞争之中,行业利润下滑。张近东认为,商业企业也要有自己的核心技术。在他看来,销售系统、物流配送、售后服务、人才储备等"看不见的后台"就是苏宁的核心技术。2006年初,苏宁开始制定2006~2010年的第四个五年计划,具体体现在其信息化建设、人才储备和连锁发展策略上。在该计划中,苏宁制定了以下目标:到2010年,横向扩张与纵向渗透相结合,逐步在中国建立从直辖市到省会级城市，从地级市到发达县级市的网络布局，构建核心商圈的3C（家电、电脑、通信）旗舰店、次商圈的中心店、新生商圈的社区店有机结合的区域布局系统，继续保持现有的连锁发展速度，连锁网络覆盖全国30个一级城市、200个地级城市和300个县级城市，占全国市场份额的10%以上。此时的规划目标还是以发展线下商店为主。

第四个五年计划对苏宁整体管理体系和相应的信息化系统提出了严峻的挑战。随着苏宁的发展和我国市场环境和竞争层次的提升，苏宁需要有计划地、系统地设计一整套基于信息技术的，涵盖人力、流程、组织和绩效管理的整体变革方案，塑造难以复制和超越的竞争优势。因此，苏宁认为，在集中资源和力量，专注于零售业务发展的同时，必须将IT应用与经营管理的整合能力提升到战略高度来看待，必须与能够将管理咨询和IT服务整合运用最具实力的咨询服务公司进行紧密合作，必须基于技术进行全产业链协同竞争模式的创新。在这样的背景下，2006年6月17日，苏宁与IBM公司在南京苏宁电器总部联合宣布建立战略合作伙伴关系：未来五年内，双方将在企业管理、流程变革、应用系统开发与IT管理等领域开展密切合作。在此期间，IBM将为苏宁提供一整套涵盖人力资源、组织和绩效管理、财务管理、供应链及物流网络优化、客户服务等全方位的业务变革解决方案，以帮助苏宁应对管理体系和信息化系统带来的各种挑战，以实现苏宁的第四个五年计划战略目标。苏宁与IBM一起合作创新，提升企业的竞争力；IBM则在与苏宁的合作中将其整合能力转化为具体的业务解决方案，获取远远超过销售硬件设备的高额利润。

在此次合作前，苏宁与IBM已经有两个阶段的合作历程，并都取得了实质性的突破和创新：在第一阶段，双方只用了不到9个月的时间即成功实现了近350家店面的ERP系统上线，创造了零售业ERP项目实施规模最大、周期最短的纪录；第二阶段对ERP系统实施优化的过程中，IBM全球企业咨询服务部在ERP系统上线后提出了创新性的解决方案，加快完善了苏宁的业务流程平台，同时双方合作的第一个管理咨询项目——营销体系的组织与流程优化也取得了成功。这两个阶段为双方的战略合作关系奠定了基础。此后，双方在ERP系统优化、数据挖掘分析、企业SOA平台建设、财务组织优化、人力资源培训、会员服务、仓储配送等项目上已经全面展开合作。为此，苏宁信息中心上百人的实施团队以及IBM数十名员工的长期咨询服务团队也组成了强大的合作团队，IBM承诺将在全球内调动资源，指派大批包括IBM首席战略顾问、IBM高级战略顾问、IBM零售咨询专家、IBM高级应用及技术顾问等在内的海外专家团队定期参与到苏宁的管理咨询项目中，同时确保项目实施团队的稳定性。

8.3.2 云商模式

早在 2008 年，苏宁就明确提出了中国零售业必须要转型，苏宁必须要转型。2010 年以后，我国零售业经营成本不断上升、网购渠道分流线下、物流配送低质量高速度发展、实体零售企业大面积效益下滑、电商企业普遍亏损。2012 年，张近东谈及新十年苏宁商业模式时称，要走"沃尔玛＋亚马逊"的模式，同时推进"去电器化"，如今这被表述为苏宁云商模式，可概括为"电商＋店商＋零售服务商"，以云技术为基础，整合前后台、融合线上线下。苏宁易购是传统专业店开展网络零售的典型代表。经过不断发展，相较于其他传统零售企业，苏宁易购已经走在了转型的前列，成为销量仅次于京东的 B2C 网站。2013 年，开放平台成为苏宁易购发展的重点方向。

围绕云商模式，苏宁对组织架构进行全面调整和优化，从原有的矩阵式组织转变为事业群组织，原先的七大经营管理总部变成管理和经营层面分开的模式。为体现苏宁"超电器化"经营和线上线下的融合创新，苏宁不仅将名称改为"苏宁云商"，在视觉形象上也启用全新的 VI 系统（李巍和王锦，2013）。2013 年，苏宁确定了"一体两翼"的"互联网路线图"，推出了 O2O（即 Online To Offline，将线下商务的机会与互联网结合在一起）和开放平台的战略，提出了做互联网零售公司的具体战略部署和规划。"一体"就是以互联网零售为主体，"两翼"就是打造 O2O 的全渠道经营模式和线上线下的开放平台。综合起来看，就是要把苏宁线上线下的资源融为一体，然后按照平台经济的理念，最大限度地向市场开放、与社会共享，从而实现流通领域新一轮的资源重组与价值再造。《苏宁内刊》用了六幅图来表示其互联网转型的重要举措和步骤：①"云商伊始"：2013 年 2 月，苏宁正式公布新模式、新组织、新形象，标志着行业革命性的云商模式全面落地，开启了跨越式发展的新征程。②"双线同价"：2013 年 6 月 8 日，苏宁全国所有门店商品与苏宁易购实现同品同价，这是全国首例大型零售商全面推行线上线下同价，此次价格一致是苏宁多渠道融合的重要一步，标志着苏宁 O2O 模式的全面运行。③"开放平台"：2013 年 9 月 12 日，苏宁云商开放平台。④"战略投资 PPTV 聚力"：2013 年 10 月 28 日，苏宁和弘毅将以 4.2 亿美元的公司基准估值联合战略投资视频媒体 PPTV 聚力。这是苏宁打造全渠道融合、全产品经营和全客群服务的云商模式的战略性投资。⑤"苏宁硅谷研究院"：2013 年 11 月 19 日，"苏宁美国研发中心暨硅谷研究院"开始运行，该研究院将着眼于融合线上线下 O2O 模式，聚焦于智能搜索、大数据、高性能计算、互联网金融等领域的前沿技术研究。⑥"苏宁互联网门店落地"：苏宁将纯粹销售功能的店面升级为集展示、体验、物流、售后服务、休闲社交、市场推广于一体的新型互联网门店。

苏宁因其"电商+店商+零售服务商"的云商模式,获得了2013年中国连锁经营协会的零售创新大奖。2014年1月8日,苏宁O2O融合案例被中国互联网协会评选为影响2013年中国互联网发展的十件大事之一。此后,在互联网思维下,苏宁一直在门店进行创新和变革。2015年4月28日,苏宁易购生活广场在上海、南京两地开业。相较于传统的苏宁门店,苏宁易购生活广场业务功能更全,除传统的家电、3C产品销售外,还包括苏宁帮客、海外购、红孩子、超市、金融等业务,以及日用、百货、家装等全品类商品的虚拟出样,涵盖了全品类的销售与体验。苏宁连锁店管理部门已经演变成O2O管理部门,苏宁的O2O道路也实现了双线运营与品牌的双融合。因此,2015年,"苏宁易购云店——互联网思维的创新零售门店"获得了中国连锁经营协会的零售创新大奖。

由于一、二级城市市场零售竞争已经非常激烈,而三、四级乡镇市场拥有全国70%的人口及占全国GDP 56%的规模优势,成为商贸零售领域发展的广阔蓝海。苏宁积极贯彻落实国务院"互联网+"流通行动计划,响应商务部、农业部等相关部委的要求与号召,通过建立苏宁易购服务站直营店,来进行O2O农村电商新模式的创新。该创新主要成效有三个方面:①迅速开拓三、四级市场,销售规模持续扩大;②让农村消费者享受与城市消费者同样便捷的购物服务;③带动县域就业,推动农民返乡创业。截至2016年9月30日,苏宁已经开设1727家苏宁易购服务站直营店,苏宁易购授权2170家服务网点。农村电商服务网络已覆盖全国1000多个县、5000多个镇、50000多个村,除西藏地区,苏宁O2O农村电商布局已经覆盖大陆所有省级地区。同时,已在全国各地开设中华特色馆200多个,每个特色馆可提供当地的农副产品、特色工艺品、中华老字号产品等约60个品种,惠及100多万个农民。通过本地化人才招募策略,带动回乡创业就业青年超过1万人,人员招募本地化覆盖率已达97%,为1500多万个农民提供了高效优质的服务。已上线400余家中华特色馆,惠及100多万个农民。2016年,"苏宁易购服务站直营店,创新县域级农村O2O零售模式"获得了中国连锁经营协会的零售创新奖。

8.4 创新理念和保障

2010年,在一次采访中,张近东说:"回顾20年的历程,我将苏宁的持续增长归纳为两个原因:第一是坚持,第二是创新。"(成志明,2011)苏宁从

1996年转型为家电连锁经营企业,到2000年的ERP系统上线,在中国零售业都是领先的。2005年,张近东带领苏宁高层赴美国商务考察,访问了美国家电连锁集团等企业。苏宁发现,信息技术的大量应用使很多跨国企业业务处于领先地位,提高了其竞争力。在这些欧美标杆企业的启发下,苏宁确立了以信息化为纽带的后台战略。2006年,苏宁中国零售业信息化1号工程——SAP/ERP系统上线,苏宁建立起了内部共享服务平台,有效实现了企业分散经营、集约管理的目标。与此同时,苏宁不断优化供应链,提升管理效率,为后面的商业模式创新提供了基础和保证。

2008年,家电企业通过降低价格扩大规模,由扩大规模而增加扣点,从增加扣点来提高利润的商业模式难以持续。苏宁要改变过分依赖供应商扣点和返点的模式,通过自营,回归零售业本质。2009年,苏宁开始了向互联网零售的转型。在转型初期,苏宁还只是为企业嫁接互联网元素。2009年,苏宁易购正式上线,并顺利跻身国内B2C前三甲。从2010年至今,苏宁一直在进行商业模式的探索和创新。2011年以来,苏宁持续推进新十年"科技转型、智慧服务"的发展战略,科技创新为转型云服务模式提供了坚实的基础。2013年2月,苏宁电器更名为苏宁云商;2013年6月,苏宁改变了店面人员的考核方式。苏宁O2O模式是建立全新的组织架构,以实现招商、采购、定价、物流等一系列行为的一致性。苏宁将线上线下销售统一由一个事业部来管理。以商品为核心,建立事业部、招商部、采购部和定价部,同时管理两个平台的运营。在2015年4月21日"苏宁云商2014年年度股东大会暨2015年投资者交流会"上,苏宁云商董事长张近东详尽阐述了自2009年以来,苏宁如何围绕"平台、商品、服务"三大核心工作,蹚出一条没有前人走过的"互联网零售"之路。张近东认为,苏宁一直坚持在创新中走自己的路,苏宁是互联网零售商,而店面是苏宁获取流量入口、提供用户体验最为独特的资源,同时也是低成本服务用户的载体,是O2O模式的核心。

"以变应变,以不变应变,以变应不变",这是张近东的名言,也是苏宁始终坚持的格言。线下、在线融合是一个巨大的难题。对此,张近东认为,苏宁要创建的是一个零售王国,是"沃尔玛+亚马逊",是一个万亿级别的企业,那么在线上、线下本就应该是融合无界的。如何实现线上线下融合,如何实现多元协同,苏宁云商副董事长孙为民认为"如何保持苏宁的创新能力是一个重大的课题"。孙为民指出,未来5~10年,苏宁不可能简单重复自己,而是要进行大量创新,如服务创新、渠道创新、品类创新、店面业态创新等。只有推进相应的创新,苏宁才能真正开创一个万亿级的新事业群。组织变革中要解决的问题,就是创新问题。

尽管苏宁不断创新，但在很多方面，苏宁仍然坚持不变。比如，张近东依然强调"打地基"，提升物流、信息化的后台能力；"苏宁唯一的产品是服务"的理念从未发生变化；苏宁依然坚持"强不凌弱、弱不畏强"的竞合理念。苏宁计划要在2020年实现万亿元销售目标，为实现这个目标，苏宁必须进行组织架构的变革。孙为民说："对我们来说，组织变革确实是一个新的课题和挑战。一个万亿级的企业不可能用千亿级企业的组织架构去推动企业发展，组织变革是一定要进行的，在这个过程中，最大的难题是如何增强创新能力……苏宁的O2O重点在于店面的互联网化，与一般的电子商务有很大的区别，是一种在物流、资金流、数据流上的无缝融合。"对于苏宁的O2O战略，苏宁云商董事长、苏宁创始人张近东说："即使成为先驱、先烈，我们也是最好的案例和范本。"苏宁的价值观是"成长比成功更重要"，企业的发展是一个探索未知的旅程，成功是偶然的，失败却是必然的。所谓的成长过程是由极个别的偶然的成功与无数个必然的失败连接而成的。因此，苏宁既鼓励创新，也宽容失败，无论成败都会推动企业的成长。

苏宁的内部的创新方针是从自主创新意识上升到有效创新实践，把创新落到实处才是关键。有效创新首先必须是有目的的创新，坚决拒绝"为创新而创新"。有效创新必须是有基础的创新。三次创新的基础分别是创新前的企业再造、信息化建设和设立专门收集消费者信息、研究消费者心理、研发产品的部门。有效创新必须是从消费者需求出发的创新。在有效创新的理念下，苏宁的创新路径可以分成三个阶段：第一阶段是持续创新，在现有基础上的不断创新，不断提升企业的经营管理效率；第二阶段是系统创新，大规模投入，将技术和组织机构整体提升；第三阶段是突破性创新，重新定义市场、技术或游戏规则，改变价值链，影响这个行业现有的商业模式（成志明，2011）。要真正实现苏宁的"一体两翼"互联网路线图的战略，更重要的是要看组织配合战略进行创新的能力。由于旨在成为全品类的O2O企业，苏宁收购了很多企业，这也给企业资源整合和管理带来了很多难题。为了应对这两个挑战，2013年，苏宁进行组织配套变革，除了更名为"苏宁云商"，成立了28个事业部，还先后成立了红孩子、PPTV、物流、金融等八个独立的公司。苏宁组织系统转型有两个明确的目标：一是配合互联网零售业务，建立配套的组织模式；二是提高组织活力，克服大企业病。

在创新保障上，苏宁鼓励员工微创新，就是要让员工提供合理化建议。微创新需要相应的制度环境，包括组织运行的机制、相应的激励配套措施，以及企业文化上的创新导向。因此，2013年8月，苏宁将创新精神突出强调以来，在组织和制度上，开始做出更大的调整和部署。这种调整最大的表现是苏宁正在将以往庞大的组织细化成一个个细小的经营单元。这些小业务单元有自己的责权利，负责为消费者提供更好的服务，以业绩增长为目标进行创新。这意味着苏宁的管理模式正在发生巨变，以往苏宁是自上而下地执行高层管理者的意图，现在，则是自下自上地进行顾客服务和绩效提升。为了鼓励自下而上进行微创新，苏宁出资1000万元设立互联网创新奖励基金；还有针对性地明确了员工收入的组成，公布了奖金激励方案，整体奖金收入最高将达到12个月工资标准（屈丽丽，2014）。

8.5 本章总结

以张近东为代表的苏宁管理团队，一直将坚持和创新作为苏宁成功的原因。因此，高度重视创新是苏宁与其他零售企业的主要区别。同时苏宁坚持"以变应变，以不变应变，以变应不变"。苏宁通过大量创新来进行应对消费需求的变化和激烈的竞争，这是苏宁的"变"。同时，尽管苏宁不断创新，但在很多方面，苏宁仍然坚持"不变"。例如，苏宁认为，信息技术是跨国零售企业竞争优势的来源。因此，苏宁一直坚持以信息化为纽带的后台战略。并且，苏宁认为，创新过程是一个既自成一体又不断对外吸纳的过程。企业可以通过与其他企业合作实现集成创新和消化吸收再创新，因此，苏宁充分利用外部的知识来源，实现了协作创新，提升了企业的竞争力和竞争优势。

苏宁的创新理念非常务实，强调进行有目的的创新，而不是为了创新而创新。从2006年起，苏宁进行了一系列较大的创新：2006年的ERP项目；2013年的"电商+店商+零售服务商"云商模式；2015年的"苏宁易购云店——互联网思维的创新零售门店"；2016年的"苏宁易购服务站直营店，创新县域级农村O2O零售模式"。在长期的创新实践中，苏宁进行了一系列的管理创新和组织结构变革，形成了有效创新的文化，并推出了一些创新奖励制度。苏宁的价值观是"成长比成功更重要"，企业的发展是一个探索未知的旅程，成功是偶然的，失败却是必然的。所谓的成长过程是由极个别的偶然的成功与无数个必然的失败连接而成的。因此，苏宁既鼓励创新，也宽容失败，无论成败，都会推动企业的成长。总之，苏宁的创新实践在我国家电专卖店连锁超市中是一个勇于探索和坚持的典范。

第9章 国美的案例研究

9.1 引言

国美电器（以下简称国美）是中国家电及消费电子产品零售连锁企业。2007年，国美成为我国连锁百强中的第一名，它以迅速扩张和粗放经营著称。国美在中国拥有1700多家门店，覆盖全国434个大、中城市。截至2015年底，国美在全国拥有434个物流中心和作业网点，总仓储面积达到297万平方米，覆盖全国600多个地县级城市、45000多个乡镇。国美一直是我国家电连锁的领先者和创新者。从2010年至今，国美电器连年荣获中国连锁经营协会主办的零售创新大奖。2010年11月，国美凭借2010年"携手上海世博，让生活更美好"营销创新案例，获该年度中国零售创新奖。2011年，国美因"颠覆传统运营模式——国美首开新活馆打造全体验型卖场"，而荣获中国零售创新奖。2012年11月，国美荣获"2012中国零售创新奖"。2013年，因"管理优化门店激励模式，创新推动零售连锁企业经营模式变革"，国美荣获中国零售创新奖。2014年，国美因"国美全渠道零售商战略"而荣获中国零售创新奖。2015年，因"智享新生活+构建新零售生态圈"而荣获中国零售创新奖。2016年，国美因"国美营创创新型平台，链接共享极致价值"荣获中国零售创新的营销创新奖。"作为中国最大的家电及消费电子连锁零售企业，从率先开创中国家电连锁零售的先河，到互联网冲击下的全面转型O2M全渠道零售商，乃至'互联网+'风口的全零售战略升级，国美一直是领先商业模式的探索者和引领者。"国美案例为零售创新研究提供了丰富的素材，对其进行案例研究，可以为我国大型零售企业的创新提供借鉴和政策启示，具有非常重要的现实意义。

9.2 国美的发展历程

通过对国美大事记进行整理，国美的发展历程可分为三个阶段：

第一阶段：1987~2002年，国美连锁迅速扩张，发展为中国家电零售第一。

国美由创始人黄光裕创立于1987年1月1日。创立时，国美只是北京珠市口东大街的一家100平方米的小店，专营进口家电。1990年，国美创新供销模式，采取包销制，即脱离中间批发商，从上游厂家直接进货，减少了渠道费用。在我国20世纪80年代末90年代初，家用电器产品处于卖方市场，多数商店都制定高价。由于国美采用包销制，降低了进货成本，所以可以比其他家电卖场都低的价格进行销售。同时，黄光裕还率先在《北京晚报》中缝做报价广告，以当时较新的营销手段进行经营。低价市场渗透和以广告宣传提高知名度相结合的策略使国美获得了迅速的发展，这个阶段，国美的盈利方式主要是赚取进销差价。1993年，国美在北京将所有店铺统一命名为"国美电器"，形成中国最早的连锁雏形，品牌的统一为国美后来的扩张奠定了坚实的基础。1996年，国美由先前单纯经营进口家电商品转向经营国产、合资品牌家电商品。同年，黄光裕进军房地产市场，创办了鹏润投资公司，进行资本运作。1996年以后，中国家电行业频繁发生价格战，这也是国美发展最迅猛的时期。20世纪90年代中期，国美完成了其在北京的布局，从1999年起，国美更是开始其全国性扩张，完成大中的并购后，国美在全国的门店已达近千家。1999年，国美走出北京，开始全国性的跨地域经营，通过在天津和上海开店，实现了京、津、沪连锁网络的构架。2000~2002年，国美进行大规模的招标采购，以大订单来让家电厂商提供定制化的产品。而在此期间，真正让国美的影响力迅速提高的是我国家电行业的价格战。2000年7月，针对当时彩电峰会的限价，国美的低价成功击垮了限价联盟。2002年，中国连锁经营企业排名中，国美以年销售额108.96亿元位居第四，在中国家电零售业中首次位居第一。

第二阶段，2003~2009年，遭遇重大挫折，调整后重新出发。

2003年11月，国美在中国香港开设第一家门店。2004年2月，在第一届"国美全球合作战略高峰会"上，国美以"商者无域，相融共生"为主题，倡导厂商之间建立"战略协同、合作制胜、共存共荣"的战略联盟关系。2004年6月，国美在中国香港上市。同年，按照"胡润百富榜"的排名，黄光裕以105亿元成为中国首富。2005年2月，国美建立大区管理制，实现国美各分公司在区域间的资源共享和整合，进一步增强企业竞争力。2008年底，国美在全国近300个大中型城市拥有直营门店1300多家，旗下拥有国美、永乐、大中、恒基等家电零售品牌，拥有员工近30万人，年销售能力1000亿元。然而，与庞大的销售额相比，国美2007年的利润达11.68亿元，占销售额的比重约为1.17%，属于薄利多销。2008年11月12日，国美公告停牌，这主要是由于黄光裕因涉嫌"操纵股票市场"而被公安部门拘留。2009年1月18日，国美发布公告，黄光裕辞去公司董事职务，其董事局主席一职也自动停止，但其仍持有国美35.55%的股权，为其第一大股东。陈晓被正式任命为国美董事局主席兼总裁。陈晓是原永乐电器董事长，持有超过10%的国美股权。

第三阶段，2009年至今，全渠道零售商战略，构建新零售生态圈。

2009年2月，国美门店转型战略正式启动，旗下大中电器中塔店升级改造为"新活馆"，率先打破行业同质化竞争格局。2009年3月，中国连锁经营协会公布2008年中国连锁百强，国美连续三年蝉联第一。2009年6月23日，停牌逾七个月的国美在中国香港复牌。2010年11月，国美控股库巴购物网，开始线上零售商城的尝试。2011年4月，国美电子商务网站全新上线。国美率先创新出"B2C+实体店"融合的电子商务运营模式，成为业内首个以消费需求为基础的电子商务平台。2011年6月，国美新ERP系统河南、河北试点上线成功，标志着国美ERP Leader领航者工程正式上线，在国美信息化的历史上具有划时代的意义。2011年，国美总销售规模达1100亿元，门店总数达1737家，位列中国家电零售行业榜首。

2012年3月25日，国美正式进驻以销售书籍为主的电子商城当当网。2012年4月17日，国美网上商城与互联网及无线安全服务提供商360公司达成战略合作。国美网上商城正式入驻360开放平台。2014年3月，以"变革与创新，转型与风险"为主题的第二届诺贝尔经济学家中国峰会在京举行。国美凭借"O2M全渠道商业发展模式"获得了本届分量最重的"商业模式变革金奖"。2015年4月，中国连锁经营协会正式发布"2014中国连锁百强"榜单，国内最大的家电及消费电子零售企业国美以1435亿元的销售规模、1698家的门店总数，再次领跑中国零售业，位居中国连锁百强榜首。2015年12月，国美宣布进军海外购，并提出3年内完成500家门店的计划，未来将进行全球化布局，陆续开放日本馆、韩国馆、澳大利亚馆等，明确了向跨境电商O2O NO.1的目标迈进。2016年3月2日，国美召开了2016年战略规划工作年会，确立了以"全渠道、新场景、强链接"助推全零售的持续发展。

9.3 国美的创新

9.3.1 商业模式创新

零售业是规模经济效应最为明显的行业之一。2004年以前，国美通过包销制和大规模低价采购实现了销售规模扩张，提升了渠道价值。国美的商业模式被称为"吃供应商"模式，即通过各种方式压榨上游家电供应商来获得迅速发展和盈利。这个模式的核心是盈利模式和人员管理方式。首先，国美的盈利来源主要有两个方面：第一，收取返利和通道费等各种费用。与国外零售商相比，国美在赚取差价的基础上，获取其他业务利润是其利润的主要来源。由于国美销售规模和网点规模不断扩大，家电制造商对其依赖度日趋提升。凭借对零售终端的控制权，国美向家电厂商收取返利、通道费，以及各种形式的费用，它们构成了国美的其他业务利润，这在很大程度上抵消了低价销售带来的损失。第二，进行"专供机"采购。国美一直采用低价策略进行市场渗透。在渠道控制力日益加强的情况下，国美要求家电厂商独家供应"专供机"包销，即国美获得某品牌或某个品牌某些型号产品的区域专卖权。这种策略的优点非常显著：进价低、利润高、有效避免了不同商场间同种机型的恶性价格竞争，增加了销售利润。而且，对"专供机"的包销使国美年底返利可以达到3个点左右。综合各方面收益，"专供机"包销的利润是普通销售电器的两倍左右。

国美形成了"低价销售—提高销售规模—获得更多返利和通道费—更低采购价格—更低价格销售"这一循环的盈利模式，实际上控制了家电销售的产业链。销售规模和网点规模是国美渠道价值的关键，它们越大，国美从家电厂商获得的采购价格就越低，获取的返利和通道费就越多，盈利能力也就越强。此外，国美从1996年就开始进入房地产市场，进行商业地产运作，为国美提供网点铺面，极大降低了租金价格上涨的压力。国美迅速建立强大渠道控制权的基础是其类金融模式支持下的频繁并购行为。所谓类金融模式，就是国美与消费者进行的是现金交易，但是却延期3~4个月支付上游家电厂商货款。这使其账面上长期存有大量现金，类似于银行吸收存款。类金融模式的核心是国美带有垄断特性的渠道资源。由于拥有庞大的渠道资源，国美才能够侵占家电厂商的资金，不断巩固和强化渠道资源，获取更多的垄断利润。这种模式不仅使国美有充足的资金进行扩张，而且可以频繁地进行高达几十亿元的并购行为。尤其是国美在香港联交所的成功上市和增发，为成功收购永乐、大中、三联奠定了资金基础。类金融模式是国美迅速发展为我国零售业连锁百强第一名的根本原因。

但是，国美原有的商业模式很难长久。2004年后，我国家电制造商利润缩水，整体行业净利润率不足1%。然而，国美一直坚持渠道为王，特别是在其成功上市之后，国美与家电厂商的竞争更加强硬，双方之间的关系不断恶化，渠道冲突频繁发生，揭示了国美商业模式存在的深层次问题。代表性的事件是2004年2月的国美和格力的冲突。2004年3月11日，国美在全国卖场清理格力空调，格力决定退出国美，导致双方矛盾的深层次原因是格力经销体系和国美商业模式的冲突（叶生洪等，2006）。该事件的一个直接后果是除了格力加强自建区域销售公司外，很多家电企业都开始尝试自建渠道，如TCL、美的、创维、海尔等，有的甚至想效仿格力的渠道模式。实际上，继格力撤出国美后，樱花热水器撤柜苏宁、新科空调退出大家电连锁、三洋彩电撤柜、夏普彩电暂停国美供货等家电连锁企业与家电厂商的渠道冲突频繁发生。这些事件反映出的是家电连锁业商业模式存在的侵害厂商利益的根本问题，即依赖渠道垄断资源压榨厂商，属于不公平交易。根据国美2008年财务报告，海尔、三星、索尼、美的、诺基亚这五个企业的销售额大约占到国美全年销售额的1/3。因此，国美也无法摆脱强大品牌而独立生存和发展。国美原有商业模式存在巨大的隐患，雄厚的资金使国美高层管理人员可以进行资金操作套利，黄光裕被拘就与此有关。这表明国美的商业模式必须进行创新。

2007年底，国美终于下定决心改变目前的商业模式。国美的商业模式创新涉及各个构成要素的创新，包括公司治理结构、组织结构、融资方式、人事变动、成本结构等各个方面，是一个复杂的系统工程。国美商业模式创新的重点是盈利模式和促销员管理的创新。为了改善与家电厂商的关系，首先必须进行盈利模式创新。2007年4月27日，国美和海尔签订了100亿元的战略合作协议，创造了中国家电发展史上最大规模的厂商合作项目。在协议中，国美承诺，将不再向海尔收取合同外的费用及进场费，双方交易透明化，而海尔将给国美提供更具市场竞争力和高性价比的商品。这种合作模式被视为新型厂商关系的转变，更加透明化的交易模式将有利于行业的发展，因此被业界称为创新型的厂商战略合作新模式（曾祥萍，2007）。除了与海尔合作外，国美与联想移动也展开了全新的战略合作模式。联想移动的最新产品在国美实行全国独家首发，这是国内厂商首次尝试独家首销与全体系主推模式相结合的新运作模式。国美也与索尼、西门子、飞利浦等公司达成协议，同样不再收取其进场费（易滢婷和邱罡，2007）。

在厂商战略合作新模式下，国美取消了名目繁多的各种费用，但是获取了与海尔独家合作研发的专供机型。因此，国美的盈利模式将从压榨厂商利润，实行低价,转变为主要包销针对需求进行研发的定制电器,从这些具有较高利润空间的产品上赚取利润。这种新型的合作模式使家电厂商减轻了负担,提高了产品创新和品质改进,更具有市场导向,能够获得更高的收益。同时,对于消费者而言,也能够满足其注重品牌、品质和服务的升级消费需求。这是一种家电厂商、家电连锁企业、消费者三者共赢的合作模式。国美于2007年5月宣称:包销定制是解决零供双方渠道资源重合、提高利润率的有效方式,将在1~2年内逐步实现与厂家的包销定制合作。具体做法是:对一部分产品完全用现金买断,但同时希望供应商给卖场完全自主权,如价格由卖场自行决定、供应商不用派促销员。

既然售价无法提高,要提高利润,就只能降低成本,这就是关于促销人员管理的创新——"零促销员方案"。该方案指国美要把家电厂商的促销员变为国美自己控制的内部员工。此前,国美已经在一些地区进行过小范围的试验。2005年12月,国美在沈阳开设鹏润电器,是其第一家实行零促销员模式的门店。2006年9月,国美在北京马甸桥开设了第二家鹏润电器门店。但是,这两家门店终因人流稀少,最终放弃。目前,"零促销员模式"最成功的是国美的十几家中国香港门店和两家中国澳门门店。其后,国美一直进行"零促销员模式"的试点。它在一些经营业绩一般的门店进行推广,如北京东三环甜水园店。2007年11月,国美在新开的上海徐家汇3C店和浦东南路店取消了家电品牌的促销员,全部启用国美培训的销售代表。零促销员方案涉及国美旗下1300多家门店,近10万名促销员。在该方案的推行中,如何给促销员提供激励的薪酬体系,并且建立起一套良好的管理制度,是国美创新方案执行中的关键问题。"零促销员方案"实质上是国美与家电厂商对门店管理权的争夺。过去,国美门店的员工只负责财务、仓储以及促销员管理,而促销员直属于厂商,向消费者推荐和销售各自厂家的产品,也由厂商发放薪水。这种情况导致了国美门店管理混乱,消费者不满和投诉日渐增多。采用该方案后,国美可以进行门店的精细化管理,增强国美对门店员工的管理权。通过使用专业营业员替代厂家促销员,可以使消费者获得更加专业和客观的导购服务。商品摆放的统一也使国美能够提升店面形象,提供给消费者更好的购物环境和购物体验。

虽然该方案的实施有利于降低厂商的人力成本和管理成本,但是方案要获得家电厂商的支持,关键在于国美是否真正能够改变其盈利模式,转变为包销制。因为国美现有商业模式是依靠返点和收取各种费用,不管售价如何,国美都有10%的固定返利。所以,厂商必须通过促销员对产品价格进行控制。如果采用真正意义上的包销制,这意味着国美必须改变先货后款的延期付款方式,而是即时付款。而且,国美还承担存货的完全风险,而不是销售不出去再进行退货,这要求国美必须具有较高的商品开发和采购水平。总之，通过采用包销制，及其带来的即时付款，承担风险，不仅可以降低厂商的经营风险，也使厂商不需要对价格进行控制。只有保证厂商的利润，该方案才能得到推广。国美商业模式创新前后对比如表9-1所示。

表9-1 国美商业模式创新前后对比

商业模式	创新前	创新后
付款方式	先货后款，最短账期3个月	即时付款
存货风险	滞销45天货物无条件退回厂商，国美无风险	货到仓库即归国美，国美全风险
价格控制权	厂商促销员控制产品最低零售价	价格完全由国美负责，与厂商无关
商品摆放	商品摆放按照品牌为单位	商品摆放按照尺寸、规格、品牌打乱
人力资源成本	促销员重复投入，成本高	促销员投入少，人力成本低
盈利来源	主要来源于厂商销售额的返点	主要来源于低价进高价卖，赚取差价
销售方式	厂商促销员为主	国美自有营业员为主
促销员收入	基本工资加上销售提成	固定佣金（或有一定浮动奖金）
管理权	厂商国美六四分权	完全归国美管理

资料来源：石磊. 国美酝酿革命［J］. 第一财经周刊，2008-10-13.

据报道，包括海尔在内的家电厂商都对国美的方案持观望和保留的态度。促销员除了承担促销功能外，还担任着用户反馈收集、终端价格控制、营销情报收集、样品样机保养等职能。"零促销员方案"意味着国美将参与到更多家电厂商的研发、生产和销售的过程中，实际上是希望对家电产业价值链有更多的整合和控制，这就不难理解家电厂商的疑虑和担心了。国美对商业模式创新的保护从创新开始阶段就已经存在了，例如，国美一直都对"零促销员"的具体方案进行保密，因为其担心过早曝光细节可能会遭到竞争对手的模仿，失去先发优势。

9.3.2 全渠道零售商战略

2013年，国美凭借"门店激励创新模式"荣获"CCFA创新奖及创新大奖"。该项目是指在线下，国美从"体验、比价、服务"三大层面进行门店体系的布局优化，并加快门店"坪效"与"人效"建设，逐渐将门店转型为集销售、展示、体验于一体的智能型门店。在线上，国美通过战略步伐的调整，实现了线上线下供应链、物流以及会员体系等方面的全面融合，力求为消费者提供最佳的网络购物体验。这种以用户需求为导向的创新模式，依托业内最先进的ERP信息化系统，形成全产业链高效对接的供需协同平台，实现线上线下协调发展。

2014年,国美紧紧围绕"开放式全渠道零售商"的战略目标,通过优化开放式供应链平台,逐渐完善在采购、物流、信息系统及金融服务方面的建设,并通过"线上+线下+移动终端+其他社会化渠道"的共享终端平台,以核心城市为中心向周边区域辐射,真正实现跨地域和跨渠道全方位服务消费者。2015年,国美将线上线下"全渠道"战略升级为互融互通的"全零售"体验战略(见图9-1)。随着移动购物的日益兴起,渠道概念变得模糊,为了使消费者在全购物场景之间自由穿行,全零售战略旨在让消费者能够在"线上+线下+移动端+其他渠道"的公共平台上,跨越渠道和各种设备制约,享受移动科技和大数据带来的更丰富的"商品+个性化服务+智能化"体验,打造属于国美并拥有过亿个消费者的全零售生态圈。

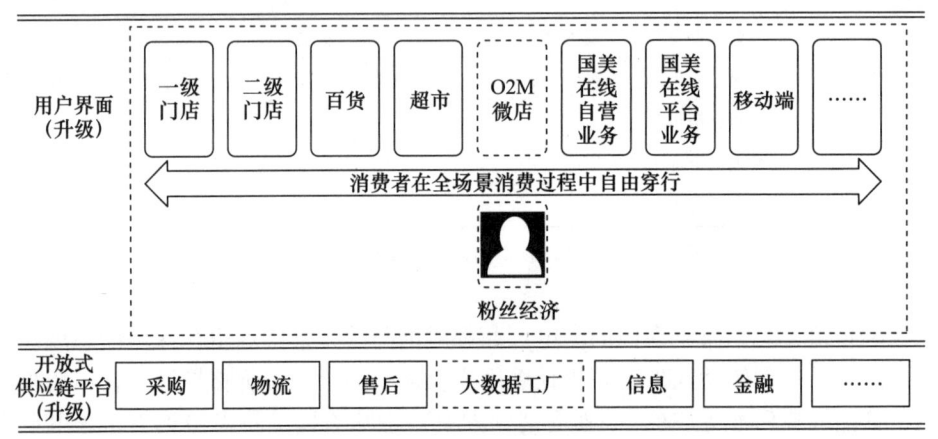

图9-1 国美全零售生态圈

2016年,国美的战略重点从生态圈的构建发展到更加注重自身平台的建设,注重企业资源的开放和社会资源的整合,通过国美来购、国美管家、安迅物流、异业联盟的探索式创新,打破企业与外界的围墙,加速供应链能力、售后资源、物流能力的输出与社会价值的引入,以此延伸生态链,扩大价值边界。2015年,国美连续14个季度实现盈利;截至2015年底,国美连续三年复合增长率为17.3%,为行业增速的近2倍。具体而言,创新型平台项目的内容包括:开放供应链——国美来购,为微店用户提供商品;开放售后资源——国美管家,与社会共享售后服务资源,提供全生命周期服务;开放物流——安迅物流,挖掘新的利润增长点;跨界合作,与不同企业建立联盟,共同开发家电、家装、家居、物业等领域,实现共生共赢。相比家电3C零售的整体增长乏力,国美依托自身积累的多年供应链优势，通过开放式创新商业模式，实现业务转型。2016年12月底，杜鹃表示，由技术推动的零售新时代已经来临，未来国美将进一步融合打通线上线下渠道，打造社交商务生态新零售。而国美重新定义的新零售，是建立用户为王、产品为王、平台为王、服务为王、分享为王、体验为王、线上线下融合的社交商务生态圈，即"六个为王，线上线下融合战略"。

9.4 创新理念和保障

按照李飞等的研究，从创立至1999年，国美的创新可以归结为三个阶段，分别表现为被动式创新、学习式创新和系统创新，基本与其营销战略发展阶段相吻合。第一阶段（1987~1993年）表现为被动式创新，国美依据市场环境的变化，被动改变营销经营战术，主要体现在招数上的创新，以创业时期的粗放式经营管理为背景。这一创新策略不仅与国美正处在创业期，仅仅以获取生存为目标的背景相关，更与中国正处在市场经济初期阶段，市场的不成熟性相关。第二阶段（1994~1998年）表现为学习式创新，国美在赢得生存后，转向提升内力，主动引进先进的连锁经营管理经验，结合中国的市场环境形成独具特色的渠道经营模式。最为关键的是国美及时把自身的经验归纳总结为《国美经营管理手册》，这不仅是国美向他人学习的结果，而且也成为后来国美人学习的样板。第三阶段（1999年至今）表现为系统式创新，国美创新从经营理念提升至战略层面，现代化的营销手段成为国美电器新时期获取竞争优势的关键所在。可以说，创新贯穿国美发展的整个发展历程，成为持续性竞争优势的来源之一。

本节更关注从2000年至今国美的创新理念和保障。国美的经营理念是"薄利多销，服务当先"；国美的企业发展理念是"商者无域、相融共生"。产业的"互动、互补、互助"是黄光裕"商者无域"的核心，在黄光裕看来，房地产与家电零售之间正具有这种关系："零售业短期现金流量大而利润较薄；房地产长期沉淀资金，但一旦启动销售，则可立即获得较高利润。"所以他要在家电之外，将房地产作为第二产业："如果我的企业只做电器或只做房地产或只做资本运营，我就不可能取得一种长远、大规模的发展。靠单线，是不行的。"创新是国美领先市场的一个重要法宝，黄光裕说："国美一直推崇创新。原来不习惯创新的人，来国美之后也被挤压着学会创新了。"但国美并不痴迷于创新："国美的创新，我们谈得很清楚，创新是什么？是锦上添花，不是救世主。"事实上，国美从来不靠单项冠军取胜，也不靠某个人。

国美在与厂家合作方面，也始终秉承创新精神，从早期的厂商共同营销到今天的全面互动营销，从单纯的厂商联保到厂商服务联盟的建立，从与厂家建立在合同上的简单的合作关系，到点对点的大客户服务制度的建立，可以说，国美的每一次举措都是行业中的一次创新。国美对建立战略联盟关系做出了积极探索：以国美和厂家紧密合作为基础，通过主题营销，以国美为平台，整合厂家、媒体、市场测评机构及消费者多方面资源，形成互动效应，使之发挥巨大的市场能量。现在，国美与多家全球知名家电制造企业保持紧密、友好、互惠的战略合作伙伴关系，成为众多知名家电厂家在中国最大的经销商。2017年，也是国美成立30周年。国美从当年一家不足100平方米的小店发展到今天总资产近1500亿元的商业帝国，作为黄光裕妻子的国美继任者杜鹃，同样高度强调创新的重要性。她指出："唯改变者进，唯创新者强，只要思想不滑坡，我相信解决问题的方法一定会比困难更多。从思想上有热情，对新鲜的事物有开放的态度，积极学习，解放我们的思想，大胆探索，勇于开拓，不断创新。敢创、敢试、敢为人先才能够找出新的道路，开辟出一番新的事业，打出一片新的天地。"

然而，作为家族企业，黄光裕大胆革新的态度，在某种程度上给国美带来的不仅是成果，还有很多风险。黄光裕曾经说过："我是要求速度的，尽快实施，我不会花三个月来谋划，把规划书的标点符号都改清楚了，然后再去做这件事情。我是边实施边修正。只要有三分把握的事，我就敢去做。"黄光裕对于变革持肯定的态度，但是在他的下属们看来，这种变革过于随意，每一次变革之前都没有经过充分论证，也没有岗位责任的重新设置，更没有业务流程的重新设计，所以每一次变动都会带来很长时间的混乱。在这种频繁的组织调整中，很多员工离开了国美。回顾国美的发展历史，国美的所有创新与变革都是建立在不断积累历史经验，准确把握市场及企业发展需求的基础之上的；每次重要的商业模式创新都伴随着一系列的管理创新和组织结构变革。

2008年以后，国美加强了创新保障和组织的建设。国美多次进行组织结构的革新。国美认为，战略是企业长期基本目标的决定，以及为贯彻这样的目标所必须采纳的行动方针和资源分配，而结构则是为管理一个企业所采用的组织设计，其基本规律跟随战略。有效经营一个战略未发生根本改变的企业，就要求一个新的或者至少是重新调整过的架构。组织创新是企业进步必需的组成部分，因为生产效率的潜力只有通过企业内部的组织过程才能被实现，而这个过程的核心是能够有效进行技术和行政协调，以发展出适合自己的组织架构。企业成本曲线的确定离不开基础架构和企业战略，而成本结构在相当大的程度上是企业能力的内生变量。2011年11月，国美上线ERP系统。完成信息化基础设施布局后，国美经过全面的组织发展规划，开始实施全新的组织机构。此次组织机构设计的基本思路是建立以品牌及战略规划为龙头，以采购销售等经营体系事业部制为核心，以 IT 信息技术物流售后及财务人资等支持体系为服务平台的矩阵式组织机构（郭蕾，2012）。

2016 年 4 月，国美召开了"创新与业绩突破大奖"双月优秀奖复核评审会。在新的"全零售生态圈战略"下，为实现各板块协同共赢，国美于 2016 年初就在全集团范围内提出了"创新大奖"鼓励机制，配合国美特有的蜂巢组织模式激励创新，按照消费者消费习惯的变化，探索出一条可供整个行业借鉴的转型创新之路。例如，2015 年启动的"来购"项目，鼓励每一个员工开设微店，形成一个个小的流量入口，将前端的微店与后端的以大数据工厂为核心的供应链价值平台进行融合升级。"来购"可以说是国美在移动端的一个重要发力点，也是国美的创新业务，现在国美微店已达 10 万家。

9.5 本章总结

创新贯穿国美发展的整个发展历程，成为持续性竞争优势的来源之一。创业早期，国美促进了家电产品在我国家庭的普及和升级消费。同时，国美自身也获得了较大的发展。随着国美的迅速扩张，国美的商业模式变成了一种被称为是"吃供应商"的模式，即通过各种方式压榨上游家电供应商来获得迅速的发展和盈利。这种商业模式在我国零售业中，特别是大型连锁经营企业中具有较大的普遍性和较强的代表性，但是其一直被业界和学者所诟病。与之相比，国外零售商盈利模式主要是赚取买卖差价，即通过扩大销售规模和网点规模，降低采购价格，通过压缩成本和费用，获取采购价与零售价差价以达到盈利的目的。而"吃供应商"模式使得零售企业失去了零售的功能，与供应商的关系恶化，难以使企业实现可持续发展。

因此，在新的形势和竞争环境下，国美的商业模式创新不可避免，尤其是要进行盈利模式的创新。在满足消费者需求的前提下，国美从根本上改变盈利模式，采用包销制，通过赚取买卖差价和提供服务来盈利；并与家电厂商建立良好的合作关系，形成家电产业和家电连锁相互促进、良性循环的发展局面。这种创新体现出的是一种高层管理者带领下的封闭式创新模式。从 2008 年以后，国美虽然在信息技术的投资上明显不如苏宁，但是已经开始充分利用多渠道运营的方式，扩张电子商务和电视购物等新的业态。国美的创新从早期内部的管理创新和经营模式创新，发展到从 2014 年起，更多的是从战略层面的谋篇布局：从 2014

年的全渠道零售商战略,到 2015 年的构建零售生态圈,再到营创创新型平台,国美的创新之路发生了从封闭式到开放式的转变。国美认为,对于零售企业来说,连接和流通的平台性质使其在搭建开放式共享平台的过程中拥有天然优势。因此,零售企业应形成多资源输出、多业态联合、多价值共享的发展模式,提供极致的用户体验,实现社会价值的裂变式创造。国美秉承"商者无域,相融共生"的理念,在"全渠道、新场景、强链接"的战略导向下,积极探索开放的零售生态。因此,国美在国美来购、国美管家、安迅物流、异业联盟发力,使自身资源与社会资源相融共生,实现指数级增长。从创新理念和保障而言,国美敢于尝试,强调敢为人先的精神,国美进行了一系列的管理创新和组织结构变革。同时,国美推出了创新奖励制度。从全球零售业的经验可以看到,组织能力的增长对于企业的成长具有强大的引擎效应。国美在发展中一直不断地探索和创新商业模式、经营模式以及配套的管理模式,将带动中国家电零售行业新一轮商业竞争模式的升级,为我国零售行业模式变革提供有效的参考模本。

第 10 章 有店铺零售业态的创新

《零售业态分类》(GB/T18106—2004) 标准将零售业态从总体上分为了有店铺零售业态和无店铺零售业态两类。本章对有店铺零售业态中的百货商场、超市、家电专业店三种业态的发展历程进行回顾,给出案例研究企业创新活动产生的背景;对每种零售业态中的两家企业创新案例进行两两比较和总结,通过对具体创新类型、创新程度、创新模式、创新理念和保障进行分析,得出各个零售业态创新的共性,以及不同零售业态创新活动的差异性。

10.1 百货商场的创新

10.1.1 发展历程

百货商场 (Department Store) 指在一个建筑物内,经营若干大类商品,实行统一管理,分区销售,满足顾客对时尚商品多样化选择需要的店铺。改革开放后,我国百货商场的发展经历了三个阶段(马超,2010):一是 1978~1995 年,是以百货商场为代表的零售业快速发展阶段。这个阶段,从销售额的增长速度和商店数量的增长速度看,我国各大、中城市的大型百货商场,以前所未有的速度快速发展。这个阶段被我国理论界普遍认为是我国大型百货商场的"黄金发展时代"。各个大型百货商场的基础设施和服务水平大幅提高,开始使用现代营销理念和方法来提高市场占有率。二是 1995~2005 年,百货商场进入了饱和、淘汰与整合时期。1998 年,被理论界和企业普遍称为"百货商场的倒闭年"。随着各地不断新增的百货商场的出现,我国大型百货商场的数量和营业规模都出现供过于求的现象,竞争不断加剧,迫使各百货商场不断降低销售价格,开展促销活动;其盈利水平也大幅下降,百货商场的"微利时代"到来,甚至出现亏损,一些著名百货商场纷纷倒闭,例如,北京市的万惠双安、协和、新安商场、海蓝云天、仟村百货等百货商场。1999年,中国零售业50强前10位中,超市占了5席,一改过去由百货商店居于主导地位的历史。上海联华超市公司以112亿元的业绩取代了一直稳坐中国零售业龙头地位的上海第一百货,这标志着数十年来百货商场的主导地位开始动摇。从销售增长幅度看,超市和大型综合超市的增长率远远高于传统百货商店。2001年,增长幅度最大的是以经营大型综合超市和便利店为主的北京物美商城有限公司(达到169.6%),而业绩不错的上海第一百货的增长率为-3.8%,相当一部分百货企业负增长率为两位数(李飞等,2016)。2000~2003年,百货业一度陷入低谷,直到2001年下半年,销售收入与毛利率才开始同步上升,并在此后几年稳定、快速增长。然而,2001年,中国加入WTO,中国对外资完全开放内地的零售市场,外资开始进入零售业,对国内的百货业也产生了巨大冲击。三是2005年至今,百货业进入新一轮饱和、兼并,向购物中心转型的阶段。2005年以前,我国连锁经营企业的高速发展是粗放的"跑马圈地"式扩张;2005年后,连锁超市和专业商场取代百货商场成为我国零售业经营模式的主流。零售业竞争达到了前所未有的激烈程度,企业之间的整合、兼并、淘汰不断发生。2008年底,金融危机自美国蔓延至我国,随着各项成本的迅速上升,网络零售业的替代效应日益增强,百货业的利润不断下滑,面临着严峻的挑战。一方面,国家开始为应对金融危机而出台促进流通、拉动内需的诸多政策;另一方面,大部分百货商场通过促销来应对这些挑战,大幅度促销使得百货店的销量普遍得到了增长,例如,银泰百货2009年上半年总收入相比2008年同期上升了28.8%,但是,净利润却出现明显下滑,银泰百货净利润下降了29.7%(陈岳峰,2010)。正是在这样的情况下,2010年10月,银泰百货开始了网络销售的尝试。

2011年,我国百货业市场规模实现了万亿元的突破,按照限额以上百货零售行业口径大约在10827亿元,按照百货商场口径大约在10307亿元。但总体上,国内百货业毛利率水平仍然较低,竞争较为激烈。其中,一个关键问题就是"千店一面"。这很大程度上是因为长期以来我国商业设施短缺,商品又极大丰富,造成了我国百货商场采取引厂进店的联营方式进行经营。这种经营实际上类似于出租场地,商城统一进行日常管理。因此,各个百货商场经营的品牌、商场布局和装修都差不多,消费者在哪家购物没有太大差别,自然不可能建立起顾客忠诚,造成了"千店一面"的问题。2012年以后,受国内外经济环境变化的影响,连锁零售企业普遍出现明显的销售增长乏力甚至负增长的现象,同时人工和房租等成本继续大幅上涨,企业利润空间不断被压缩。据中国百货商业协会统计,2012年81家大中型百货零售企业销售总额达2282.7亿元，同比仅增长8.92%，较2006~2011年百货行业销售年均16.5%的增长率明显下滑，一些传统百货商场甚至演变为人们只看不买的"体验地""试衣间"。

我国百货商场大多数属于国有企业，由于市场体制的欠缺，我国百货商场未能实现有效的集中，而企业资本薄弱，技术能力不足，从主观上限制了百货商场的自我扩张，许多百货企业长期低效运行，使本已微弱的行业利润进一步稀释（彭卓群，2013）。然而，即使是民营百货商场，经营效益也没有明显的改进。根据英策咨询2009年所进行的研究，国企百货与民企百货两种所有制企业之间在经营效益上不存在明显差异。也就是说，我国百货业基本上是一个完全竞争的行业，竞争非常激烈。竞争环境的变化是百货商场最大的创新驱动力。2005年以后，由于超级市场、仓储商场、专业商场等新型业态的发展并壮大，以及网络零售等新兴零售模式的快速发展和扩张，百货零售企业的优势地位更进一步地受到了冲击。根据国家统计局的数据，笔者绘制了图10-1。

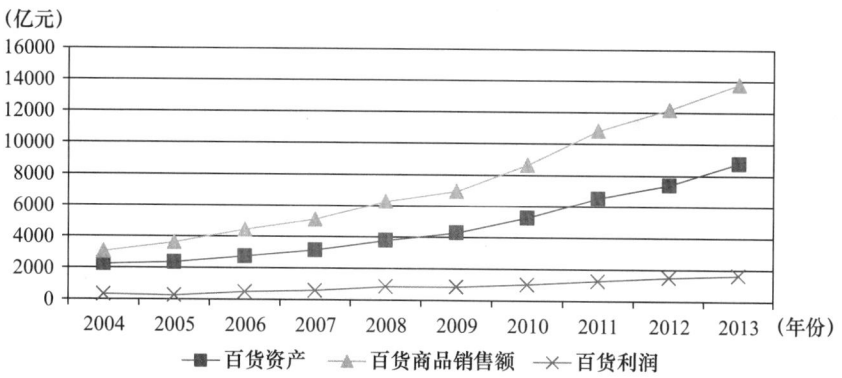

图10-1 百货商场的各项指标

从图10-1可以发现，2004~2013年，我国百货商场的商品销售额增长速度是最快的，从2004年的3049.47亿元增长到2013年的13784.61亿元，在10年的时间翻了4倍，尤其是2010年后，由于国家促进内需政策的刺激，商品销售额出现了大幅度的增长；其次是百货资产，从2004年的2246.59亿元增长到2013年的8790.26亿元，也是4倍的增长；与此相比，百货的利润增长比较平缓，平均利润率不到10%。总之，我国百货业在经历了20世纪90年代初期的高速发展后，从1996年开始进入成熟期，至今仍然处于这个阶段，主要特征包括：第一，出现了大量亏损的百货商场；第二，百货商场微利经营成为一种常态；第三，出现了大型百货商场关门倒闭的风潮；第四，百货商场开始进入转型调整期（李飞等，2016）。如果百货行业不根据互联网和移动网络的发展，进行全渠道的战略调整，引入电子商务零售模式，中国百货商场就会在近一两年进入衰退期。

10.1.2 当代商城与银泰百货的创新对比

表 10-1 列出了当代商城和银泰百货两个百货商场案例的主要信息。可以发现，在第一阶段，即 1995～2007 年，两个企业的发展路径有很大的相似性，二者都是以高端精品百货作为定位，并且都取得了非常成功的业绩，这与这个阶段中国百货业面临的整体外部环境有着密切的关系。当时，消费需求开始升级，竞争不断加剧，因此，如何进行差异化经营，成为当时最为重要的战略问题。在这个期间，各地的百货企业都在努力向差异化发展，形成了以服务不同目标群体的百货细分业态，主要有三类：高档百货、时尚百货和大众百货。其中，高档百货商场一般在市、区级商业中心或历史形成的商业集聚地选址；目标顾客以追求高档商品和品位的消费为主；规模一般是 6000～20000 平方米的经营面积；商品结构以高档百货商品为主；商品售卖方式采取柜台销售和开架面售相结合的方式；在服务功能方面，注重服务，设餐饮、娱乐等服务项目和设施；管理信息系统程度较高。当代商城和银泰百货无疑都选择了定位于高档百货商场，吸引和发展中高层消费者，使他们成为忠诚的顾客，因此，当代商城和银泰百货都强调"以顾客为中心"，都取得了不错的业绩。

表 10-1 当代商城与银泰百货的案例总结

公司	当代商城	银泰百货
创立年份	1995 年	1998 年
创始人或主要领导	金玉华（2005 年担任总裁）	沈国军
发展阶段	第一阶段：1995～2008 年，定位于高档精品百货，成为中国商业服务名牌	第一阶段：1997～2007 年，以高端定位取胜，通过并购实现迅速扩张
	第二阶段：2008～2014 年，信息部成立，开展各种创新尝试	第二阶段：2007～2013 年，从零售业向多元化发展成为跨行业银泰商业集团
	第三阶段：2014 年至今，并入北京翠微大厦股份有限公司，积极寻求转型	第三阶段：2013 年至今，与阿里巴巴集团合作，开启 O2O 之路

续表

公司	当代商城	银泰百货
里程碑事件	2000 年，海淀区政府将当代商城托管给国有企业翠微大厦	2007 年 3 月 20 日，银泰百货在中国香港联交所挂牌上市，成为第一家在港交所上市的中国内地民营百货公司
	2005 年 1 月 1 日，当代商城开始自主经营	2010 年，银泰百货成功收购燕莎友谊商场（集团）有限公司 50% 的股权
	2012 年，当代商城提倡体验式消费，进行购物中心转型的尝试	2010 年，创办百货购物类网站——银泰网
	2014 年底，当代商城根据海淀区国资委的要求，并入北京翠微大厦股份有限公司，成为其全资子公司	2014 年 3 月 31 日，阿里巴巴集团以 53.7 亿港元战略投资银泰百货
创新	2005 年，服务创新（"一站式退换货中心"；首个"试衣间标准"和"商业环境规范"）；品牌评价体系	2009 年 4 月，进入购物中心
	2008 年 9 月 23 日，当代网上商城正式开业，开展国际代购业务	2010 年 10 月 11 日，创建银泰网
	信息技术创新	2013 年 10 月 17 日，银泰百货与天猫宣布达成战略合作，进行 O2O 创新

在第二个阶段，2007 年以后，当代商城作为国企仍然偏安一隅，继续深耕北京市场，重视精品消费。创新更多的是在体制内进行，所以大都以面向顾客需求的微调式创新为主，除了在 2009 年开设了第一家分店之外，并没有太多的扩张举措。而银泰百货作为民营企业，在获得初期的发展之后，开始了以资本为手段的并购和上市路程，很快，在 2007 年 3 月 20 日，银泰百货成为第一家在港交所上市的中国内地民营百货公司，到了 2013 年，银泰百货通过并购实现迅速扩张，从零售业向多元化发展成为跨行业的银泰集团。在第三个阶段，尤其是 2013 年后，在新兴电子商务带来的竞争压力下，二者的发展路径出现了较大的差异：当代商城于 2014 年底，并入国企北京翠微大厦股份有限公司，成为其全资子公司。而银泰百货开始了和阿里巴巴集团的战略合作，开启了 O2O 的商业模式创新。

根据这个分析，我们认为，当代商城和银泰百货的案例能够说明本书的命题二，即零售企业创新与中国宏观环境密切相关，各个关键时点往往会出现密集型的创新活动。当代商城和银泰百货的创新节点基本上都是中国宏观环境中发生重大事件的关键点：2005~2007年的消费升级，2009年金融危机后百货商场的转型升级等，都促使企业开展了一系列的创新活动和举措。然而，虽然面临同样的宏观环境，当代商城和银泰百货的创新活动却存在一些差异，如表10-2所示。

表10-2 当代商城和银泰百货的创新比较

案例企业	当代商城	银泰百货
创新类型	主要是服务创新，管理创新和技术创新为辅	业态创新、商业模式创新
创新程度	小的渐进性创新	重大创新
创新模式	在消费需求驱动下，由高层领导者主导的自上而下封闭式创新模式	在竞争压力和消费需求驱动下，由高层领导者主导的由上而下合作式创新模式
创新理念	"以顾客为中心"的价值营销理念，重视服务创新	居安思危，"以客为先"；积极拥抱技术变革；最好的防御就是进攻，就是改变
创新保障	建立创新资金，成立信息部，作为底层支持各项服务创新和管理创新	创新保障小组，建立创新容错机制；设置"创新邮箱"，内部孵化创新项目，并通过合伙人制度来落实项目

首先，从创新类型和创新程度来说，当代商城的创新（"一站式退换货中心"；首个"试衣间标准"和"商业环境规范"）属于服务创新，品牌评价体系属于管理创新，并且据此开展了信息系统的建设，从而支持运营层面的创新活动。但是，从本质上来说，按照罗森伯格等对零售创新类型的划分，这些创新基本上都属于小的渐进性的形式化创新。虽然当代商城早在2008年9月23日就已经创建了当代网上商城，但是并没有得到足够的重视和发展。银泰百货虽然2010年才开设银泰网，但是随即马上推出相关的各种服务，迅速成为银泰百货的一个重要发展方向。银泰百货的创新——购物中心、网络商城和O2O平台的建设都属于较大程度的业态创新和商业模式创新。不同的创新类型和创新程度导致了当代商城和银泰百货不同的业绩表现。其次，从创新模式来说，当代商城的创新活动主要发生在2005~2010年，是在消费需求驱动下，由高层领导者主导的自而下封闭式创新模式。早在2008年，当代商城就开始创建当代网上商城，但是一直没有将其作为重要的发展方向进行投入，而仅仅是一种尝试。2010年后，当代商城创新乏力，2012年才开始寻求从百货商场向购物中心的转型。与此相比，银泰百货的创新活动虽然也是以客为先，在市场的变化中探索创新和变革，但是竞争者驱动的力量非常明显，例如，银泰百货2009年转型为购物中心，就是领导者在面对激烈竞争环境下的战略选择。再比如，银泰百货

2010年创建银泰网，就开始从战略高度进行线上零售业务的转型。而且，银泰百货的创新模式是开放式的，从2013年起，与阿里巴巴合作，进行线上线下的商业融合，这是商业模式的创新，具有很高的创新程度。所以，银泰百货的创新是在竞争压力和消费需求驱动下，由高层领导者主导的自上而下合作式的创新模式。

从创新理念而言，当代商城和银泰百货的创新活动都立足并服务于其战略。市场定位决定创新行动，当代商城的创新是围绕着实现"高档精品百货店"的定位目标而来的。因此，除了硬件环境要好，当代商城还要创出一种与高档百货店相适应的服务模式，使顾客对当代商城的商品更加信任，在此基础上建立起对当代商城高档次定位的认同。不管是服务创新、品牌评价体系，还是国际代购业务，当代商城的创新活动都是围绕着"以顾客为中心"的价值营销理念，通过服务创新来满足目标顾客需求的。然而，当代商城在2005年自主经营之后，在总裁金玉华的领导下，在2005~2010年开展了很多创新活动，也建立了创新的文化和组织，然而，作为国有企业，当代商城与银泰百货相比，面对技术变革的冲击，并没有积极的应对。同样，银泰百货的定位是"高档精品百货店"。银泰百货的高层领导人居安思危，"以客为先"；积极拥抱技术变革，秉持"最好的防御就是进攻，就是改变"。所以，银泰百货被视为传统零售业的变革者，使得银泰百货往往能够产生重大的创新，并且通过创新，在经营业绩等方面名列中国零售业前茅，并于2013年被摩根士丹利评为全球正在引领零售革命的16家公司之一。作为民营企业，银泰百货在零售领域的一系列创新举措为中国传统零售业转型提供了一个切实可行的操作模板。

从创新保障而言，当代商城和银泰百货的创新都既有高层管理者的支持，又有文化和组织上的保障。当代商城为"一站式退换货中心"建立了退换资金；成立信息部，作为底层支持各项服务创新和管理创新。银泰百货在创新管理方面则更加出色，不仅建立了创新保障小组，而且建立了创新容错机制，力图形成一种容忍失败的创新文化；另外，银泰百货设置了"创新邮箱"，收集员工的想法，内部孵化创新项目，并通过合伙人制度来落实项目。从当代商城和银泰百货的案例可以发现，创新是否能够取得成功需要客观的要素和主观的能动性的有机融合。领导人理念和相应的组织保障是创新是否成功的关键。当代商城和银泰百货的案例都充分支持了命题一。而且，根据定位战略进行创新使得两个企业充分利用既有的优势和资源，实现创新与企业战略目标的一致，更增强了创新成功的可能性，这符合创新管理最根本的战略指导原则。

10.2 超市的创新

10.2.1 发展历程

超市最早诞生于美国。1930 年,第一家自助杂货店由金·库伦在纽约杰梅卡创立,这是传统超市的雏形。传统超市是自选式食品店,经营百货、肉类和农产品。1930 年以前,美国人大都在小型的社区市场购买食品。1930 年以后,由于汽车的普及、道路交通的改善、全国性大众传媒的发展、国内品牌的崛起、消费者的日益成熟,以及包装与冷冻技术的提高,这些社会变革促使超市不断发展。此后,超市的规模不断扩大,经营的商品种类日益广泛。到了 1979 年,传统超市占美国超市销售的 85%;然而到了 1998 年,这一比例下降为 41%,因为大型超市、仓储式会员店及超级购物中心后来居上。超大型超市是"二战"后首先在法国出现的(利维和韦茨,2004)。

超级市场(Supermarket)是开架售货,集中收款,以满足社区消费者日常生活需要的零售业态。大型超市(Hypermarket)通常指实际营业面积在 6000 平方米以上、品种齐全、满足顾客一次性购齐的零售店。作为一种以提供大量商品、自助服务、便捷购买的零售业态,根据《零售业态分类》(GB/T18106-2010),我国超市分为四种类型:便利超市、社区超市、综合超市和大型超市。我国超市的发展可以划分为两个阶段:

10.2.1.1 1990~2006 年,超市从引入期进入快速成长期

1990 年,广东东莞虎门镇诞生了我国第一家超市——美佳超级市场,随后,国内的超市如雨后春笋般涌现。其中,大型连锁超市是我国自 1990 年以后发展最为迅速的零售业态之一。因为大型超市规模大,与消费者日常生活密切相关,自身和相关行业就业人数多,所以,在我国零售业的发展中发挥着重要的作用。1996 年后一批世界级大型超市(家乐福、沃尔玛等)相继进入中国,与此同时,各地纷纷出现区域性的单体或连锁超市,如上海华联、武汉中百超市等。这些外资零售企业带来了先进的管理理念、消费观念,以及作为基础的信息技术和物流技术,不仅带来了冲击和挑战,也带来了知识外溢和创新示范。2001 年以后,我国加入 WTO,零售业从全面开放的过渡期到完全开放,通过并购进行快速扩张成为我国零售企业的一种主要形式。2005 年,连锁百强前 10 位中的内资企业共发生收购活动 14 起,2006 年并购现象更为普遍,并购使我国零售业态的集中

度显著提高。以全国排名前四位零售企业的销售额占整个业态总销售额的比重（CR4）为例，2001～2009年，超市业态的集中度虽有波动，但是CR4都超过了30%，2006以后基本都超过了40%，说明超市业态垄断竞争的局面已经形成，而一些区域市场的集中度更高，2006年完成一系列并购活动的物美，在北京市场就占据了绝对的优势。超市的发展进入快速发展轨道，年增长速度达到70%，2005年超市的销售额已占社会零售总额的25%。

10.2.1.2　2006年至今，超市发展放缓，进入成熟期，超市业绩出现明显分化，大多数企业开始O2O模式的探索

2006年后，人民可支配收入的显著增加，以及快速的城镇化进程，促进了超市在我国的迅速发展。但是，超市的发展并不是一帆风顺的，其经历了平稳发展—剧烈下降—平稳上升的变化。这些变动的拐点在2008年，主要是因为受金融危机影响，零售业总体增长率下降，各业态也表现为迅速下降。超市开始内涵式发展，增长率有所上升（杨海丽和刘瑜，2011）。然而，国家开始及时出台政策，2008年，商务部、农业部联合下发了《关于开展农超对接试点工作的通知》，促进超市发展。2010年后，随着电商的强势发展，以大卖场为购物中心主力店的固定模式正在被打破。超市的发展从开始的求"全"求"大"，到如今的要"小"要"精"，消费人群的细分和个性化直接导致了超市的细分。超市业态目前正在向大卖场超市、精品超市和便利店超市细分。在现今零售行业的竞争格局下，精品超市的扩张已经成为一种明显的趋势。但是，中国高端精品超市领域还处于发展的初级阶段，不过，业内已经涌现出一批正在加速运作的高端精品超市，尤其是一些传统品牌超市如华润万家、华联等旗下都开启了精品超市。

从图10-2可以发现，2004～2013年，我国超市的商品销售额增长速度最快，从2004年的2503.03亿元增长到2013年的9502.68亿元，在10年的时间几乎增长了四倍，同样是在2009年，由于国家促进内需政策的刺激，商品销售额出现了大幅度的增长；其次是资产，从2004年的1098.22亿元增长到2013年的4777.27亿元，也是四倍的增长；与百货业态相比，超市的利润增长率要高得多，平均利润率接近20%。根据国家统计局的社会消费品零售数据，2015年持续到2016年，社会消费品零售增速放缓，甚至出现持续几个月的低迷状态。"零售寒冬"成了百货、商超、专营店等不同零售业态共同面对的话题。然而，在《2015年零售业上市公司营收排行榜》中，超市业态出现两极分化，联华超市、人人乐、新华都等出现亏损，武汉中百、京客隆、三江购物等也同样面临利润大幅度下降的局面，但以大润发为主的高鑫零售、永辉超市、步步高等企业仍保持营收增长以及较高的盈利水平。网络零售业、移动零售业，以及租金、人工成本的上升给超市带来了严峻的挑战。

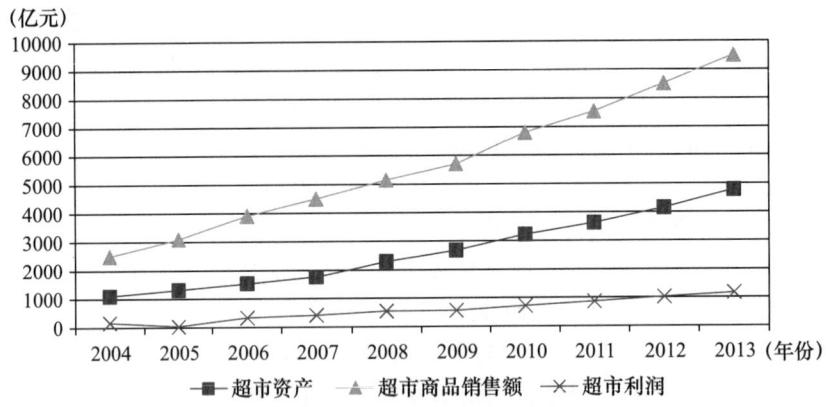

图 10-2 超市的各项指标

10.2.2 物美与永辉的创新对比

如表 10-3 所示,对比物美和永辉案例的主要信息后可以发现,在第一阶段,即 1994~2002 年,两个企业的发展路径既有相似也有不同。物美创业于北京,以超市业态取胜,后与国企合作低成本迅速扩张。永辉则发迹于福建,是名副其实的中国"农改超"的开创者,"永辉模式"是较大的商业模式的创新,对传统的农贸市场进行了较大的改进。这个阶段,超市作为新兴业态,发展迅速,通过连锁的方式,两个企业都实现了在各自区域的快速扩张,分别成为华北、华东南的龙头企业。

表 10-3 物美与永辉的案例总结

公司	物美	永辉
创立年份	1994 年	1995 年
创始人	张文中	张轩松
发展阶段	第一阶段:1994~2001 年,初创以超市业态取胜,后与国企合作低成本迅速扩张	第一阶段:1995~2002 年,中国"农改超"的开创者,"永辉模式"形成
	第二阶段:2001~2009 年,在中国香港上市,并购实现超常规发展;加强信息物流建设,走内涵式发展道路	第二阶段:2002~2010 年,全国性扩张,发展成年营业额超过百亿元的大型零售集团,在 A 股成功上市
	第三阶段:2009 年至今,面临各种挑战和并购后的整合难题,开始 O2O 模式的探索	第三阶段:2010 年至今,并购扩张,实现年销售额超过百亿元;与京东合作,推出 O2O 电商平台,应对电子商务挑战

第10章 有店铺零售业态的创新

续表

公司	物美	永辉
里程碑事件	1997年，张文中开始通过与国有商业企业签订租赁、合作、托管和合资等协议的方式进行低成本扩张	2002年9月，国务院七部委联合检查组考察永辉，将其誉为中国"农改超"的开创者，并提倡在全国范围推广"永辉模式"
	2003年11月21日，物美在中国香港联交所正式挂牌交易，是第一家在中国香港上市的民营商业企业	2010年12月15日，永辉在上海证券交易所A股成功上市（股票代码：601933）
	2006年11月12日，物美董事长张文中因经济罪案辞职	2014年1月，"永辉微店APP"在福州率先上线试运行，标志着永辉推出O2O电商平台
	2015年4月，物美与多点达成战略合作，进行O2O运营	2015年8月，京东43亿元入股永辉超市
创新	2006年10月8日，物美Winbox项目正式启动	2002年9月，"农改超"开创者，全国范围推广"永辉模式"
	2008年，作为首批"农超对接"试点企业进行创新尝试	永辉"Bravo YH"：精致超市，人文关怀

第二个阶段为2002～2010年，同为民营企业，物美的竞争优势因为创始人的锒铛入狱而降低，永辉则通过全国性扩张，发展成为年营业额超过百亿元的大型零售集团，并在A股成功上市而实现赶超。2003年，物美成功在中国香港上市，这是国内第一家在中国香港上市的民营商业企业。物美上市后逐渐放弃"国有托管经营"模式，并购成为其上市后的主流扩张模式。通过并购，物美形成了资本驱动增长模式的良性循环，实现了超常规的发展，但在2006年11月12日，董事长张文中因经济罪案辞职，后被判入狱。在物美应对创始人入狱危机的同时，永辉在2007～2008年，获得了汇丰控股私募股权部门7500万美元的投资，成为获得境外私募基金投资最多的国内超市，开始了全国性扩张，并于2010年12月15日在上海证券交易所成功上市。

第三个阶段为2010年后，在网络零售和消费升级的竞争压力下，两个企业都开始了对O2O模式的创新探索。物美与多点合作，开展线上线下的多渠道整合。永辉不仅开发了自己的手机应用软件，还与京东达成了战略合作，通过其平台售卖和快递自己的生鲜产品。物美和永辉都以大型超市为主，其发展阶段反映了我国超市业态1994年至今从引入到发展和成熟的历程，诠释了超市业态与市场和政策环境之间的互动关系。超市作为新业态被引入我国，经历了快速发展；后面临资本缺乏的压力，两家企业通过上市和获取海外融资来支持扩张发展；两家企业的创新，都是应对环境不得不做出的改变。当然，物美和永辉的创新也存在差异，如表 10-4 所示。

表 10-4 物美和永辉的创新比较

案例企业	物美	永辉
创新类型	技术创新、模仿创新	经营模式创新、业态创新
创新程度	一般程度的连续创新	中等程度的连续创新
创新模式	在技术和消费需求驱动下，高层领导者主导的自上而下开放式创新模式	在竞争压力和消费需求驱动下，由高层领导者主导的由上而下合作式创新模式
创新理念	技术是创新的基础，创新要结合实际	"创新就是关注细节，创新就是提升标准，创新就是挑战自我"
创新保障	与信息技术的知名企业建立合作，通过合作来降低创新的风险	在总部设立创新研发部门承担风险及相关费用；实施"合伙人制度"，调动内部员工的创新积极性

首先，从创新类型和创新程度来说，物美有技术基因，1994年创立时，物美就是打算销售超市管理信息系统软件的，物美管理者对技术有着天然的偏好。因此，物美的创新是以技术创新为主，2006年10月8日启动的 Winbox 项目就是典型代表。早在2002年9月，永辉就开创了中国的"农改超"流通新模式，即"永辉模式"。而在2008年，物美才在商务部和农业部相关政策的推动下，作为首批"农超对接"试点企业，开始进行"农改超"模式的模仿创新。2010年后，永辉开始推广"Bravo YH"精致超市，属于业态创新。因此，总体上，物美的创新类型是技术创新和模仿创新，创新程度一般；永辉的创新类型是经营模式创新以及业态创新，创新程度中等，高于物美。

从创新模式而言，物美在信息现代化和物流体系建设方面都处于我国零售业领先地位，也是国内同行业盈利水平最佳的连锁商业集团。在技术和消费需求驱动下，物美采取的是高层领导者主导的自上而下开放式创新模式；永辉更多关注竞争压力和消费需求变化，是由高层领导者主导的由上而下合作式创新模式。在创新模式上，二者比较相似。这可能是因为与其他零售业态相比，大型超市的信息技术程度较高，而且拥有海量的关于消费者、供应商、物流企业的数据，因此，大型超市在信息技术建设和创新方面与其他业态相比更有动力和优势。从创新理念和保障而言，两个企业的差异比较明显。物美受到创始人技术背景以及后来经济案件的深刻影响，所以创新既务实又谨慎，他们认为"技术是创新的基础，创新要结合实际"。具体实施上主要是选择与信息技术知名企业建立合作，通过合作来降低创新的风险。而永辉的创新更加大胆而具有制度保障，他们强调"创新就是关注细节，创新就是提升标准，创新就是挑战自我"。并且在总部设立创新研发部门承担风险及相关费用；实施"合伙人制度"，调动内部员工的创新积极性。这样的结果就是永辉的创新动力和程度要明显高于物美。

10.3 家电专业店的创新

10.3.1 发展历程

我国的专业零售业态包括专业店和专卖店两种经营形式，涉及七大类专门商品零售行业。其中，专业店（Speciality Store）是以专门经营某一大类商品为主的零售业态，根据销售商品品类的不同可分为办公用品专业店、玩具专业店、家电专业店、药品专业店、服饰店等类型。根据2004年10月1日开始实施的新国家标准《零售业态分类》（GB/T18106-2004），家电零售企业属于专门销售家电产品的专业店业态。家电专业店迄今在我国的发展可以分为两个阶段：

10.3.1.1 1987~2006年，家电专业店从创立开始进入连锁经营、快速成长期

20世纪90年代初期，我国的家电市场属于卖方市场，产品供不应求。随着居民人均可支配收入的逐年增长，家电的传统销售渠道已经不能满足消费者的需求。1996年，以长虹率先在彩电领域发动空前规模的降价活动为标志，一直到2003年，家电行业频繁发生价格战，打破了旧的以外资品牌垄断为主的行业格局。海尔、格力、格兰仕、TCL等企业的降价行为使得中国家电品牌实现国有化，并得到了迅速的普及。家电产品从当初的奢侈品变为常用品，从此走进了千家万户。1998年以来中国家电市场渠道发生革命性变化，专业家电连锁凭借专业化的管理、规模化的集中分销，以及国内家电制造业整体产能过剩所导致的对优质渠道的严重依赖，逐步成为家电零售业的主流，占据了大半壁江山，而原来家电销售的主力军——传统百货却由于成本、价格、规模、网络、资金、风险承担能力和意愿方面的劣势，逐步淡出了家电零售领域，销售渠道专业化已经成为不可逆转的趋势。借助我国家电制造业的价格优势和生产规模，国美、苏宁、永乐、大中等家电零售企业凭借着低价、服务、创新的营销模式，成功地从百货商店、传统家电卖场获得了较多的家电产品销售份额，成为家电品类的渠道之王。2001~2006年，家电专业店的发展速度明显加快，进入了高速成长期。相比于百货商店，家电专业店价格较低，专业服务、连锁经营的优势尤为突出，成为我

国零售业中越来越重要的一种业态。

10.3.1.2 2007年至今,家电专业店进入成熟期,开始O2O模式的探索

从2007年开始,随着家电行业从不充分竞争到充分竞争的转型期的完成,家电零售企业竞争加剧,使国美等家电连锁巨头的机会优势日益式微。在原材料普涨的情况下,制造商处于普遍的生存危机之中,在价格上再无更大弹力,已经无法再像以往一样以牺牲部分利益换取与连锁巨头的合作。连锁巨头发展的黄金时期已经过去,整个行业步入相对平缓的成熟期。因为金融危机的影响,2008年是家电专业店发展的拐点,以此为界,家电专业店告别了之前的高速增长,开始了调整、转型和创新的尝试和发展道路。零售业利润总体增长率下降,各业态也表现为迅速下降。所谓"吃供应商"模式在家电专业店连锁经营企业非常普遍,一直被业界和学者所诟病。2008年,家电企业通过降低价格扩大规模,由扩大规模而增加扣点,从增加扣点来提高利润的商业模式难以持续,企业必须改变过分依赖供应商扣点和返点的模式,通过自营,回归零售业本质。所谓零售业本质,是面向消费者,通过附加在产品本身的流通及其服务,实现产品的价值增值,通过商品买卖差价赚取利润,因此,企业必须从单纯联营逐渐扩大自主经销的比例。2011年,家用电器及电子产品专门零售主要指标均较2010年有所增长,但零售营业面积减幅近16%,主要原因是家电消费需求疲弱,苏宁、国美等大型企业纷纷关店(王强,2014)。家用电器零售业市场已经饱和,并受宏观经济下行、房地产成交量萎缩、家电刺激政策陆续到期等因素影响,家电行业增长动力不足。

2009年,苏宁率先开始了网络零售的创新,国美紧随其后。商务部零售业发展报告统计显示,家电专业店领跑电商转型。专业店销售额增速是仅次于百货店的第二低的业态,且关店现象明显,营业面积呈现负增长。传统专业店所经营的家电、3C、服装等都已成为网络上的热门商品,网络零售替代效应明显。一些有实力的专业零售店加速对网络零售及全渠道零售模式的积极转型,力求在未来的竞争环境中保持主导地位。2012年以后,面对网络零售巨头京东、天猫、当当的冲击,再加上消费者迁移的挑战,国美和苏宁都开始O2O线上线下全渠道融合转型,但是,家电专业店渠道整合业务还面临着诸多的挑战和问题。

从图10-3可以发现,2004~2013年,我国家电专门零售的商品销售额一直持续增长,从2004年的1630.77亿元增长到2013年的7759.18亿元,在10年的时间几乎增长了五倍。但是,2009年,家电专门零售销售额的增幅下降很大,仅比2008年增长了3%;而在此之前,2008年的销售额增长率是2007年的30%,下降幅度明显。另外一点值得注意的是,2013年,家电专门零售的资产首次出现了下降,2013年的资产总值是3438.65亿元,比2012年减少了164.36

亿元，这与该行业密集性的关店潮吻合；家电零售的利润增长经历了 2008 年的翻倍增长之后，就一直保持在 13% 以上的增长。总体上，家电零售业告别了过去的高速成长阶段，进入到了一个饱和期。

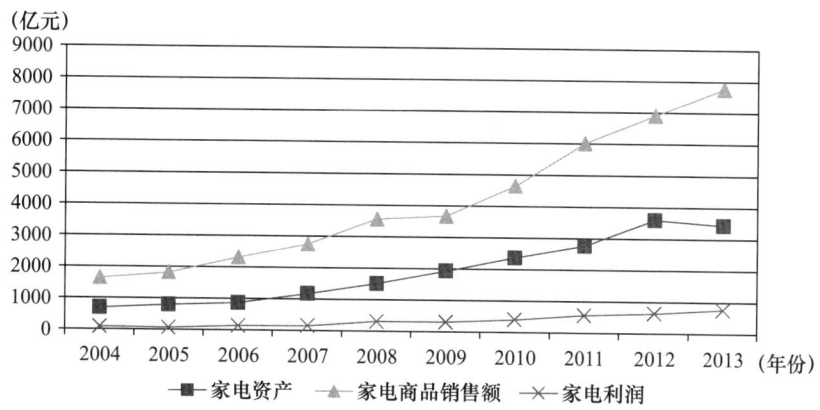

图 10-3　家用电器专门零售的各项指标

10.3.2　苏宁与国美的创新对比

如表 10-5 所示，对比苏宁和国美案例的主要信息后可以发现，在第一阶段，即 1987～2002 年，受益于我国居民收入不断增长，对家电的需求日益旺盛，家电制造业通过规模生产迅速崛起，并且具有较大的价格优势，借助于"吃供应商"模式，苏宁和国美都迅速发展，各自成为江苏、北京地区首屈一指的综合电器全国连锁企业。

表 10-5　苏宁与国美的案例总结

公司	苏宁	国美
创立年份	1990 年	1987 年
创始人	张近东	黄光裕
发展阶段	第一阶段：1990～2000 年，从最初创立空调店发展为综合电器全国连锁经营企业	第一阶段：1987～2002 年，国美连锁迅速扩张，发展成为中国家电零售第一
	第二阶段：2000～2010 年，从实体家电专业店扩展为网络零售双平台	第二阶段：2002～2009 年，遭遇重大挫折，调整后重新出发
	第三阶段：2010 年至今，从"店商+网商"的双平台向 O2O 模式发展	第三阶段：2009 年至今，全渠道零售商战略，构建新零售生态圈

续表

公司	苏宁	国美
里程碑事件	2004年7月21日，苏宁在深交所成功挂牌上市	2004年6月，国美在中国香港上市
	2009年4月9日，《福布斯》全球2000大企业排名，苏宁成为排名最高的中国零售企业和排名第一的中国民营企业	2004年，按照"胡润百富榜"的排名，黄光裕以105亿元成为中国首富
	2010年2月，苏宁易购上线	2008年11月12日，黄光裕因涉嫌"操纵股票市场"被公安部门拘留
	2012年9月25日，苏宁出资6600万美元收购红孩子	2009年2月，国美门店转型战略正式启动
	2013年2月，苏宁"云商"模式全面落地；2013年6月8日，苏宁O2O模式全面运行	2011年4月，国美电子商务网站全新上线
创新	科技创新	商业模式创新
	"云商"模式	全渠道零售商战略

第二个阶段为2002～2010年，苏宁和国美都于2004年顺利上市。在2008年前，双方继续之前的快速发展，收购和兼并了很多竞争对手。然而，2008年，国美创始人黄光裕因操纵股价而入狱，国美经历了高层人士风波，发展明显受阻；苏宁则抓住时机，率先开始了网络零售业务的探索，成功超过了国美，成为家电零售连锁企业的第一名。

第三个阶段为2010年后，在网络零售和消费升级的竞争压力下，两个企业都开始了业态创新和O2O模式探索。国美推出了全渠道零售新战略，试图建立一个具有竞争力的商业生态体系。苏宁则与阿里巴巴达成战略合作，开始建立一个庞大的线上线下商业帝国。国美和苏宁的发展，历经了供不应求的短缺经济时期，供大于求的充分竞争阶段以及参与全球竞争、互联网技术竞争的时代。不仅深刻地反映了我国市场经济从起步到深化的进程，也反映了中国制造通过生产规模和价格优势，从模仿到崛起的过程，而且还反映了我国消费需求不断升级的过程。

然而，国美和苏宁的创新既存在共性，也有很多差异，如表10-6所示。

表 10-6 苏宁和国美的创新比较

案例企业	苏宁	国美
创新类型	技术创新、商业模式创新	商业模式创新
创新程度	较大程度的创新	较大程度的创新
创新模式	在技术和消费需求驱动下,高层领导者主导的自上而下开放式创新模式	在竞争压力和消费需求驱动下,由高层领导者主导的由上而下封闭式创新模式
创新理念	有效创新首先必须是有目的的创新,坚决拒绝"为了创新而创新"	唯改变者进,唯创新者强,敢创、敢试、敢为人先才能够找出新的道路,开辟出一番新的事业
创新保障	进行组织结构变革,为了鼓励自下而上进行微创新,出资 1000 万元设立互联网创新奖励基金	商业模式创新伴随着一系列的管理创新和组织结构变革;在全集团内设置"创新大奖"鼓励机制

首先,从创新类型和创新程度来说,苏宁在 2006 年的 ERP 项目是技术创新。其 2013 年的"电商+店商+零售服务商"云商模式,获得了 2013 年中国连锁经营协会的零售创新大奖,属于模式创新的类型。2015 年,"苏宁易购云店——互联网思维的创新零售门店"获得了中国连锁经营协会的零售创新大奖。2016 年,"苏宁易购服务站直营店,创新县域级农村 O2O 零售模式"获得了中国连锁经营协会的零售创新奖,属于管理模式创新的类型。国美在信息技术的投资上明显不如苏宁,不管是 2004 年开始的厂商合作新模式,还是 2010 年以后的全渠道零售战略,都属于商业模式创新,创新程度很大。从 2010 年起,国美连年获得了中国连锁经营协会的零售创新奖项。

其次,从创新模式而言,国美的创新更多的是改变原有的盈利模式,改善与家电厂商的关系,体现出的是一种高层管理者带领下的封闭式创新模式。值得注意的是,国美的创新从早期内部的管理创新和经营模式创新,发展到从 2014 年起,更多的是从战略层面的谋篇布局:从 2014 年的全渠道零售商战略,到 2015 年的构建零售生态圈,再到营创创新型平台,国美的创新之路发生了从封闭式到开放式的转变。与国美相比,苏宁通过充分利用外部的知识来源,实现了协作创新,提升了企业的竞争力和竞争优势。从创新理念和保障而言,国美要比苏宁更加敢于尝试,强调敢为人先的精神;苏宁则更加务实,强调进行有目的的创新,不要为了创新而创新。优秀人才是决定创新项目成功与否的重要因素。两个企业都强调人才的重要性,也都在商业模式创新之后,进行了一系列的管理创新和组织结构变革。同时,都推出了创新奖励制度。

10.4　本章总结

本章对有店铺零售下的三种业态的创新案例进行了对比分析,我们可以发现,百货业态因为最早进入中国市场,在1995年之前因为缺乏有力的竞争者,所以发展迅速。然而,20世纪80年代末至90年代初,随着超市、家电专卖店等新兴业态的兴起,逐渐侵占了百货商场的市场份额,百货业态进入调整和转型期;2007年以后,面对网络零售的激烈竞争,超市、家电专卖店也纷纷开始进入转型、调整的阶段。这些变动的拐点都在2008年,主要是因为金融危机的影响,零售业利润总体增长率下降,各业态发展增速也表现为迅速下降(杨海丽和刘瑜,2011)。2012年,传统零售企业大规模进军网络零售成为零售业最为突出的特点。在连锁百强中,2012年传统零售企业已有62家以不同方式开通了网络零售平台。尽管从总体看传统零售商网络零售规模尚小,2012年网络零售额约为350亿元,在全国网络零售整体规模中所占比例较低,但从长远看,传统零售商通过调整优化、融合发展,将会在网络零售业务中占据更加重要的地位。

如何在经济整体呈现下行的趋势下实现增长,是中国连锁零售企业共同面临的问题。案例企业都是通过创新来应对危机和挑战的:百货业开始自采自营探索,寻求经营模式的转变,并且积极向购物中心转型;超市采用"农超对接"模式,并积极尝试O2O模式;家电专业店也是以建立全渠道零售战略为方向,积极进行O2O模式的创新。

第 11 章 阿里巴巴的案例研究

11.1 引言

阿里巴巴网络技术有限公司（以下简称阿里巴巴）是世界领先的电子商务公司之一。2014 年 9 月 19 日，阿里巴巴登陆纽交所，以 250 亿美元的融资规模成为美国有史以来最大的 IPO。国际品牌咨询机构 Interbrand 发布的 2014 年最佳中国品牌价值排行榜中，阿里巴巴以品牌价值 1252 亿元位居第三，仅次于腾讯和中国移动。创新在阿里巴巴的成功历程中扮演着至关重要的角色。阿里巴巴也屡次获得了创新方面的国际大奖，是中国背景的企业在创新领域的杰出代表。2007 年，阿里巴巴荣获沃顿优利商业创新奖。该奖 WIBTA 是由宾夕法尼亚大学沃顿商学院与全球软件和信息技术咨询公司 Infosys 联合颁发的奖项。其评选标准是创新水平、思想领导地位和改革所带来的财务业绩。WIBTA 旨在表彰信息技术行业内具有全行业影响力的杰出表现和创新行为，以及具有潮流领导能力、能够重塑整个行业和业务模式的企业。此前三星电子、亚马逊公司和 Skype 曾赢得该奖项。2015 年 9 月 10 日，世界零售大会颁奖典礼在意大利罗马盛大召开。在颁奖典礼上，阿里巴巴荣膺大会最高奖项"年度最佳零售商"，这也是来自中国的企业首次获得该奖项。《连锁商店时代》对阿里巴巴获奖发表评论称，阿里巴巴一直致力于在供应链管理、支付系统、金融服务等方面进行全方位持续性互联网创新，以更好地服务中国消费者，在引领世界零售业变革方面发挥举足轻重的作用。除了世界零售大会将 2015 年压轴大奖颁发给阿里巴巴之外，著名国际商业媒体《快公司》在评选 2015 年全球最具创新力的公司时，阿里巴巴与苹果公司一同进入前三甲。《快公司》在公布评选结果时指出，欧美国家往往将阿里巴巴定位成"eDay + Amazon + Paypal"的融合体，事实上阿里巴巴涉足的领域远远不止这些。除在零售领域不断提升中国消费体验之外，阿里巴巴还逐渐在娱乐、体育、影视等文化产业领域加强布局，不断满足中国消费者开始爆发的新一轮文化消费升级（启明，2015）。2017年，阿里巴巴再次名列于《快公司》的2017年创新力榜单。在该榜单中，来自中国的五家公司占据了榜单的第11名至第15名，其中阿里巴巴在中国公司中排名第一，获奖的评语是"为商业创造新的中心"。因此，阿里巴巴是我们探究中国零售创新的典型性代表企业。

11.2　阿里巴巴的发展历程

阿里巴巴的发展历程大致可以分为两个阶段：

第一阶段：1999~2008年，从B2B发展到多业态并存。

根据官网，阿里巴巴是以曾担任英语教师的马云为首的18人于1999年在中国杭州创立的，集团的首个网站是"英文全球批发贸易市场阿里巴巴"。其后，阿里巴巴推出专注于国内批发贸易的中国交易市场（现称"1688"）。从1999年10月至2000年1月，阿里巴巴获得了软银等多家机构高达2500多万美元的投资。2002年，阿里巴巴首次实现全年正现金流入。2003年5月，阿里巴巴正式创立购物网站淘宝网。2004年2月，阿里巴巴从数家一线投资机构融资8200万美元，成为当时中国互联网最大规模的私募融资。2004年12月，阿里巴巴正式推出第三方网上支付平台支付宝。2005年8月，阿里巴巴与雅虎达成战略合作。2005年10月，阿里巴巴正式接管中国雅虎。2007年11月，阿里巴巴在香港联交所主板挂牌上市。2008年4月，淘宝网推出专注于服务第三方品牌及零售商的淘宝商城（现称"天猫"）。

第二阶段：2008年至今，纽约上市，发展为庞大的商业生态系统。

2008年，随着中国网络购物规模的迅速发展，顺应趋势，马云创建了专注于第三方品牌和零售商的平台天猫商城。2009年9月，阿里巴巴庆祝创立十周年，同时成立阿里云。2010年3月，淘宝网推出团购网站聚划算，主要通过限时促销活动，结合众多消费者的需求，以优惠的价格提供优质的商品。2010年4月，阿里巴巴正式推出全球速卖通，让中国出口商直接与全球消费者接触和交易，其用户主要来自俄罗斯、美国和巴西。世界各地的消费者可以通过全球速卖通，直接以批发价从中国批发商和制造商购买多种不同的产品。2010年7~8月，阿里巴巴收购两家服务美国小企业的电子商务解决方案供应商Vendio及Auctiva。2010年11月，阿里巴巴宣布收购国内的一站式出口服务供应商一达通。

2011年6月，天猫从淘宝网分拆，成为独立平台。2011年10月，聚划算从淘宝网分拆，成为独立平台。2013年5月28日，阿里巴巴联合多家民营快递企业联合成立菜鸟网络科技有限公司，同时启动中国智能骨干网（CSN）项目建设，马云任菜鸟网络科技有限公司董事长。2014年2月，作为天猫平台延伸方案的天猫国际正式推出，让国际品牌直接向中国消费者销售产品。2014年3月16日，阿里巴巴宣称启动在美上市事宜。2014年7月，阿里巴巴与银泰百货成立合资企业，在中国发展O2O业务。2014年9月19日，阿里巴巴在纽约证券交易所正式挂牌上市，股票代码"BABA"，创始人和董事局主席为马云。2014年全年，阿里巴巴总营收762.04亿元，净利润243.20亿元。2014年3月31日，阿里巴巴以53.7亿港元投资银泰百货，成为其第二大股东。2015年5月，阿里巴巴成为银泰百货的第一大股东。2015年8月，阿里巴巴与苏宁云商开启全面战略合作，打造电子商务、物流及O2O的协同效益。同年，阿里云宣布将在新加坡设立国际业务总部。2015年10月，阿里巴巴宣布其伦敦分部成为集团的欧洲业务中心。

11.3 阿里巴巴的创新

11.3.1 淘宝模式

2014年，著名财经作家吴晓波曾经说过，在过去的15年里，中国公司最重要的一个商业模式创新是淘宝模式。他认为原因有四：第一，淘宝改变了美国的eBay模式，推出了符合中国环境的客户服务创新模式；第二，淘宝推出了支付宝，在中国以第三方支付的方式解决了信用问题；第三，淘宝成为了中国最为重要的一个创业家乐园，拥有800万个卖家的淘宝无疑是中国个体工商户创业的摇篮；第四，淘宝的模式是对中国传统制造业和传统服务业的颠覆性革命，使得他们不得不发生改变。笔者认同这种观点，但是，笔者认为，除了支付宝是阿里巴巴在业界首先推出并日益完善的一项创新，其余三项更多的是阿里巴巴的战略决策。

让我们先来看看什么是淘宝模式：创立之初，马云创建的是批发模式B2B。2003年，中国电子商务开始加快发展。2003年5月，阿里巴巴正式创立购物网站淘宝网。当时，易趣在中国C2C市场占据绝对领先的优势。美国eBay公司是一个线上拍卖及购物网站，于1995年9月4日创立于加利福尼亚州圣荷西。

2003年7月11日，eBay以1.5亿元合并了中国最大的电子商务公司EachNet，并推出联名拍卖网站eBay易趣，进入中国市场。然而，仅仅三年之后，淘宝就逆袭而上，一举超越了eBay易趣，成为C2C模式的绝对领先者。中国互联网信息中心的《2006年中国C2C网上购物调查报告》显示，根据购物人数与购物频度计算，2005年中国C2C购物网站在北京、上海和广州三城市的用户市场份额分别为：淘宝网67.3%，eBay易趣29.1%。另据易观国际公布的数据，2006年，eBay已经在中国投入了3亿~4亿美元，然而，eBay在中国网络拍卖市场占有的份额已经由80%以上下滑至28%。为什么在短短三年时间里，eBay就和淘宝互换了位置，原因如下：

首先，不同于eBay易趣，淘宝推出了免费服务的定价政策，不收取用户注册费、产品展示费和交易费，这非常符合早期中国互联网网民的特点，因此，凭借免费服务，淘宝迅速成为中国第一大拍卖服务提供商。有评论指出，eBay的模式只能在美国和德国等较为成熟的互联网市场奏效，在亚洲还没能取得成功。eBay退出中国的真实原因是它的对手淘宝网实行持久的免费政策，而其自身的盈利模式又希望渺茫。

其次，对目标市场和品牌而言，淘宝也非常符合中国网民的特点，尤其是符合他们的消费习惯，这在顾客服务管理上也得到了充分的体现。淘宝使用QQ来允许买卖双方进行即时沟通，而直到2006年，eBay易趣才引入了Skype，但是为时已晚。然而，最重要的是支付宝的创新彻底打消了顾客的顾虑，突破了中国电子商务发展的瓶颈。与美国这个成熟的市场经济国家已经建立了完善的信用卡支付体系不同，2003年的中国网络购物刚刚萌芽，支付产品较为匮乏，同时由于整个社会诚信观念缺乏，信用体系不完善，电子商务企业面临的最大障碍就是信用问题，缺乏有效的支付方式，使电子商务企业发展举步维艰。支付宝正是出于为网购消费者打消疑虑而产生的支付模式创新，是基于顾客需求的创新。

2003年10月18日，支付宝成立。2003年底，支付宝推出"担保交易"模式，买家在淘宝网拍下商品后，先把购买商品的款项打到支付宝账户中，并通知卖家发货，等到收到商品确认无疑后，再通知支付宝把钱打到卖家账户。在整个过程中，支付宝作为买卖双方都愿意信任的中间方，代为保管货款。2005年，支付宝推出"全额赔付"制度。"信用担保"支付模式打破了电子支付的瓶颈，放心支付的安全环境使支付宝用户数量迅速增加。马云在哥伦比亚大学商学院的演讲中曾经说过："因为中国的银行体系缺乏创新，解决不了电子商务的支付问题；而且信用卡的推广非常缓慢，因此，阿里巴巴为了促进淘宝网的发展，就想出了支付宝这样的点子。"

eBay易趣采用的是PayPal，PayPal同样是一家美国公司，于1998年12月建立。2002年10月,eBay以15亿美元收购PayPal,PayPal便成为了eBay的主要付款途径之一。然而,直到2005年,PayPal的中国大陆网站才开通,名称是"贝宝"。显然,此时早已时过境迁,机会已经属于淘宝。抓住先机的淘宝持续不断地进行创新。2007年,支付宝开发了第二代数字证书,进一步提高了用户账户的安全性。此后,支付宝投入了大量的研发资金和技术人员,建立了自主开发的支付系统技术平台,该核心支付系统已经步入世界级水平。这种对海量账户处理的复杂技术,以及对技术团队的合作与创新的管理能力,构成了其他对手难以模仿的优势。

2008年支付宝的注册用户突破一亿人。支付宝为了增加产品与潜在用户需求的匹配性,开发了大量的创新产品。这些产品和服务以提高用户体验价值为主旨,主要围绕"简便、安全、快速"的特性进行开发。2010年,支付宝联合来自手机芯片、系统方案、手机硬件、手机应用等领域的60多家厂商成立了国内首个无线支付领域联盟。同年,支付宝推出的"生活助手"支付服务就是将多种支付服务进行组合,提供给用户"一站式"支付服务的创新,这实质上就是开放式创新。针对国内移动支付市场缺乏稳定有效的利益分享的现状,根据参与程度设置参与各方的利润分配比例,支付宝向服务开发者开放庞大的用户资源。同时,支付宝作为一个支付平台,在支付模式创新中与产业链各方,如银行、技术提供商、服务提供商、硬件提供商之间保持了紧密的合作关系,营造了一个利益共享的合作创新平台(李艳华,2012)。

迄今,支付宝已经与超过200家金融机构达成了合作,为近千万个小微商户提供了支付服务。截至2015年6月底,支付宝实名用户数已经超过4亿人;支持支付宝的线下门店超过20万家,出租车专车超过50万辆;支付宝的境外支付范围超过30个国家和地区,近2000个签约商户已经支持支付宝收款,覆盖14种主流货币。根据支付宝官网的界定,"基于开放平台,支付宝正在创建移动商业的生态系统。围绕用户需求不断创新,支付宝希望贯穿消费、金融理财、生活、沟通等人们真实生活的各种场景,给世界带来微小而美好的改变"。亚马逊的创始人杰夫·贝佐斯(Jeff Bevos)曾经对淘宝能够打败eBay有过这样一段评论:eBay易趣的中国管理团队不是努力工作来使他们的中国消费者满意,而是努力工作来使其美国老板开心。的确,eBay中国市场失利的深层次原因就是eBay的本土化程度不够,忽略了中国特有的市场环境和消费偏好,沿用美国公司总部的遥控式管理,无法真正应对中国错综复杂的竞争环境。与此相对照,淘宝真正地以顾客为核心,解决顾客的痛点,获得了市场的认可。

11.3.2 营销创新

2009年,阿里巴巴旗下的淘宝商城(现更名为天猫商城)进行了一次看似平常的尝试，就是在每年的 11 月 11 日举办促销活动，以利用国庆黄金周和圣诞促销季的中间空档期，提高淘宝商城的品牌影响度。却没想到，自此一发不可收拾，随着京东、易迅、当当、苏宁易购、国美网上商城等电商的纷纷加入，"双十一"逐渐成为中国互联网最大规模的商业促销狂欢活动，并超越"黑色星期五""超级星期一"等国际知名活动，成为全球最大规模的电商消费节。2015 年 11 月 11 日，天猫"双十一"全天交易额 912.17 亿元。2016 年 11 月 11 日 24 时，天猫"双十一"全天交易额超 1207 亿元。消费者的消费热情和消费能力创造了中国零售新纪录。这个数字也大幅超越了 2011 年美国电子商务行业的最高纪录。数据显示，美国最大的网上购物节——"超级星期一"的交易额是 12.5 亿美元（约合 78 亿元人民币）。阿里巴巴集团 CEO 马云表示，"双十一"购物狂欢节是中国经济转型的一个信号，是新的营销模式的大战对传统营销模式的大战，让所有制造业贸易商们知道，今天形势变了。对于传统行业来讲，这个大战可能已经展开！中国的零售业态正在"发生根本性变化"——线上交易形式已经由之前的作为零售产业的补充渠道之一，转型为拉动中国内需的主流形式，由此开始全面倒逼传统零售业态升级。

然而，热闹的"双十一"也反映出了很多中国电子商务的弊病：价格欺诈、虚假宣传、不正当竞争、销售假冒伪劣商品、发货迟缓、退换货难等。随着各大电商之间竞争越来越激烈，"双十一"战线已经前后长达一个月左右，虽然这是商家自发的市场行为，但无序的竞争带来了多重恶果：一方面，民众的冲动消费被进一步刺激和放大；另一方面，消费者对电商网站的信任被透支，此外还导致了快递行业不堪重负、过度包装不环保和浪费等问题。2014 年 11 月 12 日，国家邮政局发布最新监测数据，"双十一"当天全国邮政、快递企业揽收快递包裹 8860 万件，预计全行业处理的快件将达到 5.86 亿件，比 2013 年同期增长近 70%。日最高处理量将接近 1 亿件，比 2013 年同期增长 54%，是 2014 年以来日常处理量（3309 万件/天）的 3 倍。

"双十一"的影响还在于让人们第一次关注到了营销模式创新的保护问题。早在 1999 年创业之初时，阿里巴巴就在品牌保护方面遭遇了商标抢注的问题，前车之鉴使得阿里巴巴非常重视全方位的品牌保护。阿里巴巴不仅注重品牌保护的广度，也非常重视品牌保护的深度，编织了一张密密的商标防护网。它在不同领域广泛注册"阿里巴巴"相关商标，如"阿里巴巴金融""阿里巴巴云计算"；还在其他不同业务领域申请注册了大量服务商标，如"支付宝""淘宝""天猫"等。特别是对于支付品牌"支付宝"，阿里巴巴在所有 45 种商品和服务类别里交叉注册了"支付宝""支付宝 alipay.com"和"支付宝；alipay.com"商标。目前，仅阿里巴巴集团控股有限公司名下在国家商标局商标注册的申请已达 2000

件。此外，针对中国网民创造的类似于美国"黑色星期五"的购物狂欢节"双十一"，阿里巴巴早在2011年就申请注册了"双十一""双十一狂欢节""双十一网购狂欢节"等商标。随着2013年"双十二"商标注册的完成，阿里巴巴又要打造出一个新的互联网购物节"双十二"。商标在业务扩展先行布局，为阿里巴巴的海外扩展奠定了坚实的基础。但是，虽然阿里巴巴的品牌保护非常具有前瞻性，但是其注册"双十一"商标并限制使用，引起了同行的一阵阵斥责。2014年，"双十一"来临之际，阿里巴巴授权天猫独家使用该商标，任何其他公司机构不得使用。此举一下打乱了其他电商的阵脚，2014年10月30日，京东商城对外发布消息称阿里巴巴自行注册了"双十一"，原本的电商狂欢节如今自己却不能用了，京东只能临时撤换所有广告。同时，苏宁也出来站队称"阿里巴巴做法合规却是不义"。这给我们提出了关于营销创新保护的问题，特别是关于保护强度的问题，非常值得深究。

11.4 创新理念和保障

马云作为阿里巴巴集团的创始人和精神领袖，其对创新一直有着非常与众不同的理念和见解。马云认为：企业家的职责是创新，创新的主角是企业家。马云在回忆与乔布斯见面时写过这样的话："我对老乔的感觉是，他是旷世奇才，值得敬仰和钦佩，但可能交朋友会较难，因为他最信任的朋友是他的创新事业。人人都喜欢谈创新，但其实创新是一种责任、一种担当、一种毅力，更是一种代价。创新者的第一能力是生存能力和抗击打力。大创新更是一种生产力，它需要好的生产关系。"关于创新的代价和风险，马云说道："创新是逼出来的，没有人是在顺利的情况下可以做好创新的。创新是要付出巨大代价的，企业家创新需要有时间的。创新也是有巨大风险的。传统银行机构在风险处理上比我们互联网创新要做得好。其实我们看问题的角度不一样，传统金融可能做的风险是把'防弹衣'做得越来越厚，越来越好，而我们的创新是让'杀手'根本不可能靠拢你。"关于创新机会，马云认为："哪里有抱怨，哪里就有机会。商机总是在抱怨最多的地方，创新是被逼出来的。如果我们迟早都要改变自己去适应变化，为什么不提前改变、分享改变、形成标准？""浙商今后不仅要擅长于发现需求，我们还要创造需求；不仅要善于追赶需求，我们还要引领需求；我们不仅要找到外在的需求，更要发掘内在的需求。"马云一直将沃尔玛视为自己的标杆企业，他说过："沃尔玛是我非常尊重的公司，它影响了上一个时代的商业模式，大规模采购、形成标准化,流水线作业,采用低成本策略,它影响了商业形态。我希望淘宝也好、阿里巴巴也好,有一天也能成为影响社会商业形态的公司。"

组织创新和重构是技术创新和商业模式创新的基础。阿里巴巴几乎参与了中国电子商务的每一个新发展机会,而由此产生的组织的迅速膨胀,也带来了管理上的难题,因此,如何进行有效的组织,通过不断组织创新和重构,就成为阿里巴巴战略决策最主要和最重要的议题。以下部分是笔者根据《马云内部讲话2》一书,围绕组织创新进行的梳理和总结:2009年,阿里巴巴启动"大淘宝"战略,初步建立了一个强大的以消费者为中心的网购生态系统。其后,为了更好地适应行业的快速发展,又将"大淘宝"战略提升为"大阿里"战略,核心使命是建设开放、协同、繁荣的电子商务生态系统。2011年以前,阿里巴巴的组织结构是按照网站、服务、销售的体系来建立的,是为了适应外贸客户和内贸客户的不同需求。2011年以后,由于电子商务形势、消费者需求、竞争环境都在快速变化,组织机构、人才梯队都要跟着变化。因此,阿里巴巴的组织结构必须调整变化。因此,2011年6月16日,阿里巴巴把淘宝拆分为三家公司:淘宝网、天猫商城、一淘网。三家共享后台技术和支撑各公司运营的公共大平台。2011年10月,聚划算从淘宝网分拆,成为独立平台。

然而,生态系统的建立非一日之功。2012年1月10日,马云在阿里巴巴HR会议上提到"前几年我们讲得比较多的是'开放、分享、协同',这个很像生态环境,它不是生态系统,我们希望建立一个生态系统。但是我们自己公司内部的生态系统都还没有建立起来"。这就要求阿里巴巴内部管理发生根本性变化,我们必须主动创新。我们必须在组织结构上不断尝试和创新,才能摸索出适合互联网发展的新型企业管理的思路和模式,保持创造力和先进性。2012年2月21日,马云在"B2B退市,战略转向'修身养性'"的内部讲话中提到:2007年11月,B2B在金融危机爆发的前夜成功上市。但是,随着国际、国内经济环境的进一步严峻,特别是中小企业面临着原材料、汇率、劳动力成本等巨大压力,B2B的业务模式面临着巨大的挑战,需要加快转型和升级。但是受限于上市公司的架构,我们很难进行。因此,我们下决心把B2B私有化,对业务进行全面的调整、改革和升级。2013年,阿里巴巴再次调整原有业务决策和执行体系,新体系由战略决策委员会(由董事局负责)和战略管理执行委员会(由CEO负责)构成。同时,调整现有业务架构和组织,成立25个事业部。这次组织变革的一个方向是把公司拆成更多小事业部运营,希望给更多年轻的阿里巴巴领导者创新发展的机会。马云提到:"希望各事业部不局限于自己本身的利益和KPI,而以整体生态系统的健康发展为重,能够对产业或其所在行业产生变革影响;希望真正使我们的生态系统更加市场化、平台化、数据化和物种多样化,最终实现'同一个生态，千万家公司'的良好社会商业生态系统。这次组织变革也是为了面对未来无线互联网的机会和挑战，同时能够让我们的组织更加灵活地进行协同和创新。"

11.5　本章总结

阿里巴巴成功的主要原因之一来自其领导人及其团队。马云创造了理念并且大胆执行，其具有领导人风范和人格魅力。马云秉持长期发展的目标导向，要做102年的企业，所以要立足长远，阿里巴巴的创新也是进行整个商业生态体系的布局。从创新类型和创新程度来说，阿里巴巴的淘宝模式和"双十一"属于商业模式创新和营销创新，属于较大程度的创新；支付宝属于第三方支付创新。第三方支付是电子商务催生的新兴业态，自出现以来就涌现出了大量创新。第三方支付是电子支付的一种，是指在电子商务活动中，通过线上和线下支付渠道，为交易双方提供信用担保、在线支付等相关服务的服务业态。中国网络零售市场的迅速发展在很大程度上要归功于电子支付方式的兴起。无疑，支付宝是中国电子商务最重要的创新。

从创新模式而言，阿里巴巴的创新基本上都是在消费需求驱动下，高层领导者主导的自上而下开放式创新模式。阿里巴巴从1999年模仿国外"电子商务"的商业模式（B2B）开始，继而开拓C2C模式和B2C模式，到现在成为一家国内电子商务领域的领头企业，其商业模式和技术能力均经历了比较完整的从模仿到创新再到领军的演进过程。其不仅具有较为典型的二次商业模式创新过程，同时在互联网技术领域中也经历了一个向先发企业较为快速的追赶过程。在创新制度和保障上，阿里巴巴不断在组织结构上进行尝试和创新。阿里巴巴的创业创新是逐步尝试的试错过程。一开始，阿巴巴试图建立信息流，然后发现虽然建立了中小企业信息的交易平台，但没有信任和支付体系，所以通过支付宝的创新来解决资金流的问题；当信息流和资金流都有了保障的时候，发现物流跟不上，所以只好建立物流体系。阿里巴巴的创新活动呈现出了一个从顾客需求出发，到运营业务变化，再到组织结构变化的过程。

阿里巴巴的案例反映出了一个新的问题。2014年，阿里巴巴赴美上市，其原因在于马云及管理层为了保证在美国顺利上市后，能够继续掌握公司的控制权而提出了"合伙人"制度，这实际上要求对网络治理模式进行扁平化创新，但这种改变与港交所上市规则的冲突致使阿里巴巴之前在中国香港上市的进程受阻（李维安，2014）。这个事件说明，我国的法律环境不利于上市公司的创新。由于长期以来，一股一权原则被学界推崇，并作为一种保护投资、发展经济的禀赋视角而被广大学者奉为股份公司上市融资的圭臬，这使得上市公司的股权结构往往缺乏弹性，阿里巴巴在中国香港上市的阻滞引起各大证券市场的自省恰恰说明了国内目前股权创新机制的匮乏（杨狄，2014）。因此，如何创建一个更加有利于创新的法律环境，值得相关部门认真考虑。

第 12 章 京东的案例研究

12.1 引言

  北京京东世纪贸易有限公司（以下简称京东）是我国网络零售业中 B2C 规模最大的企业。京东作为商务部"电子商务示范企业"，从 2004 年创立之日起，连续 7 年增长率超过 200%。其成功来自于以用户体验为核心，不断持续地创新经营模式。京东一直努力为用户创造包括高品质、低价格、优服务在内的最好的网络购物体验，通过在经营模式、服务模式上的不断创新，京东已在多个领域达到了行业领先的水平。京东的发展历程与我国网络零售业的发展几乎是同步的。2004 年后，我国网络购物的发展呈现迅速发展，一直到 2008 年金融危机，才出现增速放缓的趋势。2009 年后，虽然消费者日益谨慎，但全球金融危机对我国整体消费的影响有限，特别是网购的低价和便利，以及我国网购市场支付体系和信用体系的形成，使得电子商务市场这边风景独好，实现了井喷式的发展。同时，传统店铺零售企业遭受了越来越严重的危机，它们不得不将网络零售渠道上升到企业发展的战略高度，纷纷通过各种方式实现多渠道的发展。京东经过 2004~2008 年专注于 3C 产品的经营，以及到 2010 年后逐渐成为全品类的网购平台，都正好顺应了我国电子商务市场的发展潮流。在中国网络零售业，京东多次通过创新的网络零售服务，对我国零售业造成了重要的影响，重塑了我国零售业的竞争格局。对于移动互联技术，京东也在积极地布局，京东模式本身就是对传统零售模式的创新，而在运营层面，京东也处于网络零售业的前列。总之，京东独特的领导理念、业内与众不同的经营模式，在很大程度上可以为我们揭示创新理念、创新行为和创新结果之间关系的规律。

12.2 京东的发展历程

纵观京东的发展历程，可以分为两个阶段：

第一阶段：1998~2008年，从线下到线上，成为名副其实的3C网购平台。

1998年6月18日，毕业于中国人民大学社会学系的刘强东，用1.2万元租了一个柜台，在北京中关村创办了京东公司。公司早期代理销售光磁产品，并在短短两年内成为全国最具影响力的光磁产品代理商。2003年，"非典"对传统零售业造成了重大冲击，京东在"非典"前夕开业的12家直营门店先后关闭。为了降低损失，回笼资金，刘强东在各大IT论坛发帖团购，生意不错。此后，刘强东果断放弃了在全国扩张连锁店的计划。2004年1月，刘强东进入电子商务领域，正式创办了"京东多媒体网"（为京东的前身）。在中国网络零售业刚刚起步时，京东抓住了时机，开始了垂直电子商务网站的发展，此时，京东主要销售的还是光磁产品。自成立以来，京东销售增长率连续5年都以200%的速度增长。2006年，京东的销售重点转向了主板、CPU和电脑整机，当年销售额就突破8000万元。2007年，其销售额突破3.6亿元。2008年底，京东的用户数过100万人，销售额达到14亿元，在其2008年的收入中，IT类占60%，数码通信类占25%，家电占15%（杨迷炎，2009），京东成为中国垂直B2C市场最大的3C网购专业平台。2009年以后，京东从3C垂直电商网站转型为综合型购物平台。2010年，京东一跃成为中国首家规模超过百亿元的网络零售企业。

京东取得成功的原因被外界总结为"洞察市场，精准定位"，具体就是以3C（计算机（Computer）、通信（Communication）和消费电子产品（Consumer Electronic））产品为切入点，符合网购市场的要求，因为互联网的用户以25~35岁的青年为主，而计算机、通信和消费类电子产品的主流消费人群正是他们，这意味着京东的目标顾客与互联网用户重合度高，具有了开拓市场的前提。不仅如此，做垂直类3C网购平台也使京东降低了资金需求和管理难度，这对初创企业来说是比较合理的选择。随着京东的不断发展和壮大，资金的缺口越来越大。2007年8月，京东首次融资，获得了风险投资基金今日资本1000万美元的投资。然而，与资本一道而来的是对京东业绩更高的要求。今日资本要求京东在5年之内年销售额要增长到10亿元。而仅仅2年的时间后，在2009年，京东就完成了资本的要求。

第二阶段：2008年至今，由3C垂直电商网站转型为综合型购物网站平台，在海外上市，探索O2O新模式。

做大做强是企业家的内在动力。首先，3C产品，特别是家电商品，大都是耐用品，消费者购买单价高，购买频率低，因此，京东要想做大，就要从3C产品向全品类扩张。其次，京东要做到更大，对资金的需求源源不断。从2007年首次融资之后，京东先后总共获得了四次融资，达到20多亿美元。

有了资金支持，京东在2008年之后的发展有三个比较重大的举措：一是开始自建物流系统。2007年8月，京东开始在北京、上海、广州三地建立自己的配送队伍，其余地方继续采用第三方快递（王生金，2012）。2009年3月，京东成立控股物流子公司——上海圆迈快递公司。2010年4月，京东在北京等城市率先推出"211限时达"，即当天上午11点之前下单，下午就可以收到货；晚上11点之前下单，第二天中午就可以收到货配送服务。2010年5月15日，在上海嘉定占地200亩的京东商城华东物流仓储中心落成，这是京东迄今为止最大的仓储中心，承担了一半销售额的物流配送，也是公司将融到的2100万美元的70%投放到物流建设的结果（朱源泉，2011）。京东的风险投资大多投向物流和技术研发项目中，这使京东可以控制价值链上的采购、仓储、配送和售后环节，增加了竞争壁垒和竞争优势。

二是逐渐开始扩张到全品类网络销售平台。2008年以后，京东就开始了扩张家电品类。2009年，在国家"家电下乡"政策下，京东成为首个承担家电下乡任务的电子商务企业。2010年，京东又成为首批入围家电以旧换新销售和回收双中标的电子商务企业，并在北京正式推出家电以旧换新业务。借力于国家政策红利，京东日益成为国美、苏宁等家电连锁企业强健的竞争对手。2010年底，京东上线百货；2011年，京东上线图书；2012年，京东上线充值、票务、在线旅游频道（王生金，2012）。至此，京东与国美、苏宁、当当、卓越、淘宝等在不同程度上形成了复杂的竞争格局。

三是频繁在业界发动价格战。2008年后，一向被媒体认为"低调憨厚"的刘强东开始频频出现在各大媒体、论坛和讲座上，这也在某种程度上意味着京东步入了一个新的发展阶段。2012年8月14日，针对苏宁的公告，"苏宁拟发行80亿元公司债，用于'模式变革、技术创新、物流运营'"，刘强东在微博宣布京东大家电价格将低于苏宁、国美连锁店10%，并于2012年8月15日正式开始。随后，京东、苏宁、国美等之间展开了一场场"口水战"。虽然刘强东通过微博营销使得京东的受关注度短时期迅速上升，但是，价格战的"真假"质疑、对刘强东的诚信讨论，以及后来政府相关部门的介入都使得京东的价格战成为了业界的一次负面教训。

实际上，京东最核心的问题是其财务状况，自2009年以后，其盈利模式就一直饱受质疑,从2004年创业到2013年,京东一直没有盈利,毛利率与费用率多年持平。在2009~2013年,京东创始人刘强东一直以价格战成为媒体关注的焦点,这是基于其以成本效率为核心的商业逻辑,即通过打价格战来建立规模门槛。但是,这种不盈利但赚取规模以图后效的模式能够持续多久,业界存在很多争议。2013年底,经过四次融资之后,京东的资金缺口仍然很大(李默风,2009)。除了资金危机之外,因为过于快速的发展,京东的服务和管理没有及时跟上,先前积累的信誉正在逐渐丧失,已经影响到了企业的可持续发展(蓝晓熙,2010)。然而,这一切质疑都没有阻挡京东进一步发展的步伐,2014年5月,京东在美国纳斯达克证券交易所正式挂牌上市。2013年底,从美国游学归来的刘强东在与媒体的见面会上,除了正面宣布京东已实现盈亏平衡的消息外,主要谈了京东2014年的五件大事,即移动和大数据、互联网金融、从线下到线上、渠道下沉到三四线城市、国际化。而所有的这些重大战略举措,都依赖于信息系统的建设。

12.3 京东的创新

12.3.1 信息系统和物流系统

京东为了构筑竞争门槛,必须控制价值链中的关键环节。刘强东将其总结为"以产品、价格、服务吸引用户",他把展现在用户面前的产品、价格、服务信息称为京东的"地上部分",而支撑这些部分的是他的"地下世界"——最底层是团队,团队支撑起三大系统,即信息系统、物流系统、财务系统。通过三大系统,实现成本下降和效率提升。做到成本下降和效率提升之后,地上部分才算有了保证。基于这种务实的创新理念和对中国电子商务市场的了解,京东基本上依靠自身研发进行信息系统的建设;因对第三方物流的服务水平不信任,同时更是为了建立自己的竞争优势,京东选择自建物流系统和配送队伍。与其他零售企业相比,京东的知识密集型服务活动大部分在内部发生。

首先,来看京东信息系统的自主研发和创新。2007年起,京东在信息系统方面的投入很大。刘强东认为,信息系统就是生命,是京东商城的血脉,它对京东的重要性,要远远超过对苏宁和国美这样的3C连锁企业。京东没有引入IBM的系统。"苏宁可以引进IBM,因为其连锁店在全球已经存在了六七十年。IBM也有着丰富的信息系统实施经验,但是它并没有做过电子商务。而只有做电子商务的企业才能做出适用的系统,所以我们决定自己开发。"刘强东表示,"我们的系统软件100%都是自己开发的,到目前为止,我们还没有花钱买过别人一套代码。"虽然亚马逊的信息系统在技术层面非常强,但是,要真正使得信息系统发挥作用,必须适应我国的供应链水平和供货商的信息化水平。很明显,目前我国的供应商,特别是中小供货企业的供应链和信息化水平都还处于刚刚起步的阶段。因此,信息系统本身虽然强大,但与价值链中的合作伙伴不相匹配,不可能发挥作用,甚至会起到负面的作用。对此的深刻理解反映了京东务实的创新理念:创新绝对不是为了好看和炒作,而是确确实实要发挥作用才行。刘强东认为,电子商务太新了,只有那种有几十亿元销售规模的公司才有能力和经验去研发和设计这套系统。目前,还没有哪一家公司能设计出适合中国电子商务的软件。

其次,自建物流系统是京东建立竞争优势的重要手段。2007年,京东开始自建包括仓储和配送体系在内的整个物流体系。在我国电子商务早期的发展过程中,有两个主要的障碍:一是缺乏支付体系;二是缺乏物流配送体系。随着支付宝、网上银行等新兴支付手段的广泛应用,支付问题基本得到了解决。然而,我国幅员辽阔,各地市场迥异,物流配送体系的建设就不是短期之内能够完成的,是一个长期的系统工程。物流作为电子商务的核心和瓶颈,成为京东最重要的战略投资。根据媒体报道,在京东四轮风险资金的用途上,绝大部分都投入到了物流配送,以及相关信息技术的建设上了。按照刘强东的说法:"电子商务离不开B2C物流体系。京东先走了一步。其他公司一天没有,我们就有一天的优势。"他认为京东之所以能在竞争中领先,跨过百亿级的销售大关,就是因为先建了能够支撑百亿级销售的物流基础。刘强东算过一笔账,2000单是京东在一个城市是否自建物流的平衡点。没到这个数字,成本就远远高于外包第三方公司。超过5000单时,京东的成本就能够比外包低20%。刘强东不止一次地强调,物流一定要自己做,交给别人是做不好的,而且,国内几乎没有物流公司能够满足他们的需求。他认为,全世界的物流体系可以分为三种:第一种是B2B的物流体系,比如家乐福、沃尔玛、国美、苏宁等,其流程是从商家的仓储配送到自己的门店,然后消费者自己到门店提货。第二种是C2C的模式,以邮局、UPS、申通、圆通、顺丰等第三方物流公司为代表,这些公司在全国布点,每个网点既能收货也能送货,呈网格状。网格状的物流体系管理难度很大,干线和支线人员非常复杂,成本也很高。第三种则是京东一直要做的B2C物流体系,是伴随着真正B2C电子商务行业发展应运而生的一种新物流方式,这种方式从电子商务公司的仓储直接配送到消费者家里,一点对多点,呈放射状,配送点之间没有交叉,不是网格状的。

京东在物流系统的建设上,结合我国国情进行了创新,并且通过首先推出一系列创新服务,形成了电子商务服务的新标准。自有的物流系统是京东实现"产品、价格、服务"三个方面优势的基础。目前,京东已在全国建立了7个一级物流中心及数量众多的二级物流中心;在全国30个省市社区便利店、学校、写字楼建成自营自提点220余个;在全国307个城市建设了786个自营配送站点;进一步完善了物流配送网络,在提高整体物流配送服务能力的同时,为近2万人提供了就业机会。物流系统为京东未来的发展战略奠定了坚实的基础。自2013年以来,零售业线下和线上业务的融合成为业界讨论的热点,最被大家关注的就是O2O战略。秉承着刘强东要做大规模,将门槛砌高的经营理念,京东在物流系统上的一贯投入为其后续的线上线下业务融合和创新提供了可能,也是其在后续发展中比较有竞争力的优势所在。京东的未来战略中还会持续投资物流建设,并将自营物流系统向社会开放,带动社会化仓储和第三方物流业的升级。

刘强东在自传中总结道:"我们所做的事情是否真正具有价值,这个价值是什么,这是我一直在思考的问题。经过长期系统的思考后,我发现京东的最大价值就在于降低了社会交易成本,提高了社会交易效率。一家公司的所作所为、所思所想,其背后的核心就是这家公司内在的追求。我之前就曾说过,我希望把中国的社会化物流成本降低一半以上。2015年,整个中国的社会化物流成本占到我们GDP的16%。这个数据在日本大概只有5%~6%,在欧美一些国家只有6%~7%。我们物流行业的效率太低。毫无疑问,电子商务离不开B2C物流体系。但是在我们之前,至少在中国,是不存在这样的物流体系的。这是我们过去这么多年一定坚持要做自己的物流的原因,也是我们投资的根本原因——在中国尚属市场空白,商业社会有迫切需求,而京东有机会,就是这么简单。"当然,自建物流系统也是利弊并存。自建物流系统的优点有:保证了物流服务的及时性和安全性;保证了特殊时期业务的稳定;提高了消费者的认可度;仓库车辆具有广告效应。而缺点也很明显:投资过大,风险增加;人员增多,管理难度大;不能专注于自身的核心业务(任博华和董行,2013)。而在对京东商城副总裁姜海东的访谈中,他认为京东的物流系统最大的优势是可以全程监控顾客从下单到收货的全过程,保证了服务质量;在资金方面可以更好地保障货款安全,最大程度地避免加盟制快递企业存在的现金交易风险;通过建立较多的自提点方便无法确定收货时间且距离较近的购买者。总之,通过自建物流体系和自建信息系统,京东的物流周转率明显加快,运营成本不断降低。

12.3.2 生鲜冷链一体化解决方案

2014年起,生鲜市场作为高频、刚需的消费领域,成为众多企业投资的热点。然而，由于产地分散，标准化程度低，导致生鲜产品的物流耗损极高，因此，生鲜冷链供应链的运营就成为能否成功的关键所在。在京东物流的优势基础之上，刘强东在 2016 年 5 月曾表示要投入 100 亿元打造三张网络：仓配一体化的 B2C 网络、以大家电为核心的大件送货仓、生鲜的冷藏冷冻仓配一体化网络。自 2009 年自建物流以来，作为电商行业领先者，京东针对生鲜产品保质期短、不易保存、技术要求高等特点，基于已有物流系统和线上线下资源，创造性地研发出一套具有实时监控功能的生鲜冷链一体化解决方案。这个"基于实时监控系统的生鲜冷链一体化解决方案"包含了生鲜冷链在物流、配送、电商等领域各个分支的应用与发展，涉及仓配一体化进程推进、冷链新技术研发、物流信息系统完善、农村发展新思路、精准扶贫新举措等多个方向。这项创新首先是技术创新，京东投入大量资金致力于生鲜冷链设备的研发、创新、优化，其中有多项技术成果获得了国家实用新型专利；同时，京东通过和价值链中的供应商与其他企业合作，进行平台建设，保障生鲜冷链的平稳运营。例如，利用这个系统，京东与青岛啤酒合作开发出了对储存温度要求严格及保质期仅 7 天的"青岛原浆"系列产品。在此基础上，京东进一步拓展出产地直销平台产品，推进农产品物流工程，扩大生鲜冷链的区域覆盖。经过 2015 年的发展，京东形成了以生鲜冷链技术与物流信息系统为基础、以经验丰富的团队为核心、以多样的产品品类为依托的生鲜冷链闭环生态系统。因为这项供应链创新，京东获得了中国连锁经营协会颁布的 2016 年中国零售创新大奖 。

京东生鲜事业部成立于 2016 年 1 月，签署合作协议的供应商（POP + 自营）总计超过 2000 个，经营全品类生鲜产品，包含海鲜水产、水果、蔬菜、肉禽蛋品和速冻品等。发展至今，京东在全国已建立了 10 个生鲜冷库，覆盖深冷（-22℃以下）、冷冻（-18℃）、冷藏（0~4℃）和控温（10~15℃；16~25℃）四个温区（童惠光，2017）。"对冷链物流而言，过去生鲜电商的基础建设不够，投入资金成本比较大，生鲜电商企业通常使用第三方物流，但第三方服务的手段与内容较为单一，冷链也没有达到产品适宜的温度。"一位业内人士称，"随着冷链物流的发展，以及平台方对消费者习惯的了解，再加上自营冷链物流，生鲜电商如今无论是在仓储配置、布局、温控、物流路径、物流网点上都更加专业"。京东运营体系冷链相关负责人介绍，"基于实时监控系统的生鲜冷链一体化解决方案，我们不仅可以监测生鲜冷链包裹与每辆生鲜冷链车辆的地点、速度等地理信息，还能够实时监测包裹的温度、湿度及其他品控相关信息。上述信息还将实时上传至京东云，令监管人员能够同步查询车内生鲜产品的各项参数，以便及时发现并解决潜在问题"。京东集团高级副总裁、京东运营体系负责人王振辉表示，"在经历了初创自建化、规模专业化、开放智能化三个阶段后，京东物流从 2016 年开始支撑京东集团的商业智能化战略，为消费者和商家、零售和分销、国内和国际业务提供服务，并将迈向全面开放、物流智能化的新阶段"。业内专家评价认为，"2016 年，京东的冷链实现了整体供应链运营的创新，包括运营体系的创新、设备的创新、技术的创新、商业模式的创新等。这使京东生鲜冷链物流迈开了很大的一步"。

12.4　创新理念和保障

　　愿景对于企业和个人是至关重要的。没有愿景的企业，不可能领导市场，更不可能基业长青；没有愿景的个人，也不可能走得太远。当然，有了足够远大的愿景，还需要对市场的深刻理解和良好的经营管理。刘强东目标远大，在一次采访中，他曾说过："在我看来，将困难做到极致，你才会立于不败之地。如果一家企业做到了一件很容易的事情，那没有任何竞争力可言。京东就是想反其道而行之，我们要做一件很难的事情，而且要做成功了。"这段话在很大程度上反映了京东长期不盈利却仍然坚持做大规模的模式。刘强东对不盈利的解释是："我们不是不能盈利，只要把价格提高一点就可以做到。但京东现在盈利没有什么价值，规模才是第一位。做零售拼的就是运营效率和运营成本，所有商业模式的成功关键在于能否提高供应链效率和压缩成本。京东就是要向业界的巨头看齐，在控制绝对的市场份额之前，盈利将没有意义。"从早先的国美、苏宁、当当、沃尔玛、淘宝到现在的亚马逊，京东的竞争对手在不断升级。

　　在刘强东看来，尽管零售业披上电子的外衣而变成时髦的 B2C，但是其最为核心的商业本质"产品、价格和服务"却始终未变。对于京东而言，其战略从未变过，从 2004 年到现在，其最核心的战略参数就是成本、效率、用户体验。只要拥有最低的运营成本、最高的运营效率、最好的用户体验，不管面临哪个竞争对手，线上的还是线下的，京东都有很强的竞争优势，有很强的生存能力。互联网上的所有创新模式，说穿了不过两种：或提高交易效率，或降低交易成本，二者必居其一，新的商业模式才能成立，否则所有的创新都没有意义。零售强调规模效益，有规模不是万能的，但没有规模是万万不能的。与利润相比，低价和规模才是京东首先应该追求的东西。

　　相比刘强东领导京东的远大目标和对规模效益的坚持，基于零售业微利的现实，京东的创新理念是非常务实的。刘强东曾说过："一家企业如果过分追求很大的创新，是很危险的，因为企业的 DNA、成长轨迹等会遭遇非常大的变动。"

他认为，京东很少去追求模式的创新，"电子商务这个模式已经很先进了"。京东的创新理念是稳健的，注重的是来自细节的创新和来自业务需求的创新，这些创新提升了京东的客户体验，在业界也建立起了京东的服务品牌。2013 年，在京东内部年会上，刘强东阐释了京东 2013 年的"休养生息"战略，并首次指出了京东第二个十年的三大发展方向：自营电商、开放服务和数据金融。在谈及"生"这个战略时，刘强东强调了创新业务的逻辑："京东所有的业务都是围绕着电子商务这条主线进行的，我们要在整个电商价值链服务方面不断拓展，比如在数据领域、金融领域，我们要催生出大量新生业务。所有能够代表未来发展方向的电商业务，我们都要在 2013 年持续不断地建立起来。"由此，可以发现他务实聚焦的创新战略。

在创新保障上，从美国游学归来的刘强东指出了 2014 年京东要建立新机制，在 3000 多名技术研发人员中设置虚拟项目，或成立独立子公司，激活团队创新性。京东过去将主要精力放在提升供应链和物流能力上，2014 年除加大移动产品布局之外，还加快投资并购，推出更多新产品。从京东高管的访谈中也可以发现京东开始在创新组织和保障方面投入更多的精力和资源。京东首席物流规划师侯毅在采访中提到："京东有一个很好的创新氛围，你可以进行各种尝试……我们要让各个业务模式尽快成型，所以我们要成立各个团队去研究不同的行业。京东人事部门给我们的定位叫'战略孵化器部门'。我们要看哪些是京东的机会点，我们要把它抓过来变成京东的一个具体的业务模式。如果未来有十个趋势，我们要找出其中一两个可以马上和京东结合的、能够变成新的业务部门的趋势。"

12.5 本章总结

低价、正品是京东最初得以立足和成功的原因。京东奉行规模第一而后盈利的市场份额领先战略，致力于制定行业标准，进行生态系统构建。其商业模式是以新的消费需求为导向，不断创新，用互联网的方式来整合上下游，优化供应链，降低成本，提升效率，最终为消费者创造价值，其遵循的仍然是零售行业的本质规律。在市场上拥有一席之地以后，信息系统对于零售企业的作用将越来越重要。沃尔玛的竞争优势就被公认为是其全球领先的信息系统，以及与此相配套的物流配送体系。多年来，亚马逊主营业务一直没有盈利，而是通过 kindle 电子书设备、云服务等其他业务收入获取利润。苏宁、国美、淘宝都大力投资信息系统，曾经在不同阶段将这些企业视为其竞争对手的京东也是非常重视信息系统建设的。然而，与其他企业大力引入知识密集型服务企业的服务不同，京东的信息系统建设却是采用自主创新的方法。

刘强东认为，信息系统就是生命，是京东的血脉，它对京东的重要性要远远超过对苏宁和国美这样的3C连锁企业。因此，从2007年起，京东在信息系统方面的投入很大。京东不断依靠自身积累进行技术创新，研发自己的信息和物流系统，以及其后的生鲜冷链技术，虽然在早期这是一种封闭式的创新模式，但是，这些举措有效地构筑起了竞争壁垒，成就了京东独特的竞争优势。京东的快速发展不仅得益于中国日趋良好的电子商务大环境，更得益于在对环境深刻洞察、把握基础上的富有特色的垂直B2C运作模式。而曾经同样都是垂直电商网站的凡客、红孩子都不得不面对这样的难题，即在各种成本增加的情况下，如何实现对价值链上的采购、营销、物流、配送、售后服务等环节的成本控制，这是2011年后垂直电商普遍面临的问题。京东通过坚持薄利多销，迅速扩大市场份额，从2008年开始，由3C垂直电商网站转型为综合型购物网站平台，实现了商业模式的创新。京东的创新之所以能够成功，不仅取决于其领导人及其团队在战略层面的创新，也得益于其在日常工作执行层面的创新。从创新保障而言，京东启动了一系列组织变革，通过建立独立子公司的机制来创造出新的业务模式。

第 13 章 当当的案例研究

13.1 引言

根据当当官网,当当是一家综合性网上购物商城。当当从早期的网上卖书拓展到网上卖百货,包括图书音像、美妆、家居、母婴、服装和3C数码等几十个大类。当当大力开放平台,目前当当平台商店数量已超过1.4万家,同时,当当还在腾讯、天猫等平台开设旗舰店。1999年创立时,作为中国第一家具有规模的网上书店,当当的低价模式在当时令人耳目一新,成为许多读书人的新宠。当当在创立之初以低价格、标准化的图书商品为切入点,在图书行业形成绝对的优势后,开始售卖母婴、服装、数码等百货品类。在2005年,当当网全年的销售额为4.4亿元,而京东只有3000万元。2006年,当当在我国B2C网络购物市场名列前茅,其当年的市场占有率为8%,名列第一。2010年12月8日,当当在纽约证券交易所正式挂牌上市,成为中国第一家完全基于线上业务在美国上市的B2C网上商城,并以103倍的高PE和3.13亿美元的IPO融资额,连创中国公司境外上市市盈率和亚太区2010年高科技公司融资额度两项历史新高。也正是在2006年,当当开始了全品类的扩张。2010年,当当又开启了数字阅读的转型。然而,这些创新的尝试并不太成功。根据2015年当当第三季度财报,当当总净营收23.719亿元,同比增长22.6%,净亏损2810万元,而上年同期净利润为2450万元。来自市场业务的商品销售总额为16.844亿元,同比下滑3.4%。自营业务的产品销售收入和市场业务的商品销售总额合计为39.921亿元,同比增长11.1%。2015年前三个季度当当已连续亏损了1.09亿元。2016年,当当启动从纽交所退市的计划,曾经的中国网络零售美国第一股,不仅在国内市场从第一梯队下降为第三梯队,并且从美国退市,当当的发展历程以及该过程中的创新活动、创新理念和创新保障可以给我们提供一些线索和启示。

13.2 当当的发展历程

当当的发展大致可以分为两个阶段：

第一阶段：1999~2008年，从创立到成为B2C网上购物第一网站。

1999年11月，当当网正式成立，当时号称全球最大的中文网上图书音像商城。当当是由李国庆和俞渝夫妻二人创立的。根据有关当当的官方介绍，李国庆毕业于北京大学，具有非常丰富的图书出版发行的经验，成立了科文公司；俞渝毕业于纽约大学金融MBA，有在华尔街做融资的成功经验。创立之初，当当秉持的就是类似沃尔玛的"更多选择，更低价格"的市场定位。的确，2000~2005年，当当绝对是网络零售书籍类的"价格屠夫"，期间有很多当当与出版社之间的价格战，号称以五折售书的当当成为了当时出版界的头号公敌。

随后当当获得了很多风险投资的支持，包括卢森堡剑桥集团（LCHG，该集团拥有欧洲最大的出版集团）、美国老虎基金、美国IDG集团、亚洲创业投资基金（原名软银中国创业基金）等，当当在这个阶段的发展非常迅速。2004年7月，当当拒绝了亚马逊这个世界最大的网络零售商的并购要求，于2005年12月荣获"中国互联网产业调查'B2C网上购物'第一名""中国互联网产业品牌50强"称号，成为当时中国网络零售业的翘楚，达到了顶峰。市场领先地位使得当当在2006年7月获得了第三轮共计2700万美元的风险投资。之后，当当主要致力于两件事情：第一，扩充品类，从图书垂直电商发展成为包括服装、母婴用品、百货、尾货等的综合性平台式电子商务网站。第二，大力发展支撑这个综合性电商平台的物流体系。2006年，当当在我国B2C网络购物市场上的占有率为8%，名列第一。当当的主营商品种类是图书、音像、小百货等。然而，当时网络购物市场刚刚处于成长期，竞争结构是众多企业分散型的竞争，非常激烈，当当虽然领先，但不具有绝对优势，市场充满变数。

第二阶段：2008年至今，扩充品类，成为中国首家海外上市网商；发展数字化阅读平台和创新工场，寻求私有化。

在中国电子商务迅速发展的2006~2010年，当当的发展轨迹是当时所有领先电子商务网站的缩影，大家的发展路径都相差无几，比拼的是执行到位的速度和程度。截至2010年9月，当当位于北京、上海、广州、成都、武汉、郑州的

10个物流中心总面积达18万平方米，为其业务扩展提供了充分的保证。物流方面的优势为当当上市提供了坚实的基础，2010年12月，当当在美国纽约证券交易所成功上市，成为中国第一家完全基于线上业务在美国上市的B2C网上商城。2010年，当当、京东都先后开始了第三方联营的方式，通过差异互补、丰富产品线向平台、半平台化过度。2010年，B2C网购市场份额中，第一名是淘宝商城，占40.8%；第二名是京东商城，占17.6%；第三名是当当网，占4.3%；红孩子占1.4%，凡客诚品占1%，分列第七名和第八名。2011年是中国网络零售发展具有里程碑意义的一年，这一年，中国网络零售告别了过去粗放经营、野蛮扩张的发展初期，进入了一个竞争日益激烈，更加比拼企业管理能力的阶段。

2011年，当当实现海外成功上市后，面临的是日益流失的客户和手机、平板等移动端新兴阅读平台的挑战。为了应对这些挑战，当当一方面从内容上大力发展电子书平台，扩充自己的中文数字书资料；另一方面从载体上大力发展安卓、苹果等智能手机客户端，学习亚马逊推出了自有品牌的电子书阅读器"都看"。然而，2014年8月，当当已经连续十个季度亏损了。面对京东、亚马逊的竞争，当当在图书市场的份额持续下滑。2015年1月19日，当当推出"数字阅读生态圈"计划，将构筑无线阅读产品矩阵，创建创意内容工厂，投资孵化了100家内容小微工作室，颠覆了传统的出版形式，适应移动互联网时代轻阅读趋势。2015年11月，当当网对外宣布，计划在3年内开设1000家实体书店。在图书领域，当当的同行亚马逊早在2015年11月就在美国西雅图开设了第一家线下书店（夏振彬，2016）。2016年9月3日，当当梅溪书店在长沙市步步高梅溪新天地水秀广场开业。作为首家"O+O"实体书店，当当梅溪书店由步步高集团和当当共同打造，24小时营业，实行当当线上线下同价经营。说到与步步高集团合作的原因，当当CEO李国庆表示，网上书店代替不了线下社交，当当"O+O"实体书店依靠"互联网+"既弥补了传统书店时空的限制，又突出了线下社交和文化体验，为互联网时代的阅读和文化生活提供了一个更适合读者的解决方案（向婉，2016）。2016年9月2日，当当宣布公司股东已经批准了公司之前达成的私有化协议。这意味着当当即将从纽交所退市，成为一家私人控股公司。据分析，当当退市的核心原因就是当当的市值被严重低估了。当当董事长俞渝在其内部信中是这样说的："国际资本市场和中国资本环境发生了剧烈变化，当当目前在美国市场5亿多美元的市值不能体现当当的公司价值，所以我和国庆决定将当当私有化，让当当更专注地在无线、'互联网+'的年代里，寻求更长足的发展。"

13.3 当当的创新

13.3.1 "微创新"

通过互联网销售图书，利用搜索引擎，实现海量图书的搜索和销售，这是美国亚马逊公司自1995年创立的商业模式。互联网提供了可以无限伸展的展示空间，可以容纳无限的商品或图样以及内容。李国庆和俞渝经常一起思考亚马逊的商业模型与传统贸易手段的根本区别。李国庆认为图书行业赚钱最关键的环节是出版社和读者的直接联系，利用互联网的优势给予消费者更加人性化的人机交互界面，可以给消费者购买图书提供更好的价值和体验。当当从一开始就是模仿亚马逊的商业模式。凭借发达国家现代图书市场的运作模式和自身成熟的管理经验，当当创始人利用计算机技术和网络技术，建设"网上书店"，成为中国最大的图书资讯集成商和供应商。当当网也推动了银行网上支付服务、邮政、速递等服务行业的迅速发展。在为消费者服务的同时，当当网还帮助出版社提高了单本书的销量，并有效地延长了出版物的寿命。

李国庆曾经在一次论坛上提到：创新分技术创新和商业模式的创新，当当网创立之前有亚马逊，当当不是技术创新者，而是商业模式创新者。他认为，也正因如此，就算新华书店想灭掉当当网，也没法操作。虽然当当、亚马逊的商业模式已经存在，但是，当当网中文图书的搜索是其自己研发的，中文图书的检索、相关推荐，到底是商品名对商品名，还是消费者对消费者，是很复杂的云计算。把这叫作微创新也行，叫做很大的创新也行。李国庆宣称，"亚马逊的美国总部也很佩服我们"。作为标准商品，图书市场是一个适合以需定产的行业。但在传统的图书出版市场，由于缺乏足够和迅速的数据支持，以需定产的市场营销观念还是难以落实的。但是，当网络书店拥有了海量数据收集和分析功能之后，"预售"模式成为了可能。

当当在采用创新的"预售"模式方面，走在了同行的前面。所谓"预售"，就是根据客户预订的数量，再向出版社下订单，出版社要求印刷厂印刷，将库存控制到最低，实行库存成本最低，提高销售效果和效率。这也是让李国庆最为得意的创新，李国庆举例说："以前出版社印3万册图书到当当来卖，卖不好会赔，卖好了加印需要周期，消费者体验会下降，把握不好量依然会造成浪费。如今我们很多畅销书采取预售模式，收订多少印多少，这可以把整个行业的成本压缩到最低，减少浪费。这是 C2B 模式很成功的一个尝试。"根据市场需求的数量进行生产，这是市场营销观念与推销观念本质上的区别。然而，市场营销观念在理论上非常完美，但是在实践中却很难落实。因此，日本企业创新了企业管理方式，推出了"Just in Time"——零库存管理方法，在帮助日本企业赶超欧美企业的过程中发挥了至关重要的作用，被欧美管理学术界认为是东方管理原创思想的少数代表性成果之一。除此之外，真正意义上，以需定产的市场营销观念在亚洲市场的实践还是很少。因此，当当的这种"预售"思想不可谓不是一项创新。

然而很快，当当并没有深耕于图书品类，而是走上了多元化扩张的道路。李国庆认为，企业不能坐享优势品类的资源红利，一家保有活力的企业需要自己与自己不断竞争，要有二度创业的企业文化。自相关事业部成立以来，电子书和服装的二次创业一直居于公司的战略位置。当当确立了成为综合性电商的目标。他们认为，建立核心品类才是电商王道。图书作为当当的目标品类（代表着顾客的目的性购买），占据线上图书零售43%的市场份额；占据中国图书零售1/3以上的市场份额。"服装将作为当当继图书之后着力打造的另一目标品类，要用三年的时间至少做到行业第二、仅次于淘宝。"李国庆说。2010年，当当成立服装事业部以来，服装增速远高于行业平均水平。当当认为，服装会成为其一个全新的品类爆发点。2012年4月，当当推出了自有品牌——当当优品。2012年10月，当当将80万种图书品类和30多万种百货品类入驻天猫，这一行为被业内评价为"当当自降身价换流量"。李国庆倒是很想得开："我们这次入驻的主要是百货，在这方面，我确实需要天猫的帮助。"2013年5月，当当中高端特卖频道"当当尾品汇"上线，专注时尚名品特卖。

一直以来，当当被批评其经营模式乏善可陈。当当后来以凡客诚品为学习榜样，推出了自有品牌，主打家居和童装品牌。有评论认为，当当已经陷入创新窘境，此举只是刻意地模仿凡客诚品。然而，凡客诚品一直在经营自有品牌，是电商生产营销一体化的经营模式，而当当一直是一个垂直的电商销售平台。果然，当当优品并没有成功，仍然是众多微创新之一而已。在当当网副总裁段宇一次主题为"当当客服创新顾客体验"的演讲中，他提到了当当一直进行的服务创新，也在很大程度上，反映了当当微创新的特点。根据他的演讲内容，当当的服务创新实质上是以净推荐值（Net Promoter Score，NPS）指标来衡量整个公司的客户服务，从客户服务和物流配送两个电商唯一接触顾客的环节进行创新，提高 NPS 水平。所谓净推荐值，又称净促进者得分，亦可称口碑，是一种计量某个客户将会向其他人推荐某个企业或服务可能性的指数。它是最流行的顾客忠诚度分析指标，专注于顾客口碑如何影响企业成长。通过密切跟踪净推荐值，企业可以让自己更加成功。

当当客户服务部门进行了组织创新：①设置了"促销和购买咨询"部门，该部门的职责是以订单转化为核心的职能。②增加促销审核职能，在公司促销上线前，对所有促销包括文案、形式进行审核，审核通过后才能上线。③增加判责和处罚职能，由客户服务部门对全公司出现的问题进行判责，由公司 HR 部门对造成失误的人员进行处罚。④增加推动创新体验职能，由客户服务部门推动公司进行创新尝试。⑤帮助客户查询配送进度，推动送货部门制订最基础的服务标准，及时反馈缺货率给运营部门。⑥提高退换货效率，打通前后台的合作。当当是最早将世界领先的网络书店模式引入中国的先驱者之一，而且在这个过程中，它们不是完全照搬，而是根据中国市场的特点进行了很多的改进和创新，虽然这些创新程度有限，但是却特别符合中国消费者的特点，获得了消费者的认可和忠诚。以至于后来亚马逊进入中国时，首先考虑的是兼并当当，没有成功之后不得已才选择了卓越，所以，当当早期的成功在某种程度上也是其微创新的成功。

13.3.2 数字书革命和"创新工场"

如果说 1999 年当当的创立开启了网络销售书籍对传统书店的挑战过程，那么，2010 年当当又开始了二度创业，发展数字业务。李国庆认为，作为中国最大的网上书店，数字书革命要从当当自身开始。早在 2010 年，当当就成立了数字书业务事业部。2011 年，当当推出了电子书平台"数字书刊"。当当网推动数字阅读是"敢不敢革本身的命"。2011 年，当当电子书平台上线，有近 20 万种数字商品，是中文数字书资源最丰富的电商网站。2012 年 7 月，当当推出自有品牌数字阅读器"都看"（Doucon），获得市场热烈反响。2013 年，当当电子书下载量 2250 万册，超过纸书销售 10%。在当当的推动下，中国电子书发展开启了新的里程碑。2015 年，当当开始推动以四款移动 APP（当当读书、知识库应用、轻阅读应用、听书应用）为核心载体的数字阅读"三年计划"。

当当网推出自有图书计划，欲建立 10 个图书策划公司、100 个选题策划工作室。这表明在图书产业链上，当当网不满足只作为销售平台，开始介入上游的出版业务，欲打造图书产业的产供销生态体系。当当网总裁助理、创投基金合伙人张巍在采访中说："我们向外发出的是一则招聘帖，但其实这是投资行为，我们是想用当当网的自有资金加上一部分外部资金，总计 5 亿元投资图书策划领域，为优秀出版人搭建一个孵化平台，出版人可以在这个平台上从零开始成长。"当当网为何不甘于做下游销售商，而要投资上游的图书策划领域？张巍表示，这是看到了出版业一次新的爆发机会，即瞄准了新兴的"90 后"人群。"'90 后'为什么不爱看传统的出版物？因为他们的阅读需求很多没有被满足。他们喜欢一些小众的图书，这种书可能一版的印数很少，大多就是 3000~5000 册，传播性不强,可能传统出版社不会出版。我们想通过协助、孵化、创立图书策划公司和工作室,去满足'90后'的需求。"

被投资的图书策划工作室或小微公司与当当网的合作模式主要是采用股权共享的创业模式,由当当网投入全部资金,控股75%,而被投资的出版团队则占股25%,双方进行利润分成。如果被投资团队有能力自己出资一部分,那么占股比例可以增加,但当当网需保持控股权。同时,当当网还为其提供销售渠道以及大数据支持,但需要按照市场价格支付费用,这笔费用会从投资资金中扣除。张巍透露,目前当当网已与四个图书策划工作室达成合作意向,投资规模在3000万~4000万元,其中有两家已有意向独立注册公司。2016年,当当图书销售码洋(即图书上的定价)近140亿元,全年图书活跃顾客3000多万人,人均购买频次3.5次,客户贡献同比增长10%。整体数字纸书销售大概6亿册,电子书下载大概1亿册(大部分是免费)。2016年,当当电子书和网络原创品种超过40万种,同比增长了60%,电子书销售金额同比增长了123%。当当称自己以超过45%的市场份额稳居图书市场之首,而2017年当当要做品质阅读和重塑供应商关系(杨阳,2017)。目前,当当整体电子书的品种数已超过20万种,同比增长了43%,在内容层面上,电子书与纸质书籍TOP3000销售的重合率为56%。尽管如此,当当在数字阅读市场的份额依然极小。2015年11月25日,当当对外宣布将在未来的3年之内,在全国范围内开设1000家线下书店。

13.4 创新理念和保障

当当认为,变革创新包括两个层次:首先,是迎接变革,在变革中再造产品、流程、功能。其次,是引领变革,主动引发新创意、新产品、新服务。虽然变革会痛苦,但还是必须不断重组,以服务顾客为核心,重组资源、重组机构、流程再造。李国庆还表示,具有伟大性的创新一定是创造顾客需求,这也是最了不起的创新。他建议,要想做创业,一定是创新的,就是创造现有的市场格局中没有人可以给客户提供的产品或服务或价格。但是,不见得每个企业都有这个机会。在购物层面上的创新、顾客服务上的创新,也是非常重要的。

李国庆和俞渝坚信商业的价值在于创新,在此基础上不断满足顾客新的需求,甚至在顾客的需求不是很显著时,也能将这样的潜在需求发掘出来。关键是如何把握住国内读者和客户的需求。当当错过了很多机会,这和李国庆夫妇的保守风格相关。避免亏损、追求利润是当当的经营方式。基于这种方式,李国庆和俞渝才能为了绝对控制权拒绝资本。"资本唯利是图,当你不是第一大股东的时候,你凭什么能控制这个企业,当你需要融资的时候,你敢不低头吗?我要躲着点资本。"李国庆曾这样表示。"业务层面瞻前顾后,考虑的关键是能不能挣钱,几个月内能挣钱,或者只给我们一段时间,业务不挣钱就砍掉。"当当的一位中层如此总结公司抉择的前提。因此,当笔者搜索关于当当创新保障方面的信息时,看到的大多是停留于表面的计划或设想,如"当当网推出自有图书计划,欲建立10个图书策划公司、100个选题策划工作室",但是,具体的落实和机制上的保证却没有相关的证据。

13.5 本章总结

当当的创新活动很大程度上是对亚马逊公司的亦步亦趋,从创立之初的中文图书在线零售商业模式,到开发电子书,开发移动客户端应用,再到推出类似于Kindle的"都看"阅读器,乃至学习亚马逊,开始开设线下实体书店,建立线上线下同价体系,直至投资出版界上游的图书策划领域,建立出版孵化平台,当当的每一步创新都有着亚马逊的影子。当当的创新基本上都在模仿,早期模仿亚马逊,2013年模仿凡客诚品,推出自有品牌——当当优品;后来又模仿唯品会,推出尾品会,贴上了浓浓的山寨的标签,使得当当错失了很多宝贵的机遇。2015年5月19日,当当才宣布正式成立跨境电商业务部。因此,当当虽然是以消费需求为指导的创新模式,但是创新动力明显不足,所以当当的创新被称为"微创新",创新程度小。当当一直围绕图书这个品类进行扩展和深入,但在创新程度上,当当虽然最早获得竞争的先入优势,却一直只是进行服务创新,直到2010年后,才开始布局数字化转型,竞争格局已经形成两个寡头的形势。而且在创新制度和保障上,当当虽有很好的设想,但是目前还在落实之中。

第 14 章 红孩子的案例研究

14.1 引言

北京红孩子信息技术公司（以下简称红孩子）创办于 2004 年 6 月，在 2004~2009 年是我国电子商务市场上一家高速成长和领先的母婴用品零售商。早期，红孩子凭借直邮目录和网络直销的创新模式获得了大批忠实顾客，成为我国电子商务中最早盈利的企业，其高速增长率和行业领先性曾经使其获得了很多业界奖项和风险投资的青睐。2008 年后，红孩子从最初的母婴产品逐步扩充为母婴、健康、家居、化妆、幼教以及礼品六个事业部的"一站式家庭购物平台"。2011 年，电商市场价格战频繁发生，红孩子的销售额增长乏力，最终导致其于 2012 年 10 月被苏宁收购。作为一个曾经发展迅速的创新者，红孩子的创新过程非常典型和具有借鉴意义。通过对其发展历程、市场和政策环境、创新理念和过程的分析，可以揭示零售企业创新过程中的复杂性和动态性，总结经验和教训。

14.2 红孩子的发展历程

红孩子从创业到被苏宁收购（2004~2012 年）的成长轨迹可以分为两个阶段：

第一阶段：2004~2008 年，从目录销售转变为网络零售，从专注于母婴市场的战略转变为大而全的多元化发展战略。

关于红孩子建立时的具体情形、细节，媒体上有不同的版本，但其初创时由四个多年好友组成核心团队是没有争议的。他们是徐沛欣、李阳、杨涛和郭涛（另一说是徐沛欣、李阳、杨涛和马建阳）。2004年春节，这四个人中有三个人当了父亲，孩子都在0~3岁。因为妻子不方便出门，所以他们经常需要购买各种婴儿用品。当时北京几乎没有婴儿用品的"一站式"购物场所，因为工作繁忙，他们的购买成本很高，而且由于不熟悉产品，经常买错商品。在这种共同经历的交流中，他们一致认为母婴市场有非常好的前景。回忆创业初期，徐沛欣说："2004年，B2B正是发展高峰，B2C则处于低谷。但我们几个人都很看好B2C的未来，认为它今后肯定会吸引更多层次的用户。"

但是，他们的定位还比较模糊，而且缺乏零售业从业经验，只是有些购买婴儿用品的心得，于是他们决定从母婴用品入手，在2004年6月正式创建红孩子。创业时四人凑了120万元（后来又加了80万元），股份是四人平分。按照通常的网络行业创业程序，红孩子应该先建立一个网站平台，然后通过广告、活动等方式推广自己的品牌，吸引网民眼球和订单。但习惯了传统产业发展模式的徐、郭等四人，似乎并不急于强调自己的"网络概念"，反而看上了显得落后的产品目录直递方式。"网络模式虽好，但当时网民数量毕竟有限，我们要的是尽快把产品流、资金流做起来，而不是一个好看的网站。"2004年9月，红孩子才开通了网站，此时月销售已达数百万元（张见悦，2007）。红孩子没有店铺租金，减少了很多人工成本；通过直接从厂家进货，大大降低了商品成本，这就使得便宜成为了目录销售的主要特点。徐沛欣很干脆地承认便宜的价格是他们获得市场的关键。"自从红孩子进入这个市场后，供货商的毛利率从20%降到了百分之十几。"低价使得红孩子半年内实现盈利，2005年成为北京母婴用品市场销售冠军。2005年12月，红孩子天津分公司成立，开始了异地扩张，从单一区域市场向全国市场迈进。2006年，红孩子的年销售额达到2亿元。2007年，红孩子被《中国企业家》评选为"中国企业未来之星"（王琦，2007）。值得注意的是，红孩子很早就开始自建仓库、物流队伍和呼叫中心，配备了先进的进销存系统和自动补货系统。

创业团队一起熬过了艰辛的初创阶段，他们的执行能力非常强，而且有着非常好的合作精神。然而，随着红孩子越做越大，公司在各个方面的投入都加速增加，资金的缺口和压力也越来越大。2005年，创始人之一的李阳发现市场规则和原来不一样了，他说："靠着自己的资金投入，我们压力越来越大，销售规模的扩大不仅没有让我们日子好过，反而连工资都很难发了，有几个月我们创业团队是不发工资的，当时就想要么把公司卖掉，要么融资准备大干。"红孩子选择了后者，选择风险投资成为融资主要方向。同时，红孩子的销售模式是否应该由目录推广、电话下单转型为网站为主成为一个非常重要的战略问题。2005年10

月，红孩子启动了第一轮融资计划。徐沛欣说："刚创办红孩子时，我们四个创业人共投入200万元。这笔资金一直维持了一年多，但随着规模的扩大，融资的要求也越来越迫切。"首轮融资很顺利，2005年11月，红孩子获得了北极光300万美元的投资。其后，北极光和NEA先后对红孩子进行了两次投资，共计1000万美元（胡笑红，杨峰，2006）。完成第二轮融资后，不擅于与投资人打交道的李阳、杨涛邀请徐沛欣出任CEO，负责与投资人沟通，李、杨二人任执行总经理，负责业务。引入风险投资后，红孩子的目标是在2008年底或2009年实现海外上市。要实现上市，就必须迅速扩大规模，红孩子的创业团队产生了重大的战略分歧。

徐沛欣和李阳代表了对立的双方，分歧的焦点在于是否应该坚持专注于母婴市场和目录营销。董事长兼CEO徐沛欣的目标远大，认为母婴市场已经到达"天花板"，应该迅速扩展产品线，做大规模。时任总经理的李阳则认为，"红孩子存在的价值在于可以同时为制造商和消费者降低成本，提供价值，提高行业效率"，红孩子应该专注于母婴用品市场，继续采用目录营销来推广，注重于利润率的增长。风险资本偏好投资徐沛欣，因为他的宏大远景可以实现迅速上市的最佳退出路径。争执以李阳的退出告终。2008年10月6日，时任总经理的李阳被凯鹏华盈派驻红孩子的代表金鹏告知，董事会决定让他立即离开这家由他创立的公司。除了战略业务的分歧之外，是否应该大规模引入职业经理人也是一个争论的焦点。徐沛欣主张尽快实现职业经理人制，即使在2012年被苏宁收购后，徐沛欣也坚称其唯一的遗憾就是公司职业经理人换晚了，公司培训体系建立晚，人员素质跟不上，他认为这是红孩子在2009~2011年竞争中失利的原因。

李阳离职后，红孩子扩展的步伐加快。其实早在2006年9月，红孩子就已经新增了化妆品、家居、保健品等品类的经营。在两次融资后，徐沛欣确定了红孩子"家庭购物高速公路"的定位，由B2C转变为B2F（Family），即任何标准化的、无须当场体验试用的产品，都可以通过红孩子的平台进行销售。徐沛欣称，"商品从我们这里销售出去，我们就要10%的毛利"。"红孩子的用户量之所以快速成长，就是因为新客户越来越多，而老客户又没有流失"。2008年，红孩子的产品线扩展为母婴、健康、家居、化妆、幼教以及礼品六个事业部，在全国16个省市区域建立了12家分公司（周红玉，2007）。除了B2F之外，2009年初，红孩子确定了以零售、传媒、物流和金融四大行业齐头并进的新战略。除了品类扩张，风险投资主要被用于信息系统和呼叫中心的建设。2006年10月，红孩子在北京建成当时国内最大的专业母婴产品呼叫中心，可以支持90个电话同时呼入，每天容纳的呼叫量是1.5万个。先进技术系统提高了订购成功率和配货效率，使红孩子进一步巩固了行业领先的地位。

第二阶段：2008~2012年，多元化陷阱使红孩子陷入低谷，被苏宁收购成为子公司。

如图14-1所示，2004~2008年，红孩子年销售额的增长率都在200%以上。但是，从2009年开始，红孩子的增速放缓，公开资料显示，红孩了2009年营收为15亿元，2010年为15亿元，2011年为15亿元，2012年为16.2亿元。

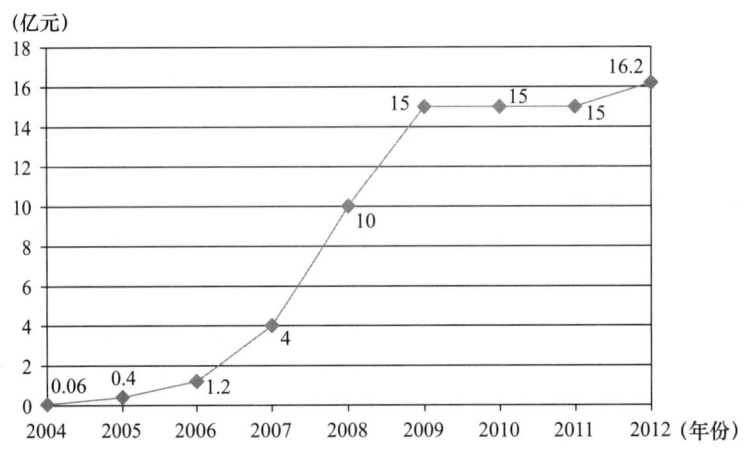

图14-1 红孩子历年销售额和增长率

资料来源：笔者根据公开资料整理而得。

红孩子没有达到风险投资300%的超高速发展，而停滞在15亿元的销售额上，处于亏损状态。然而，此时非彼时，电子商务环境风云变幻，一批具有强大实力的电商企业进入母婴市场，并且抢占了不少市场份额。2008年时，红孩子、京东、当当的营收规模相当，分别是10亿元、13.2亿元、7.6亿元；可到了2011年，三者营收变为了15亿元、309亿元、36亿元，红孩子已经落后了。2011年，扩张之下，红孩子亏损严重。徐沛欣意识到路线错误，开始采取紧缩策略，但融资环境的转变使得红孩子的转身相对较难。这意味着销售规模会短期内缩小，而一旦销售规模下滑，要融资就更难了。与此同时，曾经被红孩子抛在身后的老对手乐友却开始厚积薄发，到2012年，红孩子的销售额还不如乐友的一个零头。电商领域的竞争日显残酷，资本疯狂进入，大佬纷纷参战。回顾过去，李阳说，"当时的想法是稳步发展，但一做起来后，发现市场根本不会等你来完善，只能在竞争中快速成长"，"快速增长对人员、资金、管理的需求都处在稀缺的状态，公司的发展速度太快，我根本无法预测未来"。2012年9月25日，苏宁电器宣布以6600万美元价格全资收购红孩子。

14.3 红孩子的创新:"刊+网"模式

从 2000 年开始,一个新的产品品类——母婴用品就吸引了很多企业和投资者的目光。母婴用品市场是根据目标顾客的消费特点进行细分的市场,具有很强的针对性,即主要针对孕妇和 0~3 岁的婴儿。根据国家统计局 2005 年人口抽样调查的数据估计,中国全年有 2000 万~3000 万婴儿出生,8~36 月龄的婴儿约为 4500 万个,儿童为 3.2 亿个。中国 0~3 岁新生儿用品家庭月消费达 900 多元。再加上广大农村城镇地区的婴儿消费,中国的婴儿用品市场具有每年超过 1000 亿元的市场规模。如此庞大的市场规模吸引了许多新的市场进入者。母婴用品属于高价值标准化产品,产品单价和利润都很高,消费者非常注重价值和安全,因此,品牌和价值是影响消费者选择的重要因素。而且,母婴用品,如纸尿裤、奶粉、玩具等,体积较小、消耗量大、种类繁多,这些产品标准化程度高,无须当场体验试用,具有很强的关联性,消费者希望一站式购齐,目录和网络营销的模式尤其具有竞争力。

由于传统零售商没有满足消费者日益变化的需求,目录和网络销售的新型零售商才得以迅速发展并得到市场的认可。其实,早在红孩子进入母婴用品市场时,目录和网络销售方式已经有了相当的影响,母婴市场中除红孩子外最大的另外两家企业也都在不同程度上采用目录销售的方式。一家是 2003 年成立的丽家宝贝科贸有限公司,采取传统门店与目录结合的方式;另一家是 1999 年成立的乐友网,采取网站加目录的方式。红孩子则是目录加网站,以目录为根本。2008 年,甚至信息服务业领先者新浪和以生产婴儿推车著称的好孩子集团也推出了目录和网络营销的母婴用品直销商城,但这些商城都没有维持多久。低价和增值服务很快帮助红孩子占领了市场。

红孩子为了避免正面竞争和节约费用,没有设立门店,而是采用目录为主,网站为辅的运营模式。即使同为新型零售商,作为后进入者的红孩子也充分利用了先入者的缺陷,通过低价、以目录销售为主、自建渠道和呼叫中心,以及迅速融资获得了超越前者的机会和发展空间。母婴用品的消费特点决定了便利和速度很重要,零售商的竞争主要是渠道和呼叫中心的竞争。红孩子自建仓储物流系统和呼叫中心,形成红孩子运营模式的核心。应该说,红孩子在 2008 年之前的发展都是非常稳健和高效的。2004~2008 年,红孩子的发展高速而又稳健,其商业模式秉承着创业之初的目录销售加电子商务,或"刊+网"模式。目录销售占到整个销售额的90%,网站虽然保持极高的增速,但只占到10%。目录销售是红孩子发展壮大的创新模式,也是其企业先天的基因。

总结起来,红孩子迅速成为市场领先者的原因主要有四点:①目录为主、网站为辅和电话订货的运营模式。②低价进入市场,打破市场竞争格局,迅速扩大市场份额。③自建物流配送系统和呼叫中心,把渠道变为自己的独特竞争优势。④充分利用风险资金提升管理和技术系统,形成进入壁垒。目录营销模式在零售业早已存在成功的典范,例如,成立于1949年的德国欧图是世界上最大的目录销售商。成立时,主要进行目录和电话销售,在它的第一本产品目录中只有28双鞋子,到了1956年开始有了第一本综合目录,1995年后进入互联网领域,开发了互联网销售渠道。目前,欧图目录上有4万多种商品,从鞋子到家具无所不有。另外,贝塔斯曼、麦考林也都是以目录销售进行经营的跨国公司。相比创建时只有70多页、2000多种商品的目录,现在的红孩子目录已经是颇具规模了,可徐沛欣并不满意,"比起欧图还差得远,在欧洲几乎人手一份欧图目录,上面有4万多种商品,从鞋子到家具无所不有"。一直在向欧图学习的红孩子,也同样把自己定位在目录销售商上,"目录是我们的根本,它其实就是我们的虚拟店面"。红孩子的创新在价值链上体现为具体环节的创新。从价值链的采购、仓储、营销、订货客服、配送支付到在线社区的每个环节,红孩子都通过创新来减少或降低运营成本,增加特色,形成自己的独特竞争力,其中最为核心的竞争力是自建的物流配送队伍。

让我们看看红孩子鼎盛时期的数据:

2008年,红孩子每天有超过6万个产品从库房发出,在北京拥有同行业最大的10000平方米的中心仓库,在分公司所在各城市设有中心仓库和配送站点,库房总面积达到23000平方米。自建配送队伍,全国配送人员达到450名,日处理订单能力达到8000单。每个季度更新一次目录,发送到医院、社区等目标客户集中的地区。一年在全国发放目录数量超过600万册。随时更新红孩子网站,目录和网站形成虚拟店面。无须支付昂贵的店面租金和人员成本,目录宣传方式成本低廉、针对性强、效果明显。每天有2万个订货电话进入呼叫中心,全国330条客服热线为顾客进行电话订货、咨询和售后服务。网上销售比例仅占销售额的15%。建设大规模呼叫中心,互动式交流,利用全国电话网络实现销售。红孩子在母婴用品市场采取目录、电话、网络等方式销售,并在订货服务、配送支付和在线社区方面进行创新,形成了新型的运营模式。

目录、网络、电话三者的目标顾客、商品结构、售卖方式和服务功能既有区别,又具有共性,针对母婴用品的消费者,这三种方法的整合使得企业不仅利用了三者各自的优点,而且弥补了单独使用某种方法的局限,形成了独特的经营模式。特别是电话订货，当时，我国消费者对网络购物还存有疑虑，电话的交互式沟通符合消费者心理，打消了其顾虑。送货到门、货到付款的支付方式容易取得消费者的信赖。而且，相对于当时中国 1 亿多个网民，电话用户已经达到 5 亿多人，电话订货具备良好的应用基础。基于对国情的深刻理解和运用，红孩子把舶来的目录营销概念变成了本土化的创新模式。选择母婴用品，针对该市场的特点和传统零售商的缺陷，对容易聚焦的目标群体通过目录和网站塑造品牌、生活方式是红孩子创新的关键，这是市场驱动的，任何时候和地点都可以便捷购物，创造了消费者价值。

14.4 创新理念和保障

红孩子最初以目录销售为主，辅之以电话、网络的销售模式是一种符合母婴市场特性的模仿性创新。后来，随着市场环境、互联网的普及和相关技术的发展，红孩子舍弃了这种当初赖以生存和发展的模式。然而，红孩子从垂直型电商向平台型电商的转型，却没有相应的核心能力来支撑，导致最后的失败。

我们可以分析红孩子创始人的理念和抱负与这种转型的关联。筹建红孩子时，徐沛欣、郭涛、李阳、杨涛四人共同的想法是创办一家成功的 B2C 电子商务企业。他们都没有零售的经验，更谈不上网络零售。创始人中有两个曾在慧聪公司工作过，这是一家以编制商情报告为主业的公司，通过发放目录的方式寻找目标客户。因此，红孩子最初以目录开始销售，来自他们过去的经验。李阳、杨涛、郭涛，以及后来的马建阳，都是勤奋稳健的务实派，而徐沛欣早在 2001 年就成为投资人，投资各类产业，是著名的《乔家大院》的制片人，他更加熟悉资本运作，有着宏大的理想。一次访谈中，他曾经说过："我们有一个共同的理想，我们希望给中国的零售业做出新东西来，这几年中国的零售市场都快让跨国公司占完了。"虽然创业很艰苦，但创始人具有艰苦勤奋的精神，被媒体多次传唱的就是他们骑着自行车走家串户送货的故事，那时他们将红孩子当作自己的事业来做，而不仅仅是为了赚钱。

徐沛欣对红孩子赋予了远大的理想。他曾对《中国企业家》说："一切都是量的问题，等到量足够大，红孩子可以做的事情会很多。"这种理念和两次获得风险投资的相互作用，使徐沛欣确定了红孩子建设"家庭购物高速公路"的定位，开始从母婴市场向全品类扩张。徐沛欣说，从只销售母婴产品到现在的整个家庭产品，红孩子的多元化与其他厂商的多元化有本质的不同，"我们并没有单纯地把自己限定为母婴产品经销商,对于红孩子来说,最有价值的是它的渠道,这条渠道建好了,可以销售不同的商品,就好比高速公路上可以跑各种不同的车"。徐沛欣表示:"我们几个人之前都做过风险投资,预见到今后必将有风险资本注入。因此在公司刚创立时,就按照风险投资能进来的机制设置股权结构。"北极光的邓锋曾表示,"红孩子"让他兴奋的模式在于它的"目录销售",就是面向目标顾客群体定期发放产品目录的销售模式,这样的模式在全球都有非常成功的案例,比如宜家,而在国内非常新颖。

红孩子诞生于2004年3月,从那时到2010年,正好是我国网络购物的成长期,整个行业的交易额增长率都处于较高水平,在100%~200%。由于目录销售的低成本和低价销售带来的客户迅速增加,红孩子在这个阶段的销售额增长率都在200%以上,尤其是在2004~2008年,年销售额增长率甚至高达300%以上,所以,很容易理解红孩子为什么引来了风险投资的青睐。2005~2006年,全球领先的网络安全设备供应商北极光和美国著名风险投资公司NEA先后对红孩子进行了两次投资,共计1000万美元(胡笑红,杨峰,2006)。2007年,美国硅谷风险投资公司KPCB的首只海外基金凯鹏华盈对红孩子投资2500万美元,是2007年前三季度服务导向型公司所获得的最大一笔风险投资(陈黛,2007)。

中国电子商务研究中心监测数据显示,2009年,红孩子销售额为20亿元,2010年销售额为15亿元,到2011年红孩子销售额为15亿元,但处于亏损状态。资料显示,从2005年11月到2012年7月,红孩子在四轮融资中,分别获得风险投资250万美元、300万美元、5000万~1亿美元、2000万美元。在被苏宁收购前,红孩子亏损严重,先前三位投资方北极光、NEA、凯旋创投均被套牢其中。苏宁斥资6600万美元收购红孩子,对于投资红孩子的风险投资机构来说,也仅仅是刚刚"解套"的程度,从中并未获利多少。全资收购价6600万美元公布之后,认为红孩子被贱卖的声音更是一片。据悉,红孩子先后进行了六轮公开和非公开的融资,累计超过1.2亿美元,以6600万美元让苏宁接手,无疑是打了五折出售(郭奎涛,2012)。

14.5 本章总结

零售业与最终消费者直接接触,一直都是顾客导向最强的行业之一。因此,绝大多数零售企业创新都是来源于顾客需求和消费环境的变化。在红孩子模式中,选择母婴用品市场是其成功的第一步,而其前提是正确理解了消费需求和产品特性。从消费需求来说，在经济发展和计划生育政策的影响下，居民收入水平的提高和家庭规模的变小为母婴用品消费奠定了物质基础。然而，母婴用品的传统销售渠道是大型超市、百货商场专柜和小型专卖店。母婴用品的消费特点是使用者和购买者分离，父母和其他家庭成员因为要照顾婴儿，不便出门购物，而传统零售商的商品往往种类不全、价格偏贵、购物需要花费很多时间和精力，交易成本很大。目录和网络营销能够弥补这些缺点，消费者通过浏览目录或网络，打电话订购，避免了实地采购中东奔西走、货比三家的辛苦，又能更好地照顾孩子，符合消费需求，具有内在的合理性和发展潜力。

而红孩子失败的原因，的确是仁者见仁，智者见智。综合各方观点，主要原因有三个方面：第一，管理团队的战略失误和缺乏合作精神。综观红孩子初创的四名创始人，2007年，郭涛因另外的创业机会离开；2008年，李阳被VC驱逐出红孩子；2011年，杨涛以"长期休假"的方式离职；仅剩下担任红孩子CEO的徐沛欣也被红孩子内部人士认为已经淡出了管理。第二，风险资本逐利的本质使企业偏离了正确的方向。业界有一种观点认为是资本绑架了红孩子，例如，《第一财经日报》的一篇报道就写道："2009~2010年，也是国内电商泡沫最严重的时候，在资本的助虐下，很多电商创业者心里只容得下'规模'二字。徐沛欣的想法很快就得到了资本方的赞同。当时，北极光合伙人邓锋也支持徐沛欣这样做。在此期间，红孩子上线了大量与母婴完全不相干的品类。'到红孩子买3C'一度成为业界的笑话。"第三，竞争加剧，企业难以应付。电子商务的世界就是这么残酷，不进则退。由于电子商务的交易模式更加透明，而且无法建立有效的市场壁垒，规模经济效应明显。红孩子依靠目录销售起家，在向电子商务转型的过程中必将遇到一些障碍，对其长期发展速度是一种拖累，这在同样依靠目录销售起家的麦网身上也有体现。同时，电子商务的发展并非完全市场驱动而是很大程度上依赖资本驱动，红孩子在最近电子商务的狂飙过程中战略上偏向保守，也导致了目前的窘境（周洪美，2012）。红孩子从母婴类冠军最终难脱被收购的命运，本身就是由于行业竞争性引起的，在天猫商城和京东不断的压力之下，代理型电商也不断被蚕食市场，让自己慢慢地离开原有的地位。新进入者不断增加，在激烈的市场竞争下，零售企业的商业模式需要不断调整以适应需求和竞争，这已经成了一个影响甚至改变整个零售业的行业规则。

第 15 章　凡客的案例研究

15.1　引言

凡客诚品（以下简称凡客）是一家以 B2C 为经营模式的自有服装品牌网站。凡客的目标市场主要是 25~35 岁的中等阶层。这些消费者是中国网民中人数最庞大的一个群体，他们熟悉互联网、热衷于网上购物、追求个性时尚。自 2007 年 10 月创立以来，凡客在品牌塑造、渠道布局以及营销推广等方面已经创下多个"奇迹"。我国网络零售业的发展迅猛，涌现出了很多电子商务企业，它们采用新兴商业模式，颠覆了传统零售模式，成为零售企业创新的先锋。然而，商业模式创新不一定能够带来可持续的成功。消费环境和零售管理的复杂多变使得创新失败率几乎与商业模式出现的比例齐平。商业模式创新可以被模仿，作为 PPG 跟随者的凡客，创业之初是学习 PPG 的商业模式，但是，当 PPG 从最初的榜样变为创新失败的例子，凡客又如何实现从模仿到创新，获得可持续的发展？本章将对凡客的创新过程进行研究。

15.2　凡客的发展历程

纵观凡客的发展历程，可将其分为两个阶段：

第一阶段，2007~2011 年，创业初获成功后开始快速地进行品类扩张。

凡客由前卓越网创始人陈年于 2007 年 10 月创建，是一家以 B2C 为经营模式的自有服装品牌网站，产品种类由 2008 年的男装衬衫、POLO 衫两大类几十款，发展到目前覆盖男装、女装、童装、鞋、家居、配饰、化妆品七大类。凡客的品牌定位是"互联网快时尚品牌"——提供高性价比的自有品牌,全球时尚的无限选择以及最好的用户体验。目标是让用户以中等价位享受国际一线品质,把中低价格与前沿时尚设计有机结合。凡客以"顾客体验至上"为宗旨,推出当面验货、无条件试穿、30 天内无条件退换货、POS 机刷卡等服务,极大地提升了用户体验与品牌美誉度,积累了大量的忠实用户和良好的口碑效应。这是凡客以模仿、尝试并迅速反应为特点的创业阶段。凡客以 PPG 模式为鉴,凭借创始团队成员的团结和投入,取得了非常好的业绩,自创立之后连续三年成长率达到29576%,获得"德勤 2009 年高科技高成长亚太区 500 强"的第一名,以及荣获"中国服装品牌年度大奖创新大奖"。

在中国电子商务发展迅猛的大背景下,凡客成为了服务垂直电商的第一名,在名誉和风险资本的追捧下,2010 年底,如何跑得更快,被陈年视为凡客当下的核心战略。他承认,2010 年之前,把少量品类的销量做大,是凡客实现快速增长的主要手段,而在单品销售增长放缓之后,增加产品品类便成为凡客继续增长的主要驱动力。凡客开始了疯狂的品类扩张。"凡客的品类扩张是从 2010 年的第一季度开始的。实际上,2008 年下半年,大家都想保守的时候,我们已经开始在尝试了,而 2009 年的试验,有了一个非常好的结论,2010 年的第一季度,我们真正开始品类扩张。"陈年说。2010 年 5 月,凡客推出旗下网站"V+",并且投入巨资先后签约韩寒、王珞丹、黄晓明等代言,推出"凡客体""挺住体",形成流行一时的风潮。

由于凡客引入日化和其他百货品类产品速度太快,以至于很多新品"都来不及录入 ERP 系统"。不过,"前端不断采购和引进新品,后端却缺少有效的库存管理和促销推广,因此,产生了大量库存,在这一过程中,从采购到信息到库存等各个部门,都已经意识到库存在不断增加,但由于各个部门有不同的指标压力,大家都互相推诿,不愿意先把这个事情挑破,就这样,直到 2017 年 9 月左右,由于库存量实在太大了,已经达到了数亿元,这一问题才最终被发现"。在这位人士看来,库存一事充分体现了凡客在运营上的压力,以及"追求迅速做大规模"的急切心理。陈年定下了 2011 年实现 100 亿元销售额的目标,然而,缺乏有效的管理组织和机制,盲目扩张的结果无法把控,导致凡客存货激增,资金吃紧。截至 2011 年 6 月底,凡客的总资产高达 20 亿元,但现金及现金等价物仅为 6.5 亿元,总负债高达 15 亿元,其中,应付账款高达 11.53 亿元。2011 年 11 月,凡客开始反思,裁员和压缩战线开始。2011 年 11 月 21 日,凡客未能如期提交赴美上市的 IPO 文件,原因除了当时整体经济环境不佳之外,销售业绩不佳、裁员风波和结构调整都反映出了凡客模式遇到了困难。

第二阶段，2011年至今，艰难的探索和转型。

2012年，凡客的销售额达到了65亿元，成为中国B2C行业服装类网站的领先力量，凡客在B2C服装网购市场的份额为7.2%，仅次于天猫。不同于凡客经营自主品牌，天猫为众多品牌和非品牌商户提供销售品牌，在B2C服装市场占据66%左右的份额。凡客对自身快速崛起的原因总结为四个方面：①技术领先，利用互联网整合先进的中国服装制造业；②客户体验至上，以及高性价比的经营之道；③品牌文化顺应互联网时尚消费的潮流；④陈年及其团队多年合作默契，市场敏感度以及执行力突出①。2011年12月，陈年仍坚称："如果不是在2009年大面积试错的话，就没有凡客2010年的收获。我们鼓励试错，但一定要把握一个度。这个问题，我们在2011年6月底7月初开始反复讨论，2011年8月，更是进行了整个公司的全面反思。"此后，凡客不断试错，继续在垂直化电商模式和平台化电商模式之间摇摆，并且不断投入巨资进行广告宣传，先后签约李宇春、中国好声音学员开展户外广告代言，并且将海外扩张提高到企业战略层面来考虑，收购初刻品牌，进行内部调整和探索。

15.3 凡客的创新

15.3.1 轻资产模式

从一开始，凡客的创业团队就将PPG作为学习和模仿的对象。PPG是美籍华裔李亮模仿美国在线服务零售企业Lands' End的商业模式，于2005年10月在上海创建的。Lands' End是一家美国邮递和在线服装零售商。PPG模式迅速取得了成功，被业界称为轻资产模式，并于2007年9月荣获2007年商业论坛最佳商业模式第三名。PPG的轻资产模式有三个特点：第一，PPG针对低端男性服装市场自建PPG品牌。第二，建立轻资产的快速反应供应链。PPG没有像雅戈尔这种传统服装企业庞大的厂房、设备、员工和门店，而是以代工的方式让合作企业贴牌生产，将生产、物流和质量监控外包给了第三方。第三，通过密集型广告投放来提高PPG品牌的知名度。为了加快发展，PPG与风险投资签署了第二轮融资协议，该协议中PPG许诺2007年实现7亿元的销售额。为了实现这个目标，PPG开始在全国多地的报纸、杂志、电视、网站和户外媒体上密集发布广

---

① 凡客官网，www.vancl.com.cn。

告。整个2007年，PPG的广告费用是2.3亿元，这对一个新创企业来说费用相对高昂。

在迅速发展的过程中，PPG的轻资产模式缺陷日益明显，即供应链上游的质量监控缺位，下游的客户关系管理不当。产品质量和服务的问题触发消费者不满，导致公众和媒体的质疑。从2008年初开始，PPG又陷入了一系列广告费欠款的诉讼中，由于广告投入费用过高，导致资金链断裂。2009年12月，PPG倒闭，李亮也不得不因"躲债"而避难美国。凡客创立时，正是PPG模式最为大家所追捧的时候。凡客的创业团队成员大都在卓越网或其他电子商务公司工作过，富有互联网经验，对电子商务新模式非常敏感，他们也认为PPG是一个很好的模式，对PPG的学习注定了凡客的基因和后来的发展道路。2007年7月21日的一次会议上，凡客制定了如下的目标：1年内做到行业第二名，2～3年超越PPG成为男装直销第一品牌。销售规模第一年8000万元，第二年1亿～2亿元，第三年3亿～5亿元。每年100%的增长就足够好了。关于品牌定位，初期学习PPG，中期学习无印良品，做国际服装顶尖品牌的颠覆者。

对于产品和定价策略，凡客模仿PPG，也是以男式服装，特别是衬衣作为核心产品，凡客的网站设计、产品和广告都与PPG的相差不大，但是在模仿的基础上，凡客以深刻的消费者洞察力进行了很好的包装和策划，这从"68元初体验"的故事可以得到印证。王春焕的博客写道："PPG以卖套装出名，套装也似乎成为衬衫贩卖的通行方式，当时二十几个学PPG的品牌几乎都这么做，我们得到的资料也是PPG的套装销售非常好。但是凡客有什么可以让用户放弃PPG而选择我们的优势呢，如果卖得特别便宜，用户是不是会觉得我们的衬衫比PPG差？"陈年琢磨了很久，终于茅塞顿开：卖68元，但是不能直接这么廉价，变成第一次购买是68元，买第二件就是168元，降低门槛，让用户尝试一次，这也成为凡客通向成功最重要的决策之一。为了显示68元初体验又便宜质量又好，陈年又熬了一个通宵在纸上写了个公式，大概是68元其实等于368元，这成为了第一个版本的"全棉生活新公式"并推广68元初体验的广告。除了PPG，凡客还善于向其他优秀企业学习。无印良品和优衣库是凡客的主要学习对象。一个凡客的员工说："钟恺欣在无印良品的产品标签和出差去上海无意发现的优衣库的一款礼品包装盒中得到灵感，找了一家设计公司，设计了新的外包装盒，在陈总的指导下，改了几回就成为现在的包装盒，一直沿用到现在。后来陈总去中国最大纺织集团之一溢达公司参观，在那里看到了一款他们用来包装高档衬衫的无纺布袋，感觉很好，陈总决定照做，这就是无纺布袋的内包装由来。新的外包装和无纺布袋的配合，一直到现在都好评如潮，它成为凡客最先被客户认可的一部分，直到演变成为凡客的标志和品牌象征。"可见，凡客是一个非常善于学习的企业，而且他们善于在模仿的基础上进行改进。例如，即使在2009年底，陈年仍然从PPG的做法中学到了很多指导，陈年对PPG的评价是："PPG的品牌定位非常好。"对此，凡客秉承了PPG的自有品牌轻资产商业模式，但又进行了很多改进试图实现对PPG的超越，如表15-1所示，这是凡客在2009年初与PPG商业模式要素的对比。

表15-1 凡客与PPG商业模式要素比较

要素	PPG	凡客
价值主张	提供性价比高的男士服装	高性价比自有时尚品牌、用户体验
目标群体	低收入男士	25~35岁中等阶层
分销渠道	网站、呼叫中心、第三方物流配送公司	网站、呼叫中心、自有物流配送公司
客户关系	主要依赖传统媒体，如电视来传播，单向无差异营销	在线论坛、明星代言、公益活动等与目标顾客建立紧密关系
价值配置	资金主要用于广告	严格控制促销预算，自建物流
核心能力	先入优势，内部管理难以跟上规模的迅速扩张	管理团队具备快速学习的能力，不断模仿，在模仿的基础上创新
合作网络	与七家合作企业贴牌生产；采用第三方物流、第三方质控企业	与全球设计师合作、代工企业生产自有品牌
成本结构	轻资产、广告投入巨大	轻资产、自建物流系统投入大
收入模型	男士服装销售获利	销售获利，外接其他电子商务的配送业务获利

2008年春节的物流配送延误问题使得凡客认识到提高送货速度和售后服务的重要性。2008年4月，凡客创建了物流系统——全资子公司如风达，这也是竞争对手难以轻易复制的。陈年曾经这样评价："起初自建物流系统的最主要原因就是为了快速回款。"网络零售业发展初期最大的问题就是顾客偏好于货到付款。因此，如果物流外包给第三方，这将使得货款回收的时间难以把控。高效和可靠的配送，鼓励用户退换货（30天无理由退换）的个性化服务，在很大程度上提高了用户满意度，这在中国电子商务行业都是前所未有的，但凡客也不得不为此承受较高的退换货率（7%），这使凡客的利润空间大幅度被压缩。总之，凡客与PPG的相同点是针对男性低端服装市场，以及采用外包生产的自有品牌服装直销模式；不同之处在于凡客不仅自建物流体系，而且严格控制促销预算，在模仿的基础上进行了营销模式的创新。

15.3.2 营销创新

2009年，PPG的倒闭使凡客更加重视产品质量和客户体验。有着多年互联网从业经验的陈年非常清楚，无论是新兴零售业态，还是传统零售业态，成功的根本还是在于是否提供了优秀的客户体验。对于服装商品，网络零售无法进行人际交流，也无法感受商品的质地、气味等，而这些都是消费者购物过程中重要的心理体验。因此，凡客通过建立在线社区，提供咨询和评论，这些评价也成为其他顾客选择和购买商品的参考，从而创建了一批意见领袖，如"凡客达人"，通过蜂鸣营销锁定了一群黏性很强的消费者。这些交互活动在很大程度上提高了消费者的体验和忠诚度。

凡客的营销模式创新取得了很好的效果。虽然从各个方面学习PPG，但是陈年从创业伊始就非常注意吸取PPG的教训，避免重蹈PPG的覆辙，特别是对于PPG在营销和广告上盲目投入，导致资金紧张十分在意。PPG失败的重要原因就是广告投入过大，例如，2007年，PPG的广告投入达到了2.3亿元，这对一个初创企业是难以承受的。因此在初期，凡客避开电视广告，而是主要以报纸、杂志和电话销售进行推广。然而，对于一个无名的服装品牌而言，如何迅速提高品牌知名度却是一个绕不过去的问题。CPS广告的使用很好地解决了凡客的这一问题。CPS广告是凡客营销模式的创新。所谓CPS，就是在门户网站和公交站牌上发布广告，并且按照销售收入来提成广告费用。凡客并不是采用CPS的第一家企业，具体的过程是："2008年初，我们线下推广受阻，陈总要求我（王春焕）和钟恺欣以网络推广作为突破口。我找到以前在当当网的同事，试着用在门户网站以点击付费作为广告方式进行推广，因为我们以前在当当网曾经用此方式试验过，效果很好，有保障。作为初步的尝试，我们在网易实验效果不错，从而拉开了凡客互联网营销的序幕。2008年2月27日，在搜狐首页挂出了我们第一个门户Banner广告条，取得了出乎意料的效果，迈出了凡客互联网转型关键的一步。"CPS是"以ROI为核心"的，即广告与销售投入产出比要合理。假如巨额广告投入没有得到应有的销售收入回报，就将步PPG的后尘。因此，当点击付费模式为特点的CPS广告在凡客推广中起到高效低廉的效果时，陈年甚至将其提升到一个非常重要的高度，即凡客已经不用再模仿PPG，已经找到了自己的道路。他是这样描述的："2008年3月在互联网推广的实践使我们的订单量连续突破，这个突破把我们带入了一个营销的新阶段。真正的影响绝不只限于营销层次，而是彻底确定了凡客的商业模式——互联网渠道快速成就的凡客品牌。我在这方面的认识也是在实践中逐步转变的。这个阶段，因为新的营销方式带来的突破，我才坚定了B2C的方向，凡客从此不再需要模仿PPG了。"2009年，凡客跃居垂直类品牌服装电商第一名，胜利和风险资本的追捧使得凡客开始加大营销的投入力度。

2010年4月，为了塑造品牌的时尚基调，凡客一改谨慎的宣传方式，投入亿万元资金，邀请了韩寒、王珞丹、黄晓明、李宇春、中国好声音学员等明星代言，先后创建了"韩寒体""凡客体""怒放体"等多个热点话题，这在电子商务企业中独树一帜。这些明星在凡客目标群体中具有影响力，凡客此举被业界人士视为旨在关联明星品牌和凡客品牌，提高企业的品牌知名度和美誉度。然而，这些明星代言和广告发布的费用相当高昂，不知不觉中，凡客开始重复PPG当年的老路——粗放式海量广告投放。凡客2010年的广告投放费用约4亿元，位列电子商务网络投放广告排行榜的首位。但是海量费用的支出并没有换来相应的回报，凡客的用户量、访问量和利润并没有提升（傅若岩，2011）。历史总是不断地重演，2009年的凡客曾经不断告诫自己要警惕，不要重蹈PPG的覆辙。然而，2010年，陈年为凡客制定了非常激进的发展规划：2011年销售目标为100亿元，2012年的销售额如果达到300亿元，就考虑在当年下半年或2013年下半年上市。甚至，凡客有可能在5年内实现1500亿元的销售额。而实际上，2010年凡客的销售数据不足18亿元。这意味着凡客2011年的增速要达到400%，这是根本无法实现的。现金流和利润是企业是否健康的两大指标。凡客2008年、2009年和2010年的销售额分别为1.18亿元、2.98亿元和12亿元。但是，从2008年7月至2011年6月，凡客3年累计亏损额约6亿元。当期，凡客的总体营销费用支出高达4.64亿元。显然，急于上市动机下的快速扩张是凡客偏离健康财务路线的主因。当然，在这个过程中凡客暴露出的管理能力和监控不足，也是创业企业普遍的通病。

15.4 创新理念和保障

凡客创业团队的灵魂和核心人物是陈年。陈年在2000年初时，和别人联合创办了卓越网，2004年，卓越网被亚马逊以7500万美元收购。陈年离开卓越网后还创办了另一家企业，但在2007年初时选择了退出。因此，陈年不仅具有丰富的网络零售和创业经验，而且也有一批从事电子商务工作的朋友。2007年是PPG的顶峰时期，PPG模式在中国电子商务产业产生了巨大的示范效应，仅在2007年下半年，包括凡客在内，30多家类似于PPG模式的企业陆续创建。在这些模仿者中，相比之下，凡客的初始资本大致在700万元左右。虽然与那些不到百万元的初创企业相比,初始资本显示出了凡客的不凡,但这个数目并不是新进入者中最高的,例如,传统制衣企业报喜鸟集团当时就以 8000 万元资本新建了自己的网络零售企业。凡客的最大优势不是初始资本的雄厚,而是来自学习和执行力非常强的创业团队。

  凡客的创业团队被业界称为"凡客七剑客",他们是:柯林丽,负责融资、财务、人事行政,以及公司的日常管理;钟恺欣,加入凡客前是清华大学外语培训学校的校长;王春焕,曾经负责当当网的架构营销及推广;李红义,前红孩子上海分公司总经理;姜晓怡,曾任某公司总裁特别助理;刘浩,前中国台湾远东纺织集团(苏州)制衣厂科长;姚婷,陈年助理,负责所有协调工作。从这个团队成员曾经担任的职位可以发现,他们都是已经成功的人士,具有某个方面的特别技能和丰富的经验,而这样一些人为什么会放弃已经取得的成果,投身于凡客这样一个创业团队中呢?凡客高级副总裁王春焕的博客详细讲述了凡客创业的过程:"因为陈总,因为创业的激情,更多的是因为信任和景仰,还有梦想。"王春焕给当当网的辞职信从另一个侧面证实了他的想法:"离开当当网,离开这个很好的平台,唯一的原因是创业的激情一直在我心中翻腾……因为,当我想到我现在还不算太老,这次机会很可能是我最后一次创业机会。尽管风险很大,尽管需要付出艰辛的代价,我还是愿意一搏。"

  可见,陈年是一个非常具有号召力的领袖,富有团队凝聚力。团队成员本身也是具有企业家素质的人才,他们有创业的激情,有高风险承受能力,有丰富的经验,虽然除了从事制衣的刘浩,其他人都没有服装行业的经验,但是他们有企业经营管理的经验。更重要的是,他们的行动力和执行力非常强。例如,凡客模式的本质是做品牌,团队成员在江浙工厂之间寻找代工企业。从一开始,陈年就为凡客制定了质量和客户体验至上的品牌精神,这的确使凡客在入市之后很快领先于饱受质量投诉困扰的 PPG。团队成员不仅认同这个目标,而且以极高的热情和努力来贯彻和落实这个目标,他们边学边做,从无到有地创建了凡客的销售规则和流程,如客服条款、网站流程、衣服描述、配送要求等,建立起了一套管理系统和制度,使得凡客在众多的模仿者中脱颖而出。凡客创新的驱动力来自创始人及其管理团队。凡客的创业道路是一个典型的从模仿到创新,边走边学的创新过程。电子商务的新进入者 PPG 是凡客创新的来源。传统服装零售商的反应时间过长,而 PPG 快速高效的服装销售模式填补了服装行业的空缺。轻资产的目录和网络销售使 PPG 得以在早期迅速发展。信息技术为 PPG 以及跟随者凡客提供了实现商业模式创新的可能。然而,与 PPG 不同,凡客更加关注顾客体验,它更加清楚网络零售的竞争主要是物流配送的竞争,因此,凡客自建了仓储物流系统。

凡客创新的特点是通过不断试错来探索创新的可能性。在访谈中，凡客海外事业部总监说过："电商实际上从诞生第一天开始就在与困难打交道，因为这是一个全新的模式，技术、理念、国家政策、人才等层面都是全新的。所有成功的电商都是在试错，在彷徨，在大胆推进，最后排除万难才能杀出一条血路。"这段话非常好地反映了包括凡客在内的中国电子商务企业的创新特点。而凡客作为通过试错进行创新的典型代表，很大程度上也归因于创始人陈年的经营理念和方法，这在 2011 年危机事件中得到了充分的体现：2011 年危机是凡客勇于试错的结果。凡客初期只有两个品类——衬衫和 POLO 衫，直到 2009 年，才开始尝试帆布鞋。陈年曾表示凡客每天都在试错，部门内甚至流行着"勇于试错"的价值观，管理层愿意寻找更多的明星畅销产品。2011 年 3 月 7 日，在接受路透社采访时，陈年称："2011 年公司的销售目标为 100 亿元，是 2010 年的 5 倍。"这个目标是因为陈年认为当时凡客的核心战略就是如何跑得更快，因此，快速的品类扩张成了单品销售增长过缓之后凡客的必然选择。在如何跑得更快的战略思路和勇于试错的价值观念指导下，凡客的扩张开始进入了加速期。

其实，凡客的品类扩张早在 2010 年第一季度时就已开始，在 2011 年 3 月后，凡客品类扩张速度加快，最高时凡客的单品数量（SKU）达到了 20 多万个，甚至生产了凡客牌拖把、电饭煲之类的产品。但是畅销品类毕竟只是极少数，并且不同产品的管理模式也大相径庭。没有任何基础的新品类扩张不仅使凡客增加了许多管理成本，而且凡客也缺乏过程的监控，导致出现了超过 10 亿元的严重库存积压，出现了供应商欠款和广告欠费的问题。同时，杂乱的品类也极大地影响了消费者对凡客品牌认知（王长胜，2011）。品类扩张的同时是雇员的大量激增。2011 年 1 月，凡客的员工人数仅为 5000 人，而 2011 年 7 月，其员工人数已经超过 10000 人，这极大地增加了人力成本。2011 年 6 月底，陈年已开始反思"品类扩张"战略，2011 年 7 月 30 日，陈年通过"公开信"的方式宣布，由于过度扩张导致管理上出现漏洞，为了提高效率，凡客决定启用"末尾淘汰制"，裁员 5%。一批高层管理者也离开了凡客。这反映出凡客战略思路和管理能力不相匹配，难以跟上快速发展的步伐。

2011 年下半年，陈年对凡客公司架构进行了一次有史以来最大规模的调整，他希望通过大调整来保持创业公司的活力。经过一年多的调整，凡客对是否上市已经非常淡定，而最大的效果就是大量减少了供应商与品类数量：供应商从 2011 年的 200 多个减少到 100 多个；单品数量从最高时的 20 多万个减少到少于 7 万个。相应地，营销成本比 2011 年缩减了一半，最终让凡客将毛利率从 2011 年的 30% 提升至 2012 年的 40%~50%。"通过调整，我们知道什么能做，什么不能做。让凡客产品回到我们力所能及的尺度中。未来去慢慢探索创新试错的可能，即使错,我们也知道如何控制公司了。"陈年表示。可见,对于电子商务这种全新的模式而言,试错可能是这些企业不得不选择的一条道路。陈年对此有这样一段评论:"2010 年以后,传统品牌就不能够给凡客提供更多参考了,凡客打破了所有传统品牌的成长曲线,剩下的只能是凡客自己试错。"陈年说:"而对于试错的代价,控制在营业额 5% 以内是可以接受的,凡客的试错还将继续下去。"但是,作为一个处于激烈竞争市场中的新创企业,凡客的试错带来的风险也很大,甚至有观点认为,凡客最初的战略和策略都是很好的,如果管理层不盲目扩张,做太多的试错产品,以及降低市场推广费用和物流成本,凡客还是很有盈利空间的。

15.5　本章总结

凡客的创新主要体现为两个方面:一是对 PPG 商业模式创新的模仿和改进;二是独具特色的营销模式创新。前者是整体战略层面的创新,后者更多的是策略层面的操作化创新。首先,企业最高领导及其所营造的文化对于创新至关重要。陈年的创业经历和企业家精神应该是凡客不断从模仿中学习和创新的基因。在陈年的带领下,凡客在企业文化中非常强调创新的重要性,他们意识到,企业每天都处在危机之中,只有不断创新、拥抱变化,才能成功应对不确定的未来。因此,创新是凡客高速成长的坚实保证。凡客不亦步亦趋,而是以开放的姿态鼓励创新,以持续创新提升业绩。

其次,凡客善于学习,在模仿其他电子商务企业经验的基础上创新。凡客的发展过程也是学习和模仿其他电子商务企业成功经验的过程。凡客的基本商业模式是模仿 PPG;在线评价和试穿是从卓越网学习而来的;商品包装和风格学习优衣库和无印良品;款式更新和库存借鉴 ZARA。但是,凡客不是单纯地模仿,其具有在模仿的基础上抓住重点,去其糟粕,取其精华,进行创新的能力。例如,2007~2010 年,凡客虽然模仿 PPG 的商业模式,但却在模仿的同时进行各个方面的改进和创新,从促销预算的严格控制到与业绩相关的考核体系,都使得凡客在管理的内功上远远高于 PPG,这些工作使得凡客得以超越 PPG,成为自有服装品牌市场的领先者。这种从模仿到创新再到超越的过程,对于电子商务这个全新的行业而言,具有普遍性和必然性。因为一切刚刚开始,所以一个新的具有活力的商业模式的出现往往成为大家学习和模仿的对象。创业者们非常注意观察、学习和模仿别人的好点子和做法,而且由于有前人的经验和教训可以借鉴,所以跟随企业往往能够避免先进入者的一些失误，实现对先进入者的超越。但是，这个过程是一个动态博弈竞争的过程，凡客2011年的危机充分说明了这一点。

再次，创新能否取得成功取决于组织结构和员工技能能否适应创新活动，管理能力最终决定企业的发展。凡客2011年危机的重要内因就是以陈年为代表的创业者的盲目自信和不切实际，以及企业急速扩张下管理和员工能力的缺乏。创新可以使企业迅速占领一个空缺市场，但如果没有踏实严谨的管理流程来维持，这种创新只会沦为昙花一现。零售业的基本构成要素是消费者、商品和交易结构。以雅戈尔为首的传统男士服装零售企业以购买力强劲的中老年成功男士为目标市场。凡客以年轻时尚消费者为目标人群，针对他们进行设计师资源的整合，根据其反馈，凡客紧跟全球时尚潮流，提供非常时尚的服装和饰品，进行定制化设计和生产，这属于市场营销层面的创新。然而，这种模式的创新不仅改变了传统服装零售企业的交易方式，也改变了交易过程。因此，上端营销层面的创新必然要求其支持系统——组织结构和员工技能的调整，否则，顶端的创新活动就失去了支撑，不可能运行下去。然而，凡客的组织调整是在危机之后进行的，不得不经历裁员和大动荡，这给企业经营带来了很多隐患和负面影响。因此，创新活动是一个系统，需要企业从各方面提高管理水平来提供支持。

最后，创业企业一定要保持与风险资本若即若离的关系，才能实现可持续发展。凡客2011年危机的重要外因就是风险资本的推波助澜。风险资本的逐利本性使其要求在较短时间内实现投资回报。一般而言，风险资本的重要退出机制之一就是企业的IPO上市，使投资者获得丰厚的资本回报。这种对利润的短期追逐无疑直接或间接地影响了企业的目标设定——追求较大规模和销售额的增长。然而，作为新创企业，这种急速的扩张未必是企业能够控制的，它的后果往往是欲速则不达。因此，企业虽然离不开风险资本，特别是资金需求相当大的网络零售企业，但是，企业领导者必须保持非常清醒的头脑，在利用风险资本的同时，又非常明确企业的使命和宗旨，只有这样，才有可能真正实现企业长期的可持续发展。

第 16 章 聚美优品的案例研究

16.1 引言

2010 年，美国流行的团购模式在中国电子商务市场迅速兴起，形成了一个快速发展的新兴商业模式。因为与众不同的化妆品团购模式和创新营销，聚美优品在众多团购网站中脱颖而出，成为了一家高速发展的创新企业。2010 年 12 月 10 日，聚美优品获得由 2010 年首届团购峰会颁发的"2010 年中国团购网站创新奖"荣誉。2012 年 11 月，聚美优品凭借创意地铁广告入围艾菲奖"最佳创意营销奖"。2012 年 12 月 19 日，聚美优品以"CEO 营销"案例，与宝洁、奔驰、可口可乐、英特尔、雀巢等其他九家知名企业同享《环球企业家》2012 年"年度营销创新奖"。在获得各种荣誉的同时，聚美优品交易额的增长也一直名列前茅。2012 年，聚美优品名列"中国 B2C 在线零售交易额增长最快的 TOP10 榜单"首位。当年，聚美优品的交易额是 18 亿元，交易额增长率达到了 350%，远远超过名列第二的唯品会的 280%。值得注意的是，作为传统零售商转型网络零售的代表，银泰网名列第三，2012 年其交易额达到了 5.6 亿元，交易额增长率也达到了 250%。2013 年，聚美优品仍然名列"中国 B2C 在线零售交易额增长最快的 TOP10 榜单"首位，其全年交易额达到了 60 亿元，交易额增长率达到了 233%，继续保持了高速的增长。2014 年 5 月，聚美优品正式在美国纽交所上市。然而，聚美优品的发展并不是一帆风顺的，它经历了假货风波、"301"危机、战略转型、股价持续走低、私有化问题等一系列质疑和困境，探究这样一家曾经高速发展并具鲜明特色的创业企业的创新活动，具有非常重要的意义和价值。

16.2 聚美优品的发展历程

聚美优品的发展历程比较短，大致可以分为两个阶段：

第一阶段，2010~2014年，成立后迅速发展，海外上市达到顶峰。

2010年3月31日，团美网作为中国首家专业女性团购网站上线，以正品平价形象口碑相传，在短时间内取得飞速发展，不到5个月注册用户突破10万人。2010年9月9日，团美网正式启用顶级域名，更名为聚美优品，取"聚集美丽、成人之美"的含义，同年销售额达到2000万元，成为国内领先的女性时尚限时折扣购物平台。2011年3月，聚美优品的总销售额达到了1.5亿元，拥有了5000万个注册用户，占女性化妆品团购市场份额的80%以上，同时也获得了来自红杉资本千万美元级别的投资。2011年5月，聚美优品转型为团购化妆品B2C网站。2011年6月，聚美优品商城上线，销售产品由化妆品扩展到了服装、配饰等更多品类，聚美优品也由化妆品专营模式转变为平台模式。2012年7月，聚美优品CEO陈欧联袂韩庚代言广告地铁首现，"双代言"引起热议，"我为自己代言"成为当时的热门话题，引起社会广泛讨论。其后，聚美优品采用了具有极强视觉效果的地铁包柱广告，在营销推广上进行了一次非常大胆的创新。2012年底，聚美优品全年销售额25亿元，增长速度超过中国历史上任何电子商务网站，在同行业更是保持着绝对领先的地位。

然而，正值高速发展期，聚美优品却相继出现"301"危机和假货危机。2013年3月1日，聚美优品以三周年庆典的名义降价促销，代号"301"。然而，由于准备不足，数百倍于平日的访客让页面长时间瘫痪而引起用户极大的不满，物流严重滞后于订单，引发爆仓。加上假货的传言，网上谩骂声铺天盖地，这是聚美优品遭遇的最大一次滑铁卢。此次崩溃的深层次原因是网站的技术系统架构、代码质量存在问题，并高估了自身的物流和仓储能力，导致聚美优品在2013年第二、第三两个季度进入衰退期，团队士气低迷。2013年7月，曾在网上放言"聚美90%是假货"的网友"姑苏毛十七"，被苏州工业园区人民法院判处拘役6个月，缓刑6个月，罚款1万元。这是电商行业第一起因造谣诽谤而被追究刑事责任的案件。然而，对于聚美售卖假货的质疑却一直萦绕在消费者心头。值得注意的是，"301"危机是在2012年"我为自己代言"成功之后，用户的高速增长，使得尚未具备服务能力的聚美优品服务器和售后出现瘫痪，正应了这样的一句话："营销做得好，好企业就会好上加好，坏企业就会死得更快。"市场营销不过是治标之举,如何补齐供应链和物流等核心竞争力方面的短板才是聚美优品应该聚焦的方向。2013 年,聚美优品首家线下旗舰店在北京前门大街正式开业,2013 年聚美优品全年销售额突破 60 亿元。2014 年 5 月 16 日晚间,聚美优品在纽交所正式挂牌上市。

第二阶段,2014 年至今,发展放缓,开启私有化进程。

2014 年起,聚美优品上线海淘网站海外购,同时推出了母婴频道,主推跨境母婴业务。然而,上市之后,聚美优品的销售业绩起伏不定,从 2014 年第三季度开始,聚美优品的股价开始进入漫长的下滑通道。业绩的巨变和聚美优品的经营策略变化有关。2014 年的假货风波给聚美优品带来了很大的负面影响,也促使公司转型。聚美优品曾对外表示,公司从 2014 年第三季度开始将美妆产品从第三方平台转向自营,此前聚美优品有 30% 的美妆产品在第三方平台上销售,截至 2014 年第四季度,迁移基本完成。事实上,经营模式的转型确实收到了效果,使用户信任度得以恢复,带来了营收的快速增长。不过,自营也导致费用和支出的大幅上升。2015 年第三季度,公司甚至出现了亏损。与此同时,公司毛利水平也不断下降。聚美优品 2016 年上半年的毛利率低于市场预期,仅为 26.17%,远低于上年同期。并且,其净利率也比同行业平均水平低了 4.47%。2017 年 1 月 6 日,聚美优品股价收盘报 4.74 美元,总市值为 6.92 亿美元,相比最高点 39.45 美元的股价和 55 亿美元的市值,其股价跌幅将近 90%,市值也只剩下高峰时刻的零头(张涛,2017)。2015 年,网络直播成为了电商营销的新蓝海。为了寻求流量增长,大量电商企业开始探索"直播+网红+电商"的新模式。聚美优品宣布进军影视文化业,计划打造"时尚娱乐+电商"模式,强化市场营销。2016 年 2 月 17 日,聚美优品宣布收到每份 7 美元的私有化报价,私有化价格比最近 10 天均价高 27%,买方财团包括陈欧、戴雨森、红杉资本,买方财团占投票权 90% 以上。相对于上市之初 22 美元的发行价格,7 美元的私有化价格意味着聚美优品上市不足两年为投资人造成了 69% 的亏损。

16.3 聚美优品的创新

16.3.1 化妆品团购模式

团购模式起源于美国的高朋(Groupon)。它成立于 2008 年 1 月,该公司每天只推出一款折扣服务类型产品,消费者在该网站支付购买。2009 年末,一些创业者开始在中国复制团购模式。很快，团购网站就从百团发展成为千团，但是很快，小团购网站就因客户流量和资金不足，迅速消失。2009年，从斯坦福MBA毕业后，陈欧就选择回国创业，创业项目是在社交游戏中内置广告，照搬的是美国的模式，公司取名Reemake。然而，美国模式在中国行不通。为了生存下去，陈欧决定尝试做化妆品团购。陈欧发现，中国女性消费者对于线上购买化妆品的信心不足，线上化妆品行业没有领头羊企业存在。正好这时国内流行团购，陈欧提议先以团购的方式做，凭感觉一步一步来。由于公司的流动资金只剩下30万元，陈欧只好一边继续着游戏广告业务，一边在技术上让团美网上线。

聚美优品首创"化妆品团购"模式，实际上，这是向美国模仿的团购模式在化妆品领域的具体应用。选择团购创业，是因为陈欧看到了一个无法改变的现实：在互联网创业的门槛已经提高，2000年随处都是机遇的好时光已经不在，方向性的领域已经被大的公司垄断，这时剩下的只有垂直细分领域。那是2010年初，正是中国互联网千团混乱大战的酝酿期。应该说，陈欧的敏锐洞察力、快速执行能力和敢于尝试的精神，使得聚美优品获得了超乎寻常的发展。聚美优品最初的成功来自低价的化妆品正品宣传。陈欧将代理商的化妆品买断，存放在仓库，以限时团购的形式卖出，价格比专卖店低了四成。2010年5月，陈欧全面停掉了之前的游戏内置广告业务，同时再次获得了来自徐小平的200万元投资。此前，创业游戏广告时，陈欧获得了徐小平18万美元的投资。2011年3月，聚美优品获得了来自红杉资本千万美元级别的投资。创立初期，聚美优品的毛利率为20%~30%左右。主要团购国际二线或国内有特色的化妆品牌，通过厂家总代理及与授权经销商合作的方式获取货源。与常规的团购有所不同，聚美优品的信息发布客户是自己，即自建渠道、仓储和物流，销售化妆品。严格意义上说，它是采取团购形式的垂直类女性化妆品B2C。从创业之初，聚美优品的理念就很清晰，就是要做女性化妆品正品折扣网店。2011年12月7日，作为化妆品限时特卖商城的聚美优品，正式上线"奢侈品频道"，这意味着聚美优品全面转型B2C，并开始进行相关细分领域的探索。

16.3.2 营销创新

无疑，聚美优品的营销创新具有代表性。陈欧曾经说过，聚美优品的成功和创新的娱乐营销是分不开的。在电商混乱中，聚美优品不断创新，通过电影、广告、电视剧、电视节目等方式，不断提升品牌的美誉度和客户的忠诚度，在竞争中屡屡获胜。2010年，韩寒和王珞丹引领的"凡客体"走红，成了陈欧的学习对象，他跑去凡客取经。他总结出"凡客体"胜在引起共鸣，共鸣导致了传播，而不是纯粹的一种促销广告。聚美优品在上市前总共融资1200万美元，创业时间又不长，比起京东、凡客来说简直是"太穷了"。陈欧说："聚美优品缺钱，

CEO 自我营销是一种省钱的办法,但董事会内部有过激烈的争论。自我营销纯粹是计划外事件,是没钱逼出来的。"红极一时的"凡客体"给了他思路:用一个话题去引爆传播点,通过营销及传播去影响市场。陈欧仔细研究凡客,看百度指数,检测公交站牌和地铁广告的效果。陈欧决定自己写广告文案,他不仅写出了自己创业的心声,还抓住了当时的几个热点:"80后"、蜗居、奋斗、裸婚。2011年8月,陈欧"我为自己代言"的视频广告疯传网络,引起了众多"80后""90后"的共鸣和反思。因为属于"80后"群体,陈欧的思维相对更接地气。在"我为自己代言"广告词形成不逊于"凡客体"的传播效应后,陈欧干脆把广告词写成一首歌,找来同样一直在演艺事业上坚持的魏晨演唱。

陈欧还作为"Boss 团"的一员,参与录制天津卫视招聘栏目《非你莫属》,真实带动了聚美优品流量的上升,销量从日均 50 万元提高到日均 150 万元。此后,陈欧到湖南卫视超女节目担任嘉宾评委,上《天天向上》《百变大咖秀》,什么节目火上什么。聚美优品是第一个大规模在电视投放广告的互联网公司,陈欧负责聚美优品的广告投放,他对自己的要求是零失败纪录,而且他要求广告效果要超过其他品牌,甚至别人无法模拟。"我没法容忍自己是一个平庸的人,对我来讲,平庸就是失败"。"为自己代言"引起很多网友的共鸣,网上出现了各种"陈欧体"的翻版,陈欧的名气也达到顶峰。靠着这个广告,聚美优品的月营收从 4000 万元上涨到 8000 万元,超越了一直以来的竞争对手。然而,接着聚美优品就遇到了假货危机和"301"危机。这种学习"凡客体"而后形成的"陈欧体",甚至被认为是营销过度了。但是在陈欧的逻辑里,学习行业最高标准然后超越,就是他给自己订的目标。他警告下属,"最可怕的就是你自我感觉良好,实际上你已经很糟糕了"。

16.4 创新理念和保障

陈欧根据市场决定机会,敢于尝试的精神是聚美优品得以立足的根本原因。其实一开始创业,陈欧偏向技术类型的项目,最不想做的就是电商。但是,他知道如何审时度势,顺势而为。他说:"作为 CEO,我最重要的事情不是判断兴趣在哪里,而是判断机会在哪里。一个合格的企业家不但要知道自己的兴趣是什么,更得知道自己做的什么事情是错的。如果我当初一定要坚持做游戏广告的方向,一直打死不承认当时的模式水土不服,最后那家公司的结局就是再过几个月烧钱烧死,那是一个失败的故事。"陈欧还指出:"海归一定要落地。互联网是很'草根'的东西,带着西方、美国的'高举高打'的方式,把美国的模式搬回来,很可能碰壁。"陈欧说,他没有什么不敢尝试,一切都是"试"出来的。"找到公司发展方向之前的这一阶段是最难熬的。"2010年初,中国开始了百团大战,陈欧选择垂直领域的化妆品团购,一切都是试出来的。陈欧曾经在采访中说道:在中国创业,最关键是市场和团队,在正确的市场,有合适的团队,才可能成功。创业最关键的是机会,但是一定要根据市场去决定机会;还有创业时一定要有坚强的团队,找可靠的市场,不要纯粹被自己的想法去引导,因为想法是最容易被复制的,也是最没门槛的,只有团队的执行力和市场好机会的把握能力,才是真正市场创业成功的根本。陈欧将聚美优品的成功归结为"执行力"和"细节","其实当时团购网站有那么多,有的有资源有的有钱,商业模式也基本都一样,为什么有的生存有的倒闭,其实就是执行力和细节的区别,靠商业模式很少有人能赢"。聚美优品的细节体现在哪里?陈欧举了几个例子,比如初期不追求SKU数目,而是给每个产品写好文案故事,另外要用非常精美的图片,在包装上采用粉色精美礼盒讨女生欢心,通过买二包邮的策略,希望用户约上朋友一起购买,而百度、淘宝数据则是其分析什么好卖的依据(崔西,2014)。2014年,聚美优品在美股上市,陈欧指出:聚美优品上市的目的是通过上市公司的资料和实力去与更多品牌签订它们在中国的代理权,实现从品牌的发行渠道来控制产品,这样一来整个行业也会趋于良性发展。聚美优品有一个非常独特的商业模式,它是从中国创造起来的。美国虽没有类似的网站,但是美国投资人看重聚美优品的业绩亮点:融资最少,IPO前累计只有1300万美元;最快实现盈利,连续8个季度盈利;聚美优品的运营效率、营销效率、用户成本,基本每一个数据都是亮点。陈欧说:"中国互联网是一个门槛很低、竞争有点恶劣的行业。要做一个最新创业者,做改变世界的东西难度越来越大,对我们来说做,垂直的方向,成功的可能性更大一点。过去中国行业里有很多电商对手,大家互相黑,这是中国的竞争环境,未来我们希望一统天下,从控制权和供应链上真正重新定义行业规则,让化妆品行业变得更加正规。就像中国的在线视频行业,从早期的盗版横行到现在全是正版,我们也希望去全力推进一个更好的环境,让消费者更加放心地购买化妆品。"

16.5 本章总结

中国网络零售中假货的困扰是一个重要的问题。电子商务在迅猛发展,网购化妆品市场规模持续增大,虽然前景和市场都相当客观,但是仍然存在很多问题,假冒伪劣充斥了整个网络,不仅恶化了消费环境,还严重影响了消费者对网络购物的信心,如何让化妆品电商行业更加规范化、合法化、成熟化是化妆品行业首要解决的问题。提高消费者对网购的信任度才会使整个行业朝着更健康的方向发展。创业者的理念决定创新的方向和模式。虽然有一定的偶然因素,但是大体上,在投资人、合伙人、竞争者等综合利益相关者的相互影响下,创始人的理念和某种特质可能会成为影响创新方向的重要力量。正如当年亨利·福特在要让每个人都买得起福特轿车的理念指引下,开始了大规模生产方式的改革,成为了管理史上最为重要的一次创新。化妆品团购模式创新的成功是陈欧敏锐洞察力和其团队执行力的结果。他们迅速抓住了一个垂直的细分市场,顺应当时团购模式的大潮,很快树立了自己在该领域的领先优势。虽然这项创新更多意义上是模仿西方团购模式加上中国独特市场细分的结果,但却是当时环境下最为有效的创新模式,为聚美优品前四年的高速发展奠定了坚实的基础。

  聚美优品的营销创新同样是模仿创新,只不过这次模仿的对象从西方的团购模式转移到了中国服装网络零售创业企业凡客的身上,2010年,"凡客体"的迅速走红的确也为当年凡客带来了超速的发展,并且成为中国网络零售发展历程中的一种标志性现象。因为凡客的前辈PPG也曾经以同样的模式迅速走红,可惜红极一时,但是却迅速陨落。陈欧详细研究了凡客营销的成功所在,并且抓住精髓,推出了具有聚美优品特质的"我为自己代言"广告系列,紧紧把握住了中国互联网的"草根"特性,贴近"80后""90后"潜在消费者的心理,引起他们的共鸣,产生了非常好的营销效果。营销模式创新的成功必须依赖于一个整体的企业运营协作来支持,才有可能落地,产生现实的盈利效果。由于供应链和顾客关系管理系统的不够健全和成熟,导致营销创新带来的大量订单无法确实完成,"301"危机和假货危机都给聚美优品的发展带来了非常严重的负面影响。这让笔者想起了一个关键的问题:营销不等于推销,市场营销已经发展到了一个整合营销的战略高度,需要的是企业内部各个部门、企业外部各个价值链环节、各个利益相关者协同作战,作为一体应对顾客需求,提供卓越的顾客消费体验,获取较高的顾客满意度,从而和目标顾客建立长期的盈利关系。

  然而,不管是PPG、凡客,还是聚美优品,都在资本的裹挟下,在创始人膨胀的增长目标下,将营销创新的作用放大,却无法跟上营销模式变革后的步伐,带来的是近乎毁灭性的危机。因此,如何在中国电子商务环境下充分利用营销创新,实现小成本、大传播的效果固然是值得每个网络零售创业企业关注的,但如何在产生了传播风潮的时候,能够承受,并且将其转化为长期的顾客资本,这才是真正考验网络零售创业企业管理内功的关键要素,这值得所有创新企业警醒。

第 17 章　网络零售业态的创新

《零售业态分类》(GB/T18106-2004) 标准首次将零售业态分为了有店铺零售业态和无店铺零售业态两类。无店铺零售业态是不通过店铺销售，而由厂家或商家直接将商品递送给消费者的零售业态。根据该标准，无店铺销售可以划分为五种基本形式：电视购物、邮购、网上商店、自动售货亭、电话购物。本章仅对无店铺零售业态中网上商店的发展历程进行回顾，并将前文研究的阿里巴巴、京东和当当，以及红孩子、凡客和聚美优品这六家企业分为两组，分别进行比较和总结，通过对具体创新类型、创新程度、创新模式、创新理念和保障进行分析，得出各个零售业态创新的共性，并且比较不同零售业态创新活动的差异性。

17.1　电子商务的发展历程

联合国国际贸易程序简化工作组对电子商务的定义是：采用电子形式开展商务活动，它包括在供应商、客户、政府及其他参与方之间通过任何电子工具，如 EDI、Web 技术、电子邮件等共享非结构化商务信息，并管理和完成在商务活动、管理活动和消费活动中的各种交易。艾瑞咨询集团将电子商务整体交易规模界定为包括 B2B 电子商务交易规模（含规模以上 B2B 电子商务交易规模和中小企业 B2B 电子商务交易规模）、网络购物交易规模与在线旅游及 O2O 交易规模（不包括付费数字产品下载、网络代缴费等商品类别的交易规模）。艾瑞统计数据显示，2013 年中国电子商务市场交易规模为 100720.4 亿元，同比增长 22.6%，2017 年交易规模达到 20 万亿元，复合增长率为 21%。艾瑞分析认为，电子商务的快速发展主要得益于以下原因：一方面，主要推动力来自电子商务在中小企业中渗透率的增加，中小企业 B2B 推行平台服务，B2B 企业加入交易环节促进行业发展，此外，网络购物等细分行业的快速增长也整体推动了电子商务市场的快速发展；另一方面，政策环境更有利于推动电子商务的发展，继工业和信息化部 2012 年 3 月发布的《电子商务发展"十二五"规划》后，商务部于 2013 年 11 月 21 日发布了《促进电子商务应用的实施意见》，推出十大措施促进电商发展。

电子商务包括 B2B、网络零售、在线旅游，以及 O2O 等其他借助信息通信技术进行交易的商业模式。对我国迄今电子商务的发展历程，主要有以下两个分类：根据荆林波（2013）负责的中国社科院财经战略研究院课题组的报告，我国电子商务发展大致经历了三个时期：第一个时期，1999～2002 年是萌芽阶段，网民少，网商更少，以 8848 为代表的一批企业折戟沉沙。第二个时期，2003～2007 年是兴起阶段，中小企业电子商务平台阿里巴巴开始盈利，当当、卓越、淘宝等一批企业快速崛起，网商从 2004 年的 400 万个发展到 2007 年底的 3550 万个。第三个时期，2008 年至今，电子商务进入爆发式增长阶段，阿里巴巴、网盛的上市标志着 B2B 领域的发展进一步规范化，淘宝战略调整、百度试水 C2C 市场意味着电子商务开始优化和细分，苏宁、国美等传统零售商纷纷跟进，PPG、红孩子、京东商城等更是引爆了整个 B2C 市场。

上述研究是在 2013 年，而在 2013 年后，我国电子商务竞争日益激烈，并购业务此起彼伏，曾经红极一时的 PPG、红孩子、凡客等纷纷陷入危机。根据艾瑞咨询的研究报告《2016 年中国电商生命力报告》，中国电子商务发展历程可以分为以下七个阶段：①萌芽期（1997～1999 年）：这个时期中国整体的信息化水平较低，大众对电子商务缺乏了解，而此时欧美互联网泡沫等因素的影响，使得大多数电商网站举步维艰。这个时期，作为 B2B 模式，中国化工网上线；B2C 模式 8848 成立；C2C 的易趣网上线；个人网银的招行一网通也成立。②调整期（2000～2002 年）：电商面临各种问题，尤其是支付和安全问题，很多资金撤离，超过 1/3 的网站销声匿迹。这个时期，惠聪网上线，卓越网成立，中国电子商务协会成立。同时，美国企业 eBay 以 3000 万美元收购了易趣网 33% 的股份。③复苏期（2003～2005 年）：电子商务网站开始务实经营，大批网民逐步接受网购。这个时期，阿里巴巴成立淘宝，推出了支付宝；腾讯推出拍拍网。④成长期（2006～2007 年）：随着国家政策的不断支持，基础环境的不断成熟，物流、支付、诚信瓶颈都得到了基本解决。这个时期，网盛科技上市，A 股"中国互联网第一股"诞生。同时，京东商城获得投资，开启了国内家电 3C 网购的新时代。⑤转型期（2008～2009 年）：此时我国已经初步形成了具有中国特色的网络交易方式，进入规范化、稳步发展的阶段，电子商务企业的竞争日益激烈。这个时期，淘宝采取措施屏蔽百度搜索；特卖电商唯品会上线；当当网开始盈利；淘宝的"双十一"大促开始启动。⑥发展期（2010～2012 年）：大量传统企业和资金流入，网民数量和物流快递行业都快速增长。例如，阿里巴巴开始建设大淘宝物流；支付宝获得了牌照；唯品会在美国上市；国家也对电商监管首度立法。⑦崛起期（2013年至今），电子商务行业开始去中间化、去中心化、去边界化，进行多行业、多领域、全方位生态圈布局。

17.2 网络零售的发展历程

网上商店是指通过互联网进行买卖活动的零售业态。中国电子商务研究中心给出了网络零售的定义，指交易双方以互联网为媒介进行的商品交易活动，即通过互联网进行的信息的组织和传递，实现了有形商品和无形商品所有权的转移或服务的消费。买卖双方通过电子商务（线上）应用实现交易信息的查询（信息流）、交易（资金流）和交付（物流）等行为。网络零售也称网络购物，包括B2C和C2C两种形式。网络零售属于电子商务的范畴，在电子商务中占据着重要的地位。参照发达国家网上零售市场发展历程，将网上零售交易额的年增长率作为区隔，可以将中国网上零售市场的发展划分为三个阶段：第一阶段为引入阶段（1997~2003年）：1997年，软件销售试验站点"软件港"建立，标志着网络购物这个海外概念正式落地国内，这个阶段，交易额增长率在100%以下。第二阶段为成长阶段（2003~2010年）：2003年的"非典"疫情凸显了网络购物的优势，迎来了网购热潮，但市场充满了变数，这个阶段交易额增长率处于较高水平，在100%~200%。第三阶段为成熟阶段（2010年至今）：2010年后，网络购物市场日趋完善，经营模式更加多元，同类细分市场被三家左右的购物网站瓜分，这个阶段交易增长率明显下降，仅处于25%上下，如图17-1所示。

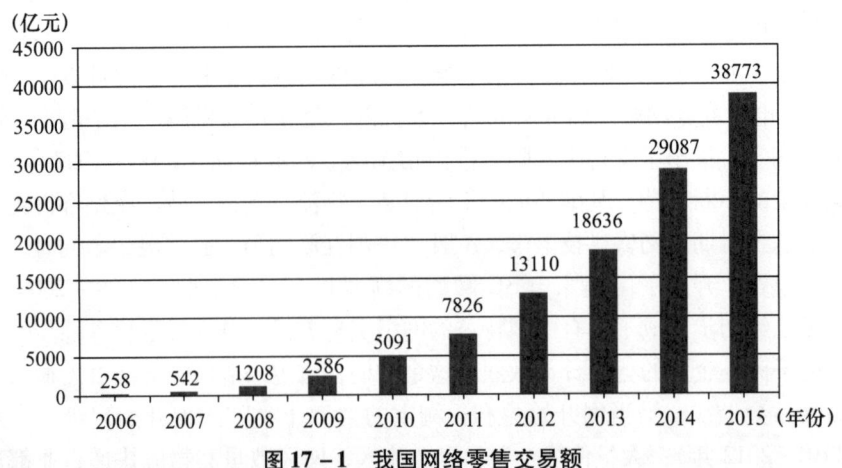

图17-1 我国网络零售交易额

资料来源：笔者根据商务部和国家统计局的数据整理。

2006年以来，我国网络购物市场的交易规模保持高速增长。2009年的网络零售额达到2586亿元。2010年的网络零售规模超过5091亿元。此后，网络零售额从2011年的7826亿元增长到2015年的38773亿元。

根据图17-2，2007~2009年，我国网络零售额年平均增长率都在100%以上。但是，2010~2015年，虽然我国网络零售额仍然保持快速增长，但是增幅下降明显，从2010年的96.9%降低到2015年的33.3%，这意味着我国网络零售业已经不再是高速增长的行业，发展进入调整期。这个时期，我国网络购物市场交易规模在社会消费品零售总额中的比重也从2011年的4.3%增长到2015年的12.6%。2010年以来，我国网络消费占消费总额的比重超过了10%，而且继续保持不断上升的态势，而美国仅为5%。2014年，我国实物零售规模相当于美国的80%，而网络零售已经相当于美国的150%以上，未来，网络零售将会发挥日益重要的作用。

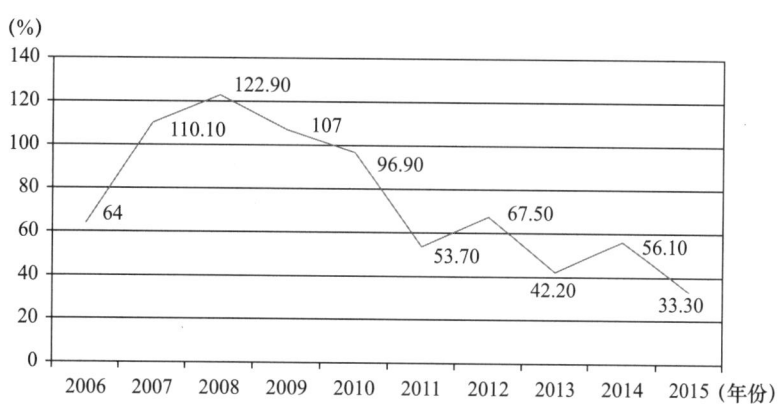

图17-2 我国网络零售交易额年增长率

资料来源：笔者根据商务部和国家统计局的数据整理。

网络购物目前发展虽然还欠缺稳定，但已日趋成熟，网络购物模式已逐渐转变为新兴消费模式，与传统消费模式并驱，与此同时网络购物有着传统消费所不可比拟的时间、价格、空间、选择范围等优势。网络购物消费群体日益壮大的同时，需要相关法规及部门对主流购物网站加强网络购物的规范化管理。网络零售业态的高速发展给传统零售商带来强劲的竞争压力。尽管在一些生活必需品上，电子商务短期内还难以取代传统零售商，但在更多的百货类商品上，传统零售商既有的市场将会被更多的网络零售商分食。然而，虽然我国网上零售市场的发展潜力巨大，但同时竞争异常激烈，不断有新的竞争者加入。早期进入者虽然具有一定的先入优势，但面临着各种新进入者和替代者的威胁，稳固领先优势，继续扩大市场份额已经很难实现。而电子商务模式和新兴技术的迅速发展有可能使新进入者或替代者利用资源，通过创新型商业模式形成独特的竞争力，也有可能后来居上。我国网络零售市场的竞争是动态的，充满了各种可能性。

17.3　创新对比

根据销售商品的范围，以及具体的盈利模式，网络零售可以分为两种模式：一种是综合类平台模式，另一种是垂直类品牌模式。综合类平台模式就是允许多家企业品牌在该电商网站下销售多品类商品或服务；作为第三方平台，网站提供增值服务，获取盈利的模式。垂直类品牌模式则是指网站在某一个行业或细分市场深化运营，围绕某一个品类或消费者群，销售自有品牌，或者其他品牌的商品或服务，通过自营或者提供服务，获取盈利的模式。但是，二者之间并没有非常明确的界限。对于第一类综合类平台模式，阿里巴巴、京东、当当现在已经发展成为综合类电商平台，我们将其作为一组来进行对比研究；对于第二类垂直类品牌模式，红孩子、凡客、聚美优品都是聚焦于一个具体的品类，我们将其作为一组，进行创新类型、影响因素和模式的分析。

17.3.1　阿里巴巴、京东和当当的对比

阿里巴巴、京东和当当的发展反映了我国网络零售业的发展进程，三者的发展路径既有相似，也有不同（见表17-1）。

表17-1　阿里巴巴、京东与当当的案例总结

公司	阿里巴巴	京东	当当
创立年份	1999年	1998年	1999年
创始人	马云	刘强东	李国庆和俞渝
发展阶段	第一阶段：1999~2008年，从B2B发展到多业态并存	第一阶段：1998~2008年，从线下到线上，成为名副其实的3C网购平台	第一阶段：1999~2008年，从创立到成为B2C网上购物第一网站
	第二阶段：2008年至今，纽约上市，发展为庞大的商业生态系统	第二阶段：2008年至今，由3C垂直电商网站转型为综合型购物网站平台，在海外上市，探索O2O模式	第二阶段：2008年至今，扩充品类，成为中国首家海外上市网商；发展数字化阅读平台和创新工场，寻求私有化

续表

公司	阿里巴巴	京东	当当
里程碑事件	2003年5月，阿里巴巴正式创立购物网站淘宝网。2004年12月，阿里巴巴推出支付宝	2008年6月，京东成为中国垂直B2C市场最大的3C网购专业平台	2005年12月，荣获"中国互联网产业调查'B2C网上购物'"第一名，成为当时中国网络零售业的翘楚
	2007年11月，阿里巴巴在中国香港联交所主板挂牌上市	2008年，京东开始自建物流系统	2010年12月，当当成为第一家在美国纽约证券交易所上市的B2C网上商城
	2014年9月19日，从中国香港联交所退市的阿里巴巴在纽约证券交易所上市	2014年5月，京东在美国纳斯达克证券交易所正式挂牌上市	2016年9月2日，当当申请从纽约证券交易所退市，成为一家私人控股公司
创新	淘宝模式	自主研发信息和物流系统	"微创新"
	营销创新	"生鲜冷链一体化"解决方案	创新工场

在第一阶段（1998~2008年），三家企业以各自不同的价值主张、目标客户、业务模式占据了各自领域里的领先地位。阿里巴巴从起初的B2B业务发展起来，在我国网络消费来临之际的2003年，及时以淘宝B2C模式兴起，发展成为多业态的综合性网络平台，并于2007年11月在中国香港上市。京东早期经营传统店铺，2003年"非典"的危机反而成为了京东发展网络零售业务的契机，此后，京东专注于3C产品的经营，成为中国垂直B2C市场最大的3C网购专业平台。2006年，当当在我国B2C网络购物市场上的占有率为8%，名列第一。当当的主营商品种类是图书、音像、小百货等。在三家网络零售企业中当当在第一个阶段居于领先地位，在获得多轮风险投资之后，当当开始从图书垂直电商发展成为包括服装、母婴用品、百货、尾货等的综合性平台式电子商务网站，并且同时开始大力发展物流体系。这个阶段，我国网络购物市场从引入期发展进入成长期，市场结构是众多企业分散型的竞争，非常激烈，这三家企业虽然在各自领域具有领先优势，但并不具备绝对优势地位，市场充满变数。

在第二阶段（2008年至今），即2008年金融危机后，我国网络购物的发展呈现增速放缓的趋势。消费者日益谨慎，网购的低价和便利，以及网购市场支付体系和信用体系的形成使传统店铺零售企业遭受了越来越严重的危机，它们不得不将网络零售渠道上升到企业发展的战略高度，纷纷通过各种方式实现多渠道的发展，使得市场竞争日益激烈。这三家企业的业绩发展出现了较大的差异。阿里巴巴不断推出新的业务模式，如聚划算、阿里云、菜鸟物流、蚂蚁金融等，并于2014年9月19日在纽约证券交易所上市，发展成为庞大的商业生态系统，以绝对优势成为我国电子商务领域的第一名。2008年，京东开始自建物流体系，并开始从3C产品扩展到全品类，依赖于自营产品的品质和物流体系的竞争优势，逐渐成为综合性网购平台，并于2014年5月在美国纳斯达克证券交易所上市。当当虽然早于阿里巴巴和京东，于2010年12月成为第一家在美国纽约证券交易所上市的B2C网上商城，但是，当当没有强化自己的运营优势和服务体验，市场份额不断下滑，从第一梯队变为第三梯队，市场份额仅占网络零售的1%左右，并于2016年9月2日，申请从纽约证券交易所退市，发展前景不容乐观。

具体从创新角度来看，三家企业的情况如表17-2所示。首先，从创新类型和创新程度来说，阿里巴巴的淘宝模式和"双十一"属于商业模式创新和营销创新，为较大程度的创新；京东的自主研发信息和物流系统、"生鲜冷链一体化解决方案"分别是技术创新和运营模式的创新，创新程度中等；当当的创新被称为"微创新"，创新程度最小。其次，从创新模式而言，阿里巴巴的创新基本上都是在消费需求驱动下，高层领导者主导的自上而下开放式创新模式；与此相比，京东更加依靠自身积累，进行技术创新，研发自己的信息和物流系统，以及其后的生鲜冷链技术，是一种封闭式的创新模式；当当则是以消费需求为指导的创新模式，但是创新动力明显不足。

表17-2 阿里巴巴、京东和当当的创新比较

企业	阿里巴巴	京东	当当
创新类型	商业模式创新、营销创新	技术创新、运营模式创新	管理创新、运营模式创新
创新程度	较大程度的创新	中等程度的创新	微创新
创新模式	在消费需求驱动下，高层领导者主导的自上而下开放式创新模式	在竞争压力和消费需求驱动下，由高层领导者主导的封闭式创新模式	迎合和适应消费需求的创新模式
创新理念	"企业家职责是创新，创新主角是企业家。创新要付出巨大代价，创新有巨大风险。创新是被逼出来的"	过分追求很大的创新很危险，京东很少追求模式的创新，京东的创新理念是稳健的，注重的是来自细节的创新和来自业务需求的创新	创造顾客需求是最了不起的创新。但不是每个企业都有这个机会。剩下的在购物层面上的创新、顾客服务上的创新，也是非常重要的

续表

企业	阿里巴巴	京东	当当
创新保障	必须主动在组织结构上不断尝试和创新,才能摸索出适合互联网发展的新型企业管理的思路和模式,保持创造力和先进性 2013年,把公司拆成更多小事业部运营,创造创新发展的机会	建立新机制,在3000多名技术研发人员中设置虚拟项目,或成立独立子公司,激活团队创新性。京东人事部门定位了"战略孵化器部门"。发现机会,变成京东的一个具体业务模式	当当网推出自有图书计划,欲建立10个图书策划公司、100个选题策划工作室。想用当当网的自有资金加上一部分外部资金,总计5亿元投资图书策划领域,为优秀出版人搭建一个孵化平台

从创新理念和创新保障而言,免费、低价都是阿里巴巴、京东、当当最初得以立足和成功的原因。然而,在企业经营理念上,长期目标导向和短期目标导向的不同,决定了企业创新的方向和类型。阿里巴巴创始人马云要做102年的企业,所以,立足长远,创新也是进行整个商业生态体系的布局;京东奉行规模第一而后盈利的市场份额领先战略。以天猫和京东为代表的大型综合网站占据绝对优势,它们致力于制定行业标准,进行生态系统构建。当当则一直围绕图书这个品类进行扩展和深入,但在创新程度上,当当虽然最早获得竞争的先入优势,但一直只是进行服务创新,直到2010年后,才开始布局数字化转型,但是竞争格局已经形成两个寡头的形势。而且在创新制度和保障上,阿里巴巴不断在组织结构上进行尝试和创新;京东也通过建立独立子公司的机制,来创造新的业务模式;当当也有很好的设想,但是目前还在落实之中。

根据吴晓波等(2013)的研究,我国企业作为后发国家企业,通过引入源自发达国家的原创商业模式,并根据本地市场的独特需要进行二次创新,从而在很短的时间内追赶上并超越了来自发达国家的竞争对手,成为本土市场上的领导者。这种对发达国家原创商业模式进行二次创新以迎合后发国家本地客户偏好和市场基础设施的特定过程称为二次商业模式创新。阿里巴巴从1999年模仿国外"电子商务"的商业模式(B2B)开始,继而开拓C2C模式和B2C模式,到现在成为一家国内电子商务领域的领头企业,其商业模式和技术能力均经历了比较完整的从模仿到创新再到领军的演进过程。其不仅具有较为典型的二次商业模式创新过程,同时,在互联网技术领域中,阿里巴巴也经历了一个较为快速的向先发企业追赶的过程。京东、当当也经历了类似的过程。

17.3.2 红孩子、凡客和聚美优品的对比

红孩子、凡客和聚美优品三者发展进程的对比如表17-3所示。

表 17-3 红孩子、凡客和聚美优品的案例总结

公司	红孩子	凡客	聚美优品
创立年份	2004 年	2007 年	2010 年
创始人	徐沛欣、李阳、杨涛和郭涛	陈年	陈欧
发展阶段	第一阶段:2004~2008 年,从目录销售转变为网络零售,从母婴市场转变为多元化发展战略	第一阶段,2007~2011 年,创业初获成功后开始快速地进行品类扩张	第一阶段,2010~2014 年,成立后迅速发展,海外上市达到顶峰
	第二阶段:2008~2012 年,多元化陷阱使其陷入低谷,被苏宁收购成为子公司	第二阶段,2011 年至今,艰难地探索和转型	第二阶段,2014 年至今,发展放缓,开启私有化进程
里程碑事件	2005 年,成为北京母婴用品市场销售冠军。2005 年 11 月,红孩子获得了北极光 300 万美元的投资	2010 年 3 月,荣获"中国服装品牌年度创新大奖"	2012 年,聚美优品全年销售额 25 亿元,增速超过中国历史上任何电子商务网站,在同行业中保持绝对领先的地位
	2008 年 10 月 6 日,时任总经理李阳被迫离开公司	2010 年 5 月,扩张品类;推出旗下网站"V+",投巨资签约巨星,"凡客体"	2014 年 5 月 16 日,聚美优品在纽约证券交易所正式上市
	2012 年 9 月,苏宁以 6600 万美元收购红孩子	2011 年 11 月,凡客开始反思、裁员和压缩战线	2016 年 2 月 17 日,聚美优品启动私有化进程
创新	"刊+网"模式	轻资产模式	化妆品团购模式
		营销创新	营销创新

按照前文的总结,红孩子、凡客和聚美优品都是在我国网络零售的成长阶段(2003~2010 年)创立的公司。该阶段,因为其价格和便利的优势,网络购物整个市场的行业交易额增长率都处于较高水平,在 100%~200%。作为后进入者,这三家企业都采取垂直模式,即首先围绕某一个品类或消费者群进行销售。红孩子聚焦于母婴用品,凡客是休闲服饰,聚美优品则是专注于化妆品品类。这三家企业都在一开始以"品类杀手"的形象迅速成为各自领域中的新星。随后,融资的需要在引入风险资本之后,三家企业都面临着相当大的盈利压力,资本逐利的本性驱使着它们寻求快速的业绩增长,试图从垂直模式扩展为平台模式,但在这个过程中,三家企业都陷入了不同的危机之中,导致被收购或进行重大调整的局面。表 17-4 是对这三家企业创新类型、创新模式等的分析。

表 17-4 红孩子、凡客和聚美优品的创新比较

企业	红孩子	凡客	聚美优品
创新类型	运营模式创新	运营模式创新、营销创新	运营模式创新、营销创新
创新程度	创新程度一般	创新程度一般	创新程度一般
创新模式	消费需求驱动下的模仿创新模式	在竞争压力和消费需求驱动下的模仿创新模式	消费需求下的尝试模仿创新模式
创新理念	一直在向欧图学习的红孩子，把自己定位在目录销售商上，"目录是我们的根本，是我们的虚拟店面"	凡客每天都在"试错"，部门内甚至流行着"勇于试错"的价值观，寻找更多的明星畅销产品	没有什么不敢尝试，一切都是"试"出来的
创新保障	红孩子很早就开始自建仓库、物流队伍和呼叫中心，配备了先进的进销存系统和自动补货系统	2011年下半年，陈年对凡客公司架构进行有史以来最大规模的调整来保持创业公司的活力	中国最关键的是市场和团队，在正确的市场，拥有合适的团队，才可能成功

首先，从创新类型和创新程度来说，三家企业非常相似，都是运营模式的创新，凡客和聚美优品还擅长营销创新。然而，这些创新的程度都一般，属于模仿性创新。其次，从创新模式而言，三家也基本上都属于消费需求驱动下的模仿创新模式。红孩子的经营模式属于零售企业创新的合并类型，即利用关键要素或对两种不同的零售种类进行组合，即对目录、网络、电话的组合营销，以最大程度地接触顾客和方便顾客。凡客模仿了 PPG 的自有品牌服装直销模式，但也在模仿的基础上进行了营销模式的创新。聚美优品首创"化妆品团购"模式，实际上是模仿美国的团购模式在化妆品领域的具体应用，其营销创新也有很强的模仿凡客的痕迹。最后，从创新理念和保障而言，三家企业创始人具有的共同点就是求快。红孩子前 CEO 徐沛欣想到的是"如何尽快上市"；凡客陈年也在 2011 年制定了从 30 亿元提高到 100 亿元的激进销售目标；聚美优品的陈欧更是明确说明自己的愿望是在"30 岁的时候能够上市"。"求快"既反映了他们自己的雄伟目标，也在很大程度上是来自风险资本压力的结果。三家企业都是首先进入垂直细分领域，避免与大企业进行直接竞争，集中于母婴、服装、化妆品等品类，然后开始进行多元化的扩展。但是，凡客和聚美优品在创新理念上明显要比红孩子敢于尝试，敢于试错，敢于承担风险，更具有管理控制力，这从红孩子因为团队不合而被收购也可以看出来。

17.4 本章总结

本章将网络零售分为两类,即第一组平台式综合电商和第二组垂直式电商来进行案例分析。对于命题一,第一组企业与第二组企业相比,领导人的理念和相应的组织保障有显著的差别。免费、低价都是阿里巴巴、京东、当当最初得以立足和成功的原因。然而,在企业经营理念上,长期目标导向和短期目标导向的不同,决定了三家企业创新的方向和类型。马云强调企业家的职责就是创新,因此,阿里巴巴对创新重视程度很高,而且,相应的组织结构也在不断调整以适应创新的发展。京东的创新理念是稳健的,注重的是来自细节的创新和来自业务需求的创新。当当则更多是面向需求的创新,创新保障明显不足。从第二组企业来看,他们在创新理念和保障上具有共同点,就是"求快",这既是他们自己的雄伟目标,也在很大程度上是来自风险资本压力的结果。因此,在创新理念上,三家企业都是模仿创新,通过"试错"来得出解决方案,但是在具体的创新保障方面却都比较薄弱。

上述不同的领导人理念和创新保障程度是造成不同企业绩效差异的重要原因之一。从两组企业的绩效对比来看,2010年B2C网购市场份额中,第一名是淘宝商城,占40.8%;第二名是京东商城,占17.6%;第三名是当当网,占4.3%;红孩子占1.4%,凡客诚品占1%,分列第七名和第八名。物流配送方面,用户满意度最高的是京东商城、凡客诚品。相对而言,通过自建物流配送体系,配送满意度较高。用户不满意的原因主要集中在商品品质和配送环节。然而,2015年,我国网络零售市场的集中度进一步提高,很多企业通过投资并购提升了竞争优势。阿里巴巴和京东占据了我国网络零售市场90%以上的市场份额。天猫占65.2%,京东占23.2%,苏宁易购占5.3%。而红孩子、凡客和聚美优品在引入风险资本之后,试图从垂直模式扩展为平台模式,却在这个过程中,陷入了不同的危机之中:红孩子被苏宁收购;凡客诚品从2011年起就开始通过裁员和压缩战线来应对库存危机;聚美优品则在成功于美国上市之后启动了私有化进程,面临着较大的调整和风险。

因此,由两组案例的对比可见,首先,不同零售业态的创新类型、创新驱动力和创新模式存在差异。其次,领导人理念和相应的组织保障是创新能否成功的关键。同时也说明,零售企业创新存在风险,如何制衡创新活动给其带来的风险,直接决定创新的效果和绩效,是零售企业的重要战略问题。最后,零售企业创新与中国宏观环境密切相关,各个关键时点往往会出现密集型的创新活动。我们以2010年为例,该年是我国网络零售的一个重要分水岭。2010年,网络购物市场上销售最旺盛的商品是服装鞋帽,购买的用户占比为70.1%;电脑数码产品位居第二,占比为31.6%;与电脑数码产品购买用户规模相当的是图书音像制品,购买的用户占比为31.4%。与此同时,网络购物市场上各种经营形式向成熟化发展,B2C在市场上的主流地位进一步巩固,团购、秒杀等新型营销模式加速涌现,网络购物市场继续呈现出以传统向线上市场开拓,垂直向平台化发展的特点。而从2013~2015年排名前五的网购品类来看,服装鞋帽始终是最热门的网购品类,日用百货稳定在前三,家电跻身前五,书籍音像制品上升至第三位。网购家电的增加得益于消费者购物观念的转变、网购客单价的显著提升。书籍音像制品的提升一方面是由于网络渠道压缩利润空间,价格优惠吸引用户购买;另一方面是网民阅读习惯逐渐养成。因此,这与阿里巴巴、京东、当当的市场份额变化情况是一致的。总之,与传统零售商相比,网络零售业的这六家企业——阿里巴巴、京东、当当、红孩子、凡客、聚美优品都是以低价在最初得以立足和成功的,但是由于领导人理念上长期导向和短期导向的不同,导致产生了不同的创新方向和类型。同时,最初创业时,模仿创新是所有案例的共同出发点。到企业成长期,如何处理好与资本的关系,是案例企业需要解决的一个关键问题。

第18章 研究结论和展望

回顾第一章,本书的初衷是希望较为全面、客观地反映我国零售企业的创新实践活动,具体回答两个问题:①我国零售业的创新是什么?②零售企业创新过程中的主要影响因素是什么,它们发挥什么作用?因此,针对第一个问题,本章总结了1990~2016年,我国零售企业创新的主要类型、创新程度、创新模式、创新理念和创新保障;针对第二个问题,本章将从知识、资本、政策三个方面,来总结我国零售企业创新的主要影响因素及其作用。

18.1 中国零售企业的创新类型、创新程度和创新模式

零售业作为服务业的一个重要分支,适用于服务业的创新分类。服务创新可被视为从重大创新到形式化创新的一个谱,只是创新程度不同而已。服务创新是指一切与服务相关或针对服务的创新行为与活动。因此,零售企业创新是指一切针对零售服务相关或针对零售服务的创新行为与活动。本书研究的12个案例针对百货商场、超市、家电专业店、网络零售进行了创新类型、创新程度和创新模式的总结,如表18-1所示。

表18-1 案例企业创新活动一览

企业	创新名称	创新类型	创新程度	创新模式
当代商城	服务创新 品牌评价体系 国际代购业务	管理创新 业务模式创新	小	在消费需求驱动下,由高层领导者主导的自上而下封闭式创新模式

续表

企业	创新名称	创新类型	创新程度	创新模式
银泰百货	银泰西选创新项目 银泰集货项目 O2O 平台创新	业态创新 商业模式创新	重大	在竞争压力和消费需求驱动下,由高层领导者主导的自上而下合作式创新模式
物美	物美的 Winbox 项目 "农超对接"项目	技术创新 业务模式创新	中等	在技术和消费需求驱动下,高层领导者主导的自上而下开放式创新模式
永辉超市	"农改超" "精标店":餐饮+零售+智能硬件	业态创新 经营模式创新	中等	在竞争压力和消费需求驱动下,由高层领导者主导的自上而下合作式创新模式
苏宁	IT 创新 "电商+店商+零售服务商"的云商模式 苏宁易购云店	技术创新 管理创新 业态创新	重大	在技术和消费需求驱动下,高层领导者主导的自上而下开放式创新模式
国美	全渠道零售商战略 营创创新型平台	商业模式创新 营销创新	较大	在竞争压力和消费需求驱动下,由高层领导者主导的自上而下封闭式创新模式
阿里巴巴	淘宝模式 组织创新 营销创新	商业模式创新 营销创新	重大	在消费需求驱动下,高层领导者主导的自上而下开放式创新模式
京东	信息系统和物流系统 "生鲜冷链一体化方案"	技术创新 管理创新	中等	在竞争压力和消费需求驱动下,由高层领导者主导的封闭式创新模式
当当	微创新 创新工场	管理创新 商业模式创新	微创新	迎合和适应消费需求的创新模式
红孩子	"刊+网"模式	业态创新	中等	消费需求驱动下的模仿创新模式
凡客	轻资产模式 "凡客体"	商业模式创新 营销创新	中等	在竞争压力和消费需求驱动下的模仿创新模式
聚美优品	化妆品团购模式 "我为自己代言"	商业模式创新 营销创新	小	消费需求下的模仿创新模式

无论是百货商场、超市,还是家电专业店、网络零售,它们的创新类型都很丰富,涵盖了服务创新、业态创新、技术创新和商业模式创新。创新程度上,百货业态(银泰百货)也有重大创新,网络零售(当当)也有微小创新,或者就是模仿创新,网络零售并没有在创新程度上明显优于有店铺零售企业。因此,不同零售业态之间创新类型和创新程度上的差异并不明显。在创新模式上,消费需

求、竞争压力、技术这三者作为驱动力量，对于零售业态的创新活动起着重要的作用。而且，我国零售企业创新有一个非常重要的共性，就是高层领导人的主导是普遍的创新推动力，因此，形成了由高层领导人主导下的创新模式。因此，针对第三章我们提出的命题四：不同零售业态的创新类型、创新驱动力和创新模式存在差异，我们最终的研究结果认为，以本书的12个案例为研究对象反映出的中国零售企业创新的实践的情况表明：不同零售业态的创新类型、创新驱动力和创新模式之间并没有因为业态的不同而存在明显的差异，反而是各个业态创新的共性大于差异性。

18.2 中国零售企业的创新理念和创新保障

从本书的案例研究可以发现，在一个个创新活动的背后，无不是一位位具有远见、顾客洞察力和胆魄的领导人，他们的理念、思想和行为引领着这些零售企业成为业界先锋（见表18-2）。正如彼得·德鲁克于1985年发表的《创新与企业家精神》一书所指出的：创新是企业家精神的具体表现之一，是通过有目的的专注的变革努力，提升一家企业的经济潜力或社会潜力。创新是每位高管的职责，它始于有意识地寻找机会。企业家创新理念是我国零售企业创新的一个重要的共性，也是中国零售企业创新的特性，并且形成了高层领导人主导的创新模式。

表18-2　12个案例研究公司创始人及其创新理念

公司	创立年份与创始人	创新理念及创新保障
当代商城	1995年 金玉华	"以顾客为中心"的价值营销理念，重视服务创新；建立创新资金，成立信息部，作为底层支持各项服务创新和管理创新
银泰百货	1998年 沈国军	居安思危，"以客为先"；积极拥抱技术变革；最好的防御就是进攻，就是改变。创新保障小组，建立创新容错机制；设置"创新邮箱"，内部孵化创新项目，并通过合伙人制度来落实项目
物美	1994年 张文中	技术是创新的基础，创新要结合实际。与信息技术的知名企业建立合作，通过合作来降低创新的风险
永辉超市	1995年 张轩松	"创新就是关注细节，创新就是提升标准，创新就是挑战自我"。总部设立创新研发部门承担风险及相关费用；实施"合伙人制度"，调动内部员工的创新积极性

续表

公司	创立年份 创始人	创新理念及创新保障
苏宁	1990年 张近东	有效创新首先必须是有目的的创新，坚决拒绝"为了创新而创新"。进行组织结构变革，为了鼓励自下而上进行微创新，出资1000万元设立互联网创新奖励基金
国美	1987年 黄光裕	唯改变者进，唯创新者强，敢创、敢试、敢为人先才能够找出新的道路，开辟出一番新的事业。商业模式创新伴随着一系列的管理创新和组织结构变革；在全集团内设置"创新大奖"鼓励机制
阿里巴巴	1999年 马云	"企业家职责是创新，创新主角是企业家。创新要付出巨大的代价，创新有巨大的风险。创新是被逼出来的"。必须主动在组织结构上不断尝试和创新，才能摸索出适合互联网发展的新型企业管理的思路和模式，保持创造力和先进性
京东	1998年 刘强东	过分追求很大的创新很危险，京东很少追求模式的创新，京东的创新理念是稳健的，注重的是来自细节的创新和来自业务需求的创新。建立新机制——"战略孵化器部门"，在3000多名技术研发人员中设置虚拟项目，或成立独立子公司，激活团队创新性
当当	1999年 李国庆、俞渝	迎合和适应消费需求的创新模式；创造顾客需求是最了不起的创新，但不是每个企业都有这个机会。在购物层面、顾客服务上的创新，也是非常重要的
红孩子	2004年 徐沛欣等	一直在向欧图学习的红孩子，把自己定位在目录销售商上，"目录是我们的根本，是我们的虚拟店面"
凡客	2007年 陈年	凡客每天都在"试错"，部门内甚至流行着"勇于试错"的价值观，寻找更多的明星畅销产品
聚美优品	2010年 陈欧等	没有什么不敢尝试，一切都是"试"出来的。中国最关键是市场和团队，在正确的市场，有合适的团队，才可能成功

第一，具有以顾客为导向的创新理念。

当代商城的金玉华提出了"价值营销"理念，启动了当代商城"蓝海"战略，放弃了当时市场盛行的返券促销，而是潜心研究顾客价值，转向价值营销，从而退出价格战的"红海"，超越"价格营销"的传统模式，寻求新的市场空间。

银泰百货创始人沈国军也秉持"以客为先"，才能居安思危，对市场变化有较为准确的预判，在银泰百货销售形势一片大好的情况下，提出了企业必须转型创新的思路。正是在这样的意识下，银泰百货非常重视激发员工创新。

当当的创始人李国庆同样强调从顾客需求出发的重要性。他认为，具有伟大性的创新一定是创造顾客需求，这也是最了不起的创新。要想创业，一定是创新的，但是现有的市场格局中没有人可以给客户提供这种产品或服务或价格。但是，不见得每个企业都有这个机会。在购物层面、顾客服务上的创新也是非常重要的。

第二，重视技术的创新引领作用。

典型的代表就是物美的创始人张文中。与传统零售企业的认识不同，物美团队一直认为零售企业是高技术企业。物美创始人张文中曾经说过："连锁零售业是高科技企业。技术是创新的基础，创新要结合实际。信息技术既是物美的前身，也是其连锁零售集团的基础。"与此相似，苏宁创始人张近东、京东创始人刘强东、阿里巴巴创始人马云无不是最新零售技术的拥趸和早期采纳者。虽然这些企业领导人重视技术，但因为零售企业本身利润率不高，所以，他们的创新理念也是非常务实的。刘强东曾说过："一家企业如果过分追求很大的创新，很危险，因为企业的 DNA、成长轨迹等会遭遇非常大的变动。"他认为，京东很少去追求模式的创新，京东的创新理念是稳健的，注重的是来自细节的创新和来自业务需求的创新，这些创新提升了京东的客户体验，在业界也建立起了京东的服务品牌。

第三，营造推崇创新、敢于创新和坚持创新的文化。

马云曾经说过：企业家的职责是创新，创新的主角是企业家。人人都喜欢谈创新，但其实创新是一种责任、一种担当、一种毅力，更是一种代价。创新者的第一能力是生存能力和抗击打力。大创新更是一种生产力，它需要好的生产关系。永辉超市创始人张轩松在 2012 年 8 月的一次采访时，道出了自己成功的八字经："勤劳、创新、总结、沟通。"张轩松说，多年来，永辉超市沉淀了敢拼爱拼、敢于创新、敢于纠错的文化，并在团队中形成了共识。在 2010 年的一次采访中，张近东说："回顾 20 年的发展历程，我将苏宁的持续增长归纳为两个原因：第一是坚持，第二是创新。"苏宁的价值观是"成长比成功更重要"，企业的发展是一个探索未知的旅程，成功是偶然的，失败却是必然的。所谓的成长过程是由极个别的偶然的成功与无数个必然的失败连接而成的。因此，苏宁既鼓励创新，也宽容失败，无论成败，都会推动企业的成长。苏宁形成了内部的创新方针：从自主创新意识上升到有效创新实践，把创新落到实处才是关键。有效创新首先必须是有目的的创新，坚决拒绝"为了创新而创新"。创新是国美领先市场的一个重要法宝，黄光裕说："国美一直推崇创新。原来不习惯创新的人，来国美之后也被挤压着学会创新了。"但国美并不痴迷于创新："国美的创新，我们讲得很清楚,创新是什么?是锦上添花,不是救世主。"事实上,国美从来不靠单项冠军取胜,也不靠某个人。

第四,不断模仿和试错,在探索中前进。

在12个案例中,如果按照财务指标和市场份额指标,有三个案例企业——红孩子、凡客、聚美优品,是处于从上升通道陷入绩效不佳境遇的。这三家企业都属于消费需求驱动下的模仿创新模式。红孩子的经营模式属于零售企业创新的合并类型,利用关键要素或对两种不同的零售种类进行组合,即对目录、网络、电话的组合营销,以最大程度地接触顾客和方便顾客。凡客模仿了PPG的自有品牌服装直销模式,但也在模仿的基础上进行了营销模式的创新。聚美优品首创"化妆品团购"模式实际上是模仿美国的团购模式在化妆品领域的具体应用,其营销创新也有很强的模仿凡客的痕迹。从创新理念和创新保障而言,三家企业创始人具有的共同点就是"求快"。红孩子前CEO徐沛欣想到的是"如何尽快上市";凡客陈年也在2011年制定了从30亿元提高到100亿元的激进销售目标;聚美优品的陈欧更是明确说明自己的愿望是在"30岁的时候能够上市"。"求快"既反映了他们自己的雄伟目标,也在很大程度上是来自风险资本压力的结果。然而,这样"求快"的经营理念,缺乏有效的创新保障和管理,使他们没有延续起初的传奇,难以实现可持续发展。

与孔翰宁等(2008)在《2010商业模式:企业竞争优势的创新驱动力》一书中的研究结论相似,该书通过与首席执行官和高层管理人员进行访谈,总结了15个中国企业的案例。他们认为,商业模式的创新是一个过程。提高价值创造的效率是商业模式创新的永恒方向。企业各种商业创新理念和方向都和信息化的应用息息相关。环境变化使企业的商业模式也必须随之改变,而这些改变在很大程度上,甚至在关键领域里,都是由信息技术驱动的典型转变。中国企业与西方企业相比,95%的西方企业理念适用于中国,高层管理人员对于实施创新型商业模式的速度和成功具有重要影响。由本书的案例研究可以发现,企业领导人的理念对于创新的影响非常重大。

18.3 知识在中国零售企业创新中的作用

创新活动的本质是对知识的充分理解和利用。在创新的过程中,零售企业内部和外部都有多种多样的知识密集型服务活动发生,除了内部的知识密集型服务活动之外,我国零售企业创新过程中,以新技术为基础的知识密集型服务企业承担了非常重要的功能,尤其是 ICT 服务提供者。零售商一直是 ICT 企业的主要客户,无论是硬件、软件,还是 IT 咨询都把零售业作为公司利润的主要来源,如 IBM、微软、思科、讯宝这些各自领域的领先者,都把零售业务作为其重要的事业部和目标市场。ICT 公司带动了零售企业的技术创新和信息化水平。如表18-3 所示,本书的案例企业涉及多个知识密集型服务企业,如 IBM、SAP、甲骨文等都为多家零售企业提供服务。

表 18-3 案例企业使用的知识密集型服务商举例

企业	创新名称	知识密集型服务商及其服务
当代商城	服务创新 品牌评价体系 国际代购业务	清华大学中国零售研究中心的咨询服务 富基技术服务 长益技术服务
银泰百货	银泰西选创新项目 银泰集货项目 O2O 平台创新	阿里巴巴:平台服务 百度云:搜索服务
物美	物美的 Winbox 项目 "农超对接"项目	摩托罗拉的企业移动业务 SAP 的信息系统
永辉超市	"农改超" "精标店":餐饮+零售+智能硬件	SAP 的信息服务 IBM 的信息服务
苏宁	IT 创新 "电商+店商+零售服务商"的云商模式 苏宁易购云店	IBM 战略业务合作伙伴,在企业管理、流程变革、应用系统开发与 IT 管理等领域开展密切合作
国美	全渠道零售商战略 营创创新型平台	毕博、埃森哲参与重构管理系统 甲骨文、SAP 等开发 ERP 系统 奥美集团设计新的形象识别标志
阿里巴巴	淘宝模式 组织创新 营销创新	基于甲骨文的技术架构
京东	信息系统和物流系统 "生鲜冷链一体化"解决方案	自主研发
当当	微创新 创新工场	自主研发
红孩子	"刊+网"模式	—

续表

企业	创新名称	知识密集型服务商及其服务
凡客	轻资产模式 "凡客体"	—
聚美优品	化妆品团购模式 "我为自己代言"	—

以苏宁为例,2000~2006年,我国家用电器的销售发展非常迅猛。苏宁通过连锁经营这一崭新的商业模式改变了我国家电零售市场的格局。连锁经营依赖于信息化平台,它是管理创新的载体,由此可以提高企业的物流能力和服务质量。苏宁内部有一句有名的口号:"你看得见的苏宁和你看不见的苏宁。"苏宁电器的发展经验表明,构建在信息系统基础上的"看不见的苏宁"为向管理型企业转变的"看得见的苏宁"的快速发展提供了重要保证。苏宁通过ERP系统建设,将销售、物流和采购统一起来,从而全方位降低了整条供应链的成本。苏宁不仅与SAP、索尼、摩托罗拉、三星等企业建立了战略联盟,进行信息系统的对接,还与1000多家供应商通过网站平台实现了数据交换,建立了更好的零供关系。信息化建设使苏宁的运营成本大大降低,例如,无纸化操作直接节省了80%的成本,也带来了商业模式和流程转变。2006年6月17日,苏宁电器与IBM公司在南京苏宁电器总部联合宣布建立战略合作伙伴关系。IBM公司积累了全球零售行业30余年的服务经验,其每次技术创新都引发了零售业巨大的变革和飞跃。苏宁和永辉超市都明确指出与IBM建立了正式的战略合作伙伴关系。截至2011年,苏宁的信息化建设在软硬件的投入已累计超过2亿元,其在全国专门负责软件开发、硬件和网络维护的信息系统中心下属的技术人员有1300多人(成志明,2011)。

当时,苏宁最大的竞争对手国美,也在2007年底大力借助外部的知识密集型服务商来助其进行商业模式创新。在管理方面,国美聘请了毕博、埃森哲等咨询公司参与重构管理系统;对于信息系统,国美委托甲骨文(Oracle)、SAP(思爱普)等知名电子商务服务商开发ERP系统;对于企业形象识别,国美聘请跨国广告公司奥美集团来帮助它设计新的形象识别标志。经过各种知识密集型服务活动之后,国美建立起了以服务为核心,提高购物体验和改善与供应商关系的新形象,来面对国际家电巨头百思买和国内强劲对手苏宁的竞争。其中,SAP公司成立于1972年,总部位于德国沃尔多夫市,是全球最大的企业管理软件及协同商务解决方案供应商、全球第三大独立软件供应商。物美的Winbox项目就是与SAP公司合作打造的中国零售业第一个ERP"灯塔"项目。SAP和物美都投入了巨大的资源和支持，SAP和物美共同组成了该项目世界级指导委员会。这个项目还引入了来自全球13个国家20余名SAP海外咨询顾问和30余名SAP中国本土顾问。甲骨文公司是全球最大的企业级软件公司，总部位于美国加利福尼亚州的红木滩，1989年正式进入中国市场。随着业绩的快速增长，淘宝希望能够挖掘其海量的数据作为业务决策与网站运营的依据。通过采用甲骨文的网格计算技术，淘宝网的数据仓库可以提供商业智能分析与数据挖掘两大功能，还可以根据需求提供相应报表和进行用户模式分析，实现了业务创新。例如，依靠数据仓库来监测促销活动是否达到预期的效果，或者根据历史数据找出最好的促销活动重新包装推出。技术创新驱动着业务创新，淘宝实施项目后，其业务量比之前一个月提高了30%以上。

2000年以来，我国零售企业在信息技术方面的投入日益快速增长。例如，2012年，中国零售业IT支出达到1463亿元，占全部IT行业支出的9.7%。当然，我国零售企业的信息化建设情况差异很大，领先者投入巨大，但大部分中小企业的IT应用还处于办公自动化水平（王强，2014）。总之，硬件、软件、IT咨询、战略咨询、管理咨询、IT外包、员工培训等一系列知识密集型服务已经围绕零售产业价值链，形成了一个成熟的服务网络。因此，表面上，零售创新是零售企业自身进行的，实质上，这种创新是由ICT技术驱动下进行的一系列开放式的创新活动和过程。

18.4 资本在零售企业创新中的作用

开展创新活动需要大量资金，如果仅靠零售商自身积累，很难具体实施。因此，各种融资渠道及其相关的金融服务在零售企业创新过程中发挥着非常重要的作用。我国的零售企业作为服务业中市场开放程度最高、最具竞争性的领域，从改革开放政策实行一直到2000年以前，主要的资金来源分为两个部分：第一，企业自身积累的可供直接支配的资金是其投资增长的主要动力，这类资金的自主性强，甚至强于国民经济中竞争性最强的制造业部门。第二，通过上市公共募集资金。由于上市的条件和门槛较高，除了规模、业绩和历史较为悠久的国营企业外，其他零售企业是很难通过上市获取资金的。因此，利用外部的融资服务商、设备租赁商，或者风险投资商获取所需资金，就成为重要的选择。表18-4列出了本书研究的12个案例企业的经营性质和创新资金来源，可以看出，除了凡客、红孩子之外，其他案例研究公司都是上市公司，风险投资是这些零售企业创新资金的一个重要来源。

表18-4　12个案例研究公司的经营性质和创新资金来源

名称	经营性质	创新资金来源
当代商城	国企	上市公司全资子公司
银泰百货	民营	上市公司，阿里巴巴集团、银泰百货创始人沈国军和复星集团为前三大股东
物美	民营	上市公司，TPG带领的包括弘毅投资及联想控股在内的投资团，对物美进行共约2亿美元的战略性投资
永辉超市	民营	A股成功上市；与京东合作推出O2O电商平台
苏宁	民营	深交所上市
国美	民营	中国香港上市
阿里巴巴	外企	纽约证券交易所上市，多轮风险投资
京东	民营	纳斯达克证券交易所上市，多轮风险投资
当当	民营	从纽约证券交易所退市，成为一家私人控股公司。多轮风险投资
红孩子		多轮风险投资，被苏宁以6600万美元收购
凡客	民营	多轮风险投资
聚美优品	民营	纽约证券交易所上市，启动私有化进程。多轮风险投资

因此，下文着重对风险投资在我国零售企业创新过程中的作用进行阐述，并通过京东、红孩子、凡客的案例进行具体说明。

18.4.1　风险投资的作用

根据美国风险投资协会的定义，风险投资是指由职业金融家投入到新兴的、迅速发展的、有巨大竞争力的企业中的一种权益资本，本质上是一种结合了资本、技术、管理与创业精神等的特殊投资方式。风险投资的一个重要特征是分阶段注入所承诺的资本并保留放弃该项目的权利。风险投资作为一种权益融资，不仅能够满足企业创立时的资金需求，而且还能够通过参与董事会、制定发展战略、监管公司行为和雇佣管理层等方式来迅速促进企业的成长。通常，风险投资活动包括四个阶段：筹资、投资、管理和退出。风险投资及其投资的新建企业已经成为创新发展过程中不可缺少的一部分。开放式创新的首倡者亨利用英特尔和朗讯公司的例子，说明了开放式创新的一个关键特征：风险投资的存在改变了每一家公司的创新过程。

一方面，风险投资不仅能够很好地解决创新的融资问题，而且具有一定专业才能的风险资本家的参与管理和控制能为企业带来有价值的市场信息和技术信息,从而促进创新(亨利,2005)。而且,风险投资一般是在市场和技术不确定性高的情况下投资的。投资后,如果企业最初的商业模式不再有效,他们会督促企业改变,他们会通过建立强有力的激励机制,鼓励企业家承担发展新商业模式的风险。另一方面,风险投资也给创业团队和创新活动带来了很大的限制。企业创始人及其团队一般趋向于维护最初的商业模式,他们已经形成了自己的分工、默契和文化。然而,追求高收益、高回报的风险投资者可能会对企业进行密切监管,按照他们的标准介入企业的战略和管理活动。因此,在开放式创新模式下,企业必须学会如何与风险投资进行合作,同时,还能够实现创新收益(刘曼红和胡波,2004)。

风险投资在我国的发展可以追溯到20世纪80年代中期。1985年9月,国务院正式批准成立了"中国新技术创业投资公司",这是中国大陆第一家专营风险投资的全国性金融机构。随后很多地方政府都成立了以孵化科技为目的的风险投资公司,如北京创投、上海创投、苏州高新投、深圳高新投。随着经济的迅速发展,作为新兴市场的中国对国外风险投资机构充满了吸引力,很多风险投资机构先后进入我国。例如,早期进入的有IDG、华登,后期进入的有软银、英联、红杉等。而且,我国民营企业在经济高速发展的过程中积聚了大量资本,他们也开始建立或投资风险投资机构,如复星资本、安丰创投、盛宇投资等。然而,邓俊荣和龙蓉蓉(2013)研究认为,中国风险投资尚处于发展初期,对被投企业的帮助有限;但是,中国风险投资发展速度过快,投资额变动很大;中国风险投资行业本身不够成熟,对高新技术企业提供的支持远小于发达国家,因此,需要进一步健全中国风险投资环境和建立风险投资机制等。与我国风险投资实践的现状相比,风险投资的研究更为缺乏。在众多议题中,风险投资和创业企业的相互作用、风险投资家和创业家个体特征对投融资过程以及绩效的影响等受到了最多的关注(罗国锋等,2008)。本书的案例企业中,京东、红孩子和凡客的风险投资经历非常具有代表性,因此,下面进行具体说明。

18.4.2 京东、红孩子、凡客的融资情况分析

18.4.2.1 京东历经五年亏损终于上市

根据各种公开资料,迄今京东一共进行了七轮融资,但因为数据缺失,笔者只找到了六轮融资金额和出资者的情况,根据这些资料,京东共融得26.06亿美元,如表18-5所示。从2006年起,京东处于火箭式的增长中,2007年8月,在与今日资本的首轮融资中,刘强东签署了一份对赌协议,承诺每年的增长速度不得低于100%,五年实现年销售额10亿元。虽然京东在两年的时间就实现了目标,但是,刘强东发誓不再对赌,也绝不出让控制权,这是其融资的两条底线。

因为，随着京东的快速增长，到了 100 亿元年销售额的规模，京东很难保持一年 100% 或者更高的增长率，刘强东认为，"过早地追求盈利，丧失的将是对未来的投资"。在 2008 年的一次专访中，刘强东透露了自己与风险投资之间的关系。他说："对资本，我一开始是懵懂，然后变成充满戒备和芥蒂，对它们的各种条款也都慎之又慎。又需要它们，又害怕它们。"

表 18-5 京东历年融资情况

时间	融资额	出资人
2007 年 8 月	0.10 亿美元	今日资本
2009 年 1 月	0.21 亿美元	今日资本、雄牛资本以及亚洲著名投资银行家梁伯韬先生的私人公司
2010 年 1 月	0.75 亿美元	老虎环球基金领投的 C1 轮风险投资
2011 年 4 月	15 亿美元	C2 轮，获得俄罗斯投资者数字天空技术（DST）、老虎基金等共六家基金和社会知名人士融资
2012 年 10 月	3 亿美元	加拿大安大略教师退休基金和老虎基金投资
2013 年 2 月	7 亿美元	由加拿大安大略教师退休基金和沙特阿拉伯亿万富翁阿尔瓦利德王子控股的王国控股集团以及公司一些主要股东跟投
2014 年 1 月 30 日	约 15 亿美元	京东启动海外上市进程

从 2009 年起，京东不断掀起一轮轮价格战，尤以 2012 年 8 月 15 日针对苏宁拟向社会公众发行公司债券，刘强东通过其微博高调宣布所有京东大家电三年内零毛利，且从 2012 年 8 月 15 日起，京东所有大家电将比国美、苏宁连锁店便宜至少 10% 以上。就此，电商领域的价格战进入高潮，引起了各方的争议和质疑。事实上，业界一种具有代表性的观点认为价格战是刘强东迫于资本高压之下的炒作。因为京东虽然已经产生了巨大的销售额，但却没有盈利。资本似乎更愿意赔钱换取高速增长，能够以更高的估值上市，让资本可以顺利地退出（宗宁，2012）。当然，不同风险投资机构的观点和方式差异很大，对于京东的盈利问题，有些人持有短期观点，有些人持有长期观点。例如，高瓴资本董事长张磊就发表了诸如"投资京东 3 亿美元就是看好了京东未来发展潜力"的见解。当然，现在看来，那些持有长期观点的风险投资机构获得了巨大的回报。自 2008 年以后，京东一直处于亏损状态，直至 2013 年底宣布其当年前 9 个月盈利 6000 万元。此后，京东开启了上市进程，终于在 2014 年 5 月于美国纳斯达克证券交易所正式挂牌上市。在京东的发展历程中，风险投资的作用必不可少，并对京东的经营方向产生了重要的影响。

18.4.2.2 红孩子上市失败被收购

红孩子诞生于 2004 年 3 月，从那时到 2010 年，正好是我国网络购物的成长期，整个行业的交易额增长率都处于较高水平，在 100%～200%。由于目录销售的低成本和低价销售带来的客户迅速增加，红孩子在这个阶段的销售额增长率都在 200% 以上，尤其是在 2004～2008 年，其年销售额增长率甚至高达 300% 以上，所以，很容易理解红孩子为什么引来了风险投资的青睐。

如表 18-6 所示，2005～2006 年，全球领先的网络安全设备供应商北极光和美国著名风险投资公司 NEA 先后对红孩子进行了两次投资，共计 1300 万美元，公司将力争 2008 年正式上市（胡笑红和杨峰，2006）。2007 年，美国硅谷风险投资公司 KPCB 的首只海外基金凯鹏华盈对红孩子投资 2500 万美元，是 2007 年第三季度服务导向型公司所获得的最大一笔风险投资（陈黛，2007）。其后，红孩子又分别获得 5000 万美元和 2000 万美元两笔投资。北极光的邓锋曾表示，"红孩子"让他兴奋的模式在于它的"目录销售"，就是面向目标顾客群体定期发放产品目录的销售模式，这样的模式在全球都有非常成功的案例，比如宜家，而在国内非常新。当年，红孩子的模式很新，对资金的需求量很高。在世界范围内，风险资本都极大地促进了电子商务领域的发展。然而，资本是逐利的，资本的加入往往会导致企业走向疯狂的多样化扩张之路。

表 18-6 红孩子风险资本融资情况

次数	风险投资机构	时间	数额
1	北极光和风险投资基金 NEA	2005 年 11 月	300 万美元
2	北极光和风险投资基金 NEA	2006 年 11 月	1000 万美元
3	凯鹏华盈基金（KPCB China）	2007 年 11 月	2500 万美元
4	—	2010 年 6 月	5000 万美元
5	北极光、NEA、凯鹏华盈	2012 年 7 月	2000 万美元
6	—	—	3200 万美元

资料来源：笔者根据公开资料整理。

中国电子商务研究中心监测数据显示，2009 年，红孩子销售额为 20 亿元，2010 年销售额为 15 亿元，到 2011 年红孩子销售额为 15 亿元，但处于亏损状态。2012 年 9 月 25 日，苏宁宣布以 6600 万美元价格全资收购红孩子。该消息公布后，认为红孩子被贱卖的观点居多。据悉，红孩子先后进行了六轮公开和非公开的融资，累计超过 1.2 亿美元，以 6600 万美元让苏宁易购接手，无疑是打了五折出售。红孩子在获得了风险投资之后，因为追求业绩而进行多元化扩张，创始人团队解散，最终导致被收购，没有很好地处理与风险投资的关系是其失败的重要原因。

18.4.2.3 凡客盲目扩张陷危机

从2007年创立至今，凡客总共吸引了六轮共计4.12亿美元的投资，如表18-7所示。

表18-7 凡客诚品的风险投资情况

次数	风险投资机构	时间	数额
1	联创策源和IDG风险资本	2007年7月	200万美元
2	软银赛富	2008年1月	1000万美元
3	软银赛富、启明创投、IDG和联创策源	2008年7月	3000万美元
4	老虎基金	2010年4月	4000万美元
5	联创策源领投、IDG、赛富、老虎基金	2010年11月	1亿美元
6	淡马锡、中信产业基金、嘉里集团、IDG	2011年7月	2.3亿美元

历史就是不断地重演。2009年的凡客曾经不断告诫自己要警惕，不要重蹈PPG的覆辙。然而，2010年，陈年为凡客制定了非常激进的发展规划：2011年销售目标为100亿元，2012年的销售额如果达到300亿元，就考虑在2012年下半年或2013年下半年上市。甚至，凡客有可能在5年内实现1500亿元的销售额。而实际上，2010年凡客的销售数据不足18亿元。这意味着凡客2011年的增速要达到400%，这是根本无法实现的。2011年7月，凡客完成了意义重大的第六轮融资，共获得来自淡马锡、中信产业基金、嘉里集团、IDG共计2.3亿美元的融资。风险资本对凡客有尽快上市的要求，凡客的上市计划也在这一轮融资时确定。也正是在这个时候，凡客正在经历创立四年以来最大的挫败，并由此展开反思。由于多元化和扩张过快，凡客有大量库存积压，加之市场环境恶化，最终陷入危机。

现金流和利润是衡量企业是否健康的两大指标。凡客在品牌塑造、渠道布局以及营销推广等方面都做得不错。凡客2008年、2009年和2010年的销售额分别为1.18亿元、2.98亿元和12亿元。但是，从2008年7月至2011年6月，凡客三年累计亏损额约6亿元。当期，凡客的总体营销费用支出高达4.64亿元。显然，急于上市动机下的快速扩张是凡客偏离健康财务路线的主因。当然，在这个过程中，凡客暴露出的管理能力和监控不足也是创业企业普遍的通病。如何和风险资本建立良好的关系，既很好地利用这种融资方式，也防止被这种模式下的急功近利阻碍企业长期的发展，这是企业必须解决好的问题。

18.5 中国零售企业创新的政策环境

改革开放近40年来,与不同的历史时期和市场环境相对应,我国零售业经历了从缓慢恢复到迅速发展的历史阶段,我国政府对零售业政策的认识也经历了从忽视到重视的发展过程。1981~1992年,我国政府对零售领域的重视不够,专门适用于零售领域的法律法规很少。1992年,我国正式允许外资进入零售经营领域,这是我国零售业发展历程中的一个重要事件。此后,随着扩大开放和进一步推进市场经济体制改革政策的落实,我国政府对零售业的重视与日俱增。同时,现代流通技术和经营方式的引进也促使我国政府出台了许多与零售业相关的政策措施。大力鼓励连锁经营是这个时期我国零售业政策的显著特点,有很多规章规程都是促进连锁经营发展的措施。进入21世纪,零售业成为信息化建设的重要领域。2000年以来,关于推进零售业信息化的政策措施不断增多,大多体现为各种行政规章。我国政府使用流通业政策来涵盖物流、批发、零售等所有流通环节上的产业政策。随着零售业在国民经济中的作用日益显著,从2002年起,我国政府将零售业发展规划纳入正式的经济与社会发展规划中,零售业政策的重要性得到提升。

2005年6月9日,国务院颁布了《关于促进流通业发展的若干意见》,首次系统、规范地提出了我国流通产业发展政策的框架体系。第二条提到了流通企业的创新,指通过切实推进连锁经营快速发展,推动流通企业进行流通方式和技术创新,鼓励发展物流配送中心来提高我国的流通现代化水平。第六条强调了流通产业要加大知识产权保护力度,实施品牌战略等与创新保护密切相关的措施。流通产业发展政策框架体系作为零售业政策的纲领性文件,对于政府有关部门和地方政府制定相应的行政规章有重要的指导意义。

2006年,商务部颁布实施了《商务发展第十一个五年规划纲要》(以下简称《纲要》),明确提出建立国家知识产权保护体系,创造有利于自主创新的市场环境是建立我国统一开放大市场的重要问题。《纲要》专门指出,在"十一五"期间,要重点扶持20家左右拥有自主品牌和自主知识产权、主业突出、核心竞争能力强、初步具有国际竞争力的大型流通企业。要规范商业领域对外开放秩序,注重防范和化解流通业对外开放风险,保障国内企业在流通领域中的主导地位。2008年全球金融危机导致我国产品的外需大幅下降,很多原来仅以外贸作为主要业务的企业开始挖掘国内市场,寻找国内的流通渠道合作伙伴。为了促进"从外贸转内销"的政策,国家商务部先后出台了"家电下乡""以旧换新"等惠民政策,也促进了家电企业及其相关零售企业的发展。

同时,促进农产品流通也成为政策热点。2008年,商务部、农业部联合下发了《关于开展"农超对接"试点工作的通知》,统筹推进"菜篮子"工程,对我国超市经营农产品的发展产生了巨大的推动作用。截至2011年底,全国开展"农超对接"的规模以上连锁经营企业已逾800家。2010年以后,我国电子商务,尤其是网络零售的发展迅猛。与对传统商业的管理相比,我国政府对于电子商务,特别是网络零售领域的管理是比较宽松的。政府鼓励电子商务的发展,因此对于网络购物征税一直没有实行,直到2012年以后,才开始出台相关的法规。

2015年6月,面对复杂严峻的国内外发展环境和宏观经济的下行压力,国务院发布了《关于大力推进大众创业万众创新若干政策措施的意见》,坚持以创新驱动发展战略为引领,大力推进"大众创业,万众创新"。国家发改委公布的《2015年全国物流运行情况通报》数据显示,2015年社会物流总费用为10.8万亿元,占GDP的比例为16.0%。这个数据在日本大概只有5%~6%,在欧美一些国家只有6%~7%。推动网络购物的法制化建设,促进针对消费平台的立法,成为大家的共识。2015年8月26日,国务院发布《关于推进国内贸易流通现代化建设法治化营商环境的意见》(国发〔2015〕49号),形成了促进内贸流通改革创新发展的政策框架体系,该政策框架体系的主要目标是:到2020年,基本形成规则健全、统一开放、竞争有序、监管有力、畅通高效的内贸流通体系和比较完善的法治化营商环境,内贸流通统一开放、创新驱动、稳定运行、规范有序、协调高效的体制机制更加完善,使内贸流通成为经济转型发展的新引擎、优化资源配置的新动力,为推进内贸流通现代化夯实基础。该政策框架体系的第三个部分——提升内贸流通创新驱动水平,分别从三个方面阐述了流通领域的创新政策:第一,强化内贸流通创新的市场导向。具体包括:①推动新兴流通方式创新;②推动传统流通企业转型模式创新;③推动绿色循环低碳发展模式创新;④推动文化培育传播形式创新。第二,增强内贸流通创新的支撑能力。具体包括:①完善财政金融支持政策;②健全支撑服务体系;③推动流通企业改革创新。第三,加大内贸流通创新的保护力度。具体包括:①加强知识产权保护;②引导电子商务平台健康发展。

2016年11月11日,针对传统的店铺零售业,国务院办公厅又印发了《关于推动实体零售创新转型的意见》,对实体零售企业加快结构调整、创新发展方式、实现跨界融合、提升商品和服务的供给能力及效率作出部署。总而言之,我国零售业的政策现状表明,目前零售业相关的政策已经把创新作为一个重要问题来考虑，提出了建立知识产权保护体系和实施品牌战略等与创新保护密切相关的措施，这是有利于自主创新的重要政策；提出了推动流通企业进行流通方式和技术创新，通过推进连锁经营快速发展，鼓励发展物流配送中心来提高我国的流通现代化水平。中共十八大以后，政府推出的一系列简政放权、放宽市场准入、鼓励新兴业态发展的政策导向等改善创新环境与氛围的政策，也为我国零售企业创新提供了更好的政策环境。但是，这些政策措施没有涉及零售企业创新的全过程。其中，服务业能否提供低成本高效率的分销服务、金融服务，以及会计、审计、法律服务等，成为我国产业竞争力能否进一步提高的重要因素。因此，大力发展以知识密集型服务业为核心的商业服务，加强对风险投资行业的监管和引导，对我国零售企业的创新能力乃至整体竞争力的提高是十分必要的。最后，应该加强零售创新政策的研究，增强政策的前瞻性。

18.6 主要研究结论和创新

本书紧密围绕"创新"展开，关注和研究的是从20世纪90年代至今的中国零售企业创新活动和过程，在整个创新的过程中，理念、知识和资本在其中起到了非常重要的作用。

由于零售业和创新都是含义广泛和复杂的概念，因此，本书首先对零售企业创新进行概念界定。零售企业创新是发生在零售业中的创新行为与活动，它的目的在于通过创新实现差异化，提高零售企业的创新能力，获得竞争优势。因此，零售企业创新是能够给企业带来竞争优势的行为。与其他服务创新一样，零售企业创新包括微小的渐进创新和重大的范式创新，只是创新程度不同而已。零售企业创新范围广泛，所以，对其类型的划分争议比较多。本书认为，零售企业创新在微观零售企业和宏观零售产业两个层面发生：在微观层次，指发生在某个零售企业的创新行为和活动；在宏观层次，指发生在零售产业价值链中的创新行为和活动，涉及其他参与者或利益相关者。与制造业相比，零售企业创新过程的研究开发投入小，零售商可能很少组织正式的研发活动，而将重点放在关注企业环境的活动上，以迅速抓住新的消费趋势，因此，零售企业创新过程与制造业创新过程相比，存在较大的差异。

零售企业创新过程具有一般创新过程的共性，但也具有自身的特点。

第一，零售业面向终端消费者，是上游制造业和下游消费者之间的重要渠道成员。这种行业特点决定了零售业的创新过程更多以市场为导向。因此，零售企业创新是以消费者为中心，持续改进、不断解决问题的过程。零售企业创新过程也是技术变革、市场变革和组织变革不断进行整合的过程。在这个过程中，知识分享和传递是管理的重点。知识可以来源于企业内部，也可以来源于企业外部。企业学习能力越强，越能更快更好地通过创新来应对环境的变化和挑战。第二，以知识为基础的技术创新在零售业中占据了相当大的比重。技术创新是指零售企业以新技术为手段，通过创新获得竞争优势的过程。技术创新正日益成为业态创新和商业模式创新的基础，这是当今零售业发展的明显趋势之一，但是技术创新不一定是其他两种创新产生的必要条件。零售企业创新的过程中，零售商往往先以某种新型业态进入市场，并根据需求的变化不断进行渐进创新，此时，业态创新占据主导。当业态趋于稳定后，特别是随着连锁经营的发展，零售商形成一定的规模后，商业模式创新就成为零售商创新的主要形式。技术创新作为零售商实现创新的手段，不管是业态创新，还是商业模式创新，都在某种程度上依赖于新技术的应用和发展，否则就无法保证不被其他企业模仿。与业态创新、商业模式创新占主导的阶段相对应，零售企业的技术创新逐渐由初级发展到中级，甚至更高的技术创新水平。实践中，大多数零售企业创新都是这三种类型的组合，只是各自的侧重点不同而已。以上是对我国零售企业创新过程的整体总结，下面针对四个命题，分别进行总结：

命题一：创新是否能够取得成功需要客观要素和主观能动性的有机融合。

通过12个案例的研究发现，在影响我国零售企业创新的因素和驱动力中，人的重要性毋庸置疑，特别是来自高层领导者的理念往往是创新产生和持续的坚实基础；领导人理念和相应的组织保障是创新能否成功的关键。例如，马云创造理念并且大胆执行，其领导风范和人格魅力是阿里巴巴不断创新成功的重要原因之一。在此基础上，零售企业对于外部环境的适应力非常重要，其中，对于技术创新的采纳和对于风险资本的获取都是非常重要的两个助推力。与任何企业的创新一样，零售企业要取得成功往往需要跨职能的团队来发现和解决问题。有效的创新过程管理、清晰的有良好沟通的战略、充足的资源和有效的实施都是创新成功的因素。零售企业创新还需要有利于创新的组织文化，这包括欢迎变化、鼓励创新、容忍失败等，有利于创新的文化都是高度评价个人的创造性、风险承受力和独创性的，而这与企业领导人的理念密不可分。

命题二：零售企业创新与中国宏观环境密切相关，各个关键时点往往会出现密集型的创新活动。

从各案例的发展历程来看，我国零售企业的不同创新有非常强的时代特色，这可能是我国零售企业创新与西方零售企业创新最大的差异，即时代背景的不同造成了独具中国特色的零售企业创新活动。例如，1998年是中国电子商务创业的元年，阿里巴巴、腾讯等先后通过风险投资在 2000 年后融到了资金，而三大门户网站新浪、搜狐和网易都是通过上市获得了资金。其后，互联网泡沫破裂，大量企业消失。2003 年，阿里巴巴最为重要的创新——支付宝推出，通过支付创新解决了网络零售的信用危机难题。其后，所有电子商务企业都在进行供应链管理的创新。

命题三：零售企业创新存在风险，如何制衡创新活动与其带来的风险，直接决定了创新的效果和绩效，是零售企业的重要战略问题。

我国零售企业大部分创新都是技术驱动下发生的，同时，资本，尤其是风险投资的介入给零售企业的创新带来了机遇和挑战。无店铺零售企业创立之初，轻资产模式居多，如红孩子、凡客、聚美优品等，往往在获得风险投资之后，为了提高进入壁垒，塑造竞争优势，就开始自建物流系统和信息系统，在这个过程中，如果企业发展顺利还好，一旦发展不顺，就会带来非常大的风险。例如，红孩子的被收购、凡客的扩张后压缩，以及聚美优品的"301"危机等。如何应对创新风险，是重要的战略问题。

从政府政策而言，传统融资服务难以满足零售企业创新的资金需求。风险资金是零售企业，尤其是初创企业创新的重要融资渠道。政府可以通过财政税收和风险资金政策，促进建立更加灵活有效的融资方式和风险分担机制，应该加大对零售业的财政支持和税收优惠力度，积极筹措支持零售业发展的财政性专项资金，可以设立支持零售业技术创新的创业基金、启动基金和配套基金；支持零售企业技术支持、人员培训、信用担保及服务体系建设的基金；引导各类信用担保机构积极开展中小零售企业的担保业务；鼓励中小零售企业采取 IGF 的融资租赁来进行创新；对中小企业购买咨询和培训服务提供津贴；针对零售企业与知识密集型服务业的创新项目制定税收优惠政策，支持合作创新项目等。

命题四：不同零售业态的创新类型、创新驱动力和创新模式存在差异。

根据 Barras 的服务创新逆向产品周期理论，我国零售业的创新具有更加丰富的形式，往往是商业模式先行，技术创新引入；管理创新和营销创新也占据更大的比重。针对有店铺零售和无店铺零售，以及具体的百货商场、超市、家电专业店，平台式电商和垂直式电商，其创新类型、创新驱动力和创新模式既有很大的共性（都是技术和资本驱动下发生的），但又存在着一些差异。

百货商场更多侧重于企业内部的管理创新，超市更多采用各种软硬件的技术创新，家电专业店则更多进行商业模式的创新和探索。传统零售业态往往是消费者驱动为先，然后在企业成长期之际，在竞争者的驱动下，引入新的技术系统，在技术创新的辅助下开展创新活动，创造出新的业务模式和需求，即消费推动—

竞争推动—技术推动—消费推动，形成一个循环。综观六家传统零售企业的创新活动基本上都遵循这样的一条轨迹。

网络零售的创新是以商业模式创新为主，创新程度较高。一开始往往是信息通信技术推动下的新商业模式创新，然后不断针对现实消费者的需求进行调整，构筑自己的竞争优势，往往是物流系统或独特的服务体验。另外，网络零售企业往往在瓶颈期进行营销创新，而在企业发展迅速期进行需要较大投入的技术创新。风险资本的加入往往加速了这个进程，使得我国网络零售业实行超速的发展。

总体上，我国零售企业创新经历了从封闭式创新模式到开放式创新模式的转变，越来越多的零售企业寻求各种合作，进行资源互补，开拓创新。零售企业创新的模式看似容易模仿和复制，但是如果深入分析，就会发现服务界面、传递系统和技术系统都难以模仿，需要规模、资金、技术和人才的支持，这也是许多新进入者能够轻易提供目录和网站销售的前提，但终究因为服务界面、传递和技术系统的后台支持不力而失败。特别地，物流能力和管理创新的能力和水平决定了某个零售企业是否能够在业内取得领先地位。而且，零售企业创新比制造业创新更容易扩散。所以，零售商必须不断创新，才能获得可持续的竞争优势。

本书的创新之处在于：

第一，本书关注我国零售企业创新的驱动力、类型、模式和保障条件，在纷繁复杂的中国零售环境中，较为全面、系统、深入、客观地对不同零售业态的创新过程进行记录、总结、归纳和反映，通过案例研究找出创新内在发生的逻辑和规律。

第二，本书通过历史事件分析，勾勒出每个零售企业创新过程中的关键事件和决策点；通过对零售业各个代表性业态典型企业创新过程的分析，概括出中国零售业过去20年的发展历程和创新活动，既可以作为史料了解，又可以作为创新成果呈现。

第三，本书把大量知识和内容整合在一起，并且对于不同零售业态进行对比分析。本书不强调过程，因为要切实了解一家零售企业创新活动的过程，必须通过访谈才行，是非常具体和微观的数据，但是限于资源和能力，无法实现；而本书强调的是创新的驱动力和影响因素，以及由此形成的创新模式和类型，属于中观数据，所以，可以通过二手资料为主的数据分析获得。

18.7 研究展望和政策建议

18.7.1 我国零售企业的创新趋势

从本书的案例研究,可以总结出四个中国零售企业创新的发展趋势:

第一,技术创新日益成为零售企业创新的基础。

技术创新是指零售企业以新技术为手段,通过创新获得竞争优势的过程。它一直是零售企业创新的重要推动力,引发了连锁反应式的零售革命和不断的业态变迁。技术创新正日益成为业态创新和商业模式创新的基础,而商业模式的创新又有助于新一轮技术创新的产生。这是当今零售业发展的明显趋势之一,但是技术创新不一定是其他两种创新产生的必要条件。

从20世纪90年代开始,各种技术的创新速度加快,跨国间的信息搜寻导致了技术创新的快速传播。零售业是信息通信技术(Information and Communication Technology, ICT)、仓储技术、冷藏技术、运输技术等技术创新的先导用户。其中,ICT对零售业的影响最大,它改变了零售业的产业结构和企业的经营模式,形成了新兴的无店铺零售商和电子商务经营模式,使零售业发生了全方位的改变。目前,领先的零售商正在广泛应用各种技术创新,采用最先进的零售技术,如智能卡、自动扫描系统、电子数据交换、电子接触屏、电子货架标签、手持购物助理、虚拟现实展示、全球定位系统等技术来形成独特的竞争优势。

新技术包括新型设备体现的硬技术和组织管理方面的软技术两个方面。物流或ICT设备供应商驱动下的创新在零售业中所占的比重较大,新型设备的使用迫使零售企业必须在运营模式和管理方法上进行创新。因此,零售企业创新在一定程度上是供应商主导的创新,符合逆向产品周期理论。除了新型设备体现的硬技术,软技术也非常重要。如何将不同新型的设备整合起来,联结成一个系统,并合理有效地运行各种软技术,如软件、运营、营销等,是零售企业创新成功、形成独特竞争力的关键。因此,在技术创新基础上进行商业模式创新是非常关键的。总之,技术创新使得购物过程更加简单、直接,节约了消费者的时间、精力和金钱。而提供更有价值消费者体验的零售商将会拥有满意和忠诚的顾客。因此,技术创新是零售商进行创新活动的基础。

第二,线上线下O2O全渠道发展,零售业与其他行业深度融合。

零售业态之间相互融合与渗透,形成了一种竞合关系;线上线下各有长短,需要相互融合，在未来，线上线下零售业的区分和边界将会越来越模糊。无店铺零售商，特别是网络购物发展迅猛，从 2012 年起，网络零售商当当、京东都先后开始了第三方联营的方式，通过差异互补、丰富产品线向平台、半平台化过度。同时，传统零售商开始加速线上的布局，苏宁、国美都在线上进行运营，网络购物市场不断涌现出从传统市场向网络领域开拓的新力军。二者各有优劣。前者可以很好地融合虚拟世界和实体世界，后者在一些产品的销售中占据主要地位，如图书、音乐、录像、食品和饮料等。因此，一个更重要的趋势是，同时拥有店铺、邮购、网络销售的多渠道混合经营零售商日益增多。

店铺零售商在投巨资打造线上线下融合的多渠道以及数据设施上，开始呈现后来居上的趋势。我国已有 80% 的店铺零售商开展全渠道零售，实体零售店与网络电商已经形成你中有我，我中有你，无法分离，融为一体的经营形态，是竞合的最高状态。苏宁收购红孩子，与阿里巴巴形成战略合作；银泰百货与阿里巴巴战略合作；永辉超市与京东战略合作；阿里巴巴投资入股苏宁；网络零售企业与店铺零售企业加速融合的全渠道成为未来零售业的主流。随着 ICT 的日益普遍应用，批发、物流和零售三者之间的界限越来越模糊。许多零售商都开设批发俱乐部和特级市场，或者自建物流配送队伍。同时，很多大型批发商也开办了自己的零售店。电子商务与传统制造业、零售业、金融业、物流业、高科技产业、中介服务业也形成了深度融合的格局。

第三，随着开放式创新模式的兴起，知识密集型服务业在零售企业创新过程中将发挥重要作用。

21 世纪，创新由专业化向复杂性转化，创新参与主体越来越多，早期专业化分工形成的不同职能部门负责的创新过程，也逐渐发展为复杂的系统性创新过程。零售企业创新的驱动力可能来自各个方面，包括技术、市场，或者其他利益相关者的驱动，形成了从封闭式创新模式到开放式创新模式的转变。创新是知识密集型服务活动。零售业历来被认为是研发投入少、员工教育程度低的劳动密集型行业。面对日新月异的技术创新和复杂多变的消费环境，零售企业要实现创新，不得不广泛地应用外部的知识来源。以知识作为产品的知识密集型服务业与零售业的互补性和依存度很高，特别是全球主要的 ICT 服务企业都把零售业作为重要客户对待。而且，知识密集型服务业也在零售企业创新扩散的过程中发挥了重要的作用。

零售企业创新中典型的知识密集型服务业是市场研究公司、广告创意公司、店面设计装潢公司、管理咨询公司、法律咨询公司、融资保险公司、招聘培训公司，以及日益重要的 ICT 服务企业。这些企业参与零售企业创新的各个环节，不仅通过提供服务获利，而且还在服务客户过程中积累了知识和经验，增强了自身的竞争力。其中，ICT 服务和金融服务在零售企业创新中的作用尤为突出。零售商一直是 ICT 企业的主要客户，无论是硬件、软件，还是 IT 咨询都把零售业作为公司利润的主要来源，如 IBM、微软、思科、讯宝这些各自领域的领先者，都把零售业务作为其重要业务看待。员工 ICT 技能的缺乏和零售领域 ICT 的广泛用途都是 ICT 服务商把零售商作为重要客户的原因。同时，开展创新活动需要大量资金，如果仅靠零售商自身积累，很难具体实施。利用外部的融资服务商、设备租赁商，或者风险投资商就可以获取所需资金。未来的零售企业创新更加依赖于技术创新和知识密集型服务业的发展。ICT、仓储技术、冷藏技术、运输技术等技术的蓬勃发展将会继续引导零售企业创新活动的产生，并日益成为其创新的基础。在广泛应用外部知识来源的开放式创新模式下，知识密集型服务业不仅提供各种服务来满足特定零售商的需求，而且还前瞻性地研究未来的消费趋势，引导零售企业创新的发展。

第四，政府管制和公众是零售企业创新的重要推动力。

在过去的 30 多年里，环境污染、全球变暖、资源短缺等问题日益严重，许多国家对自然环境的管制和法律越来越多，强调伦理道德和社会责任的商业法规不断增加，消费者主权运动日益高涨。对于自然环境的关注掀起了一场绿色运动，政府管制和公众对可持续发展的日益关注成为零售企业创新的重要推动力。目前，西方各国政府都对零售业中的包装活动进行管制，以减少环境污染和资源浪费，这些严格的管制措施促进了很多替代的创新解决方案的产生，使零售业成为各国可持续发展战略中的重要产业。一些零售企业开始采用可持续的发展战略。这些领先零售商提供生态安全型产品，使用可回收或可降解的包装材料，更好地控制污染和节约能源，积极响应再循环和回收政策，来增加对消费者的吸引力和满足政府管制的要求。这些行为不仅为其赢得了良好的社会形象，而且赢得了大量忠诚的客户。我国政府也颁布了限塑令，这极大地增强了我国零售企业的社会责任意识。

除了法律、法规和政府条文以外，公众对零售企业创新活动的影响也越来越大，各种消费协会和机构在零售企业创新活动中扮演了重要的角色，例如，我国连锁经营协会就开展了很多项目以促进中国零售企业创新活动的发展。随着政府管制和公众环保意识的不断增强，根据可持续发展战略和社会责任来进行创新将成为零售业竞争的新热点，也是 21 世纪零售业发展的新趋势。总之，这些发展趋势在很长一段时期内都会存在。我国零售企业只有重视和挖掘单个消费者的独特需求，以各种新技术为基础，在满足政府管制和公众期望的前提下，借助知识密集型服务业，围绕零售产品和服务、新型业态、营销渠道、顾客沟通和客户关系管理，以及零售价值链的其他环节进行创新，提供独特的购物体验，才能在激烈的市场竞争中实现盈利。

18.7.2 促进我国零售企业创新的政策建议

针对现实中零售企业创新存在的问题，本节提出具体的改进措施：

第一，零售企业创新需要具备先进理念并能够执行到位的领导人及其团队。高素质人才的缺乏是制约我国零售企业创新的关键问题。因此，需要加强教育和培训，提高零售企业的创新管理水平。我国政府应该鼓励大学和研究所加强零售企业创新管理的研究和教学，培养更多的零售业专业人才；应该引导、鼓励和资助零售企业、行业协会、知识密集型服务业和社会公益基金参与零售业在职培训和继续教育；应该努力吸引国外零售业高级人才到我国就业。除了加强技术引进和支持外，相关部门应该积极引导零售企业对技术引进和投资进行绩效评估，可以通过技术应用水平评比、资助等方式来鼓励零售企业在技术引进基础上进行技术创新和商业模式创新，提高创新的效率和效果。总之，通过多种方式的教育和培训活动，形成多层次的零售业人才培养与职业教育体系，提高我国零售业的创新管理水平。

第二，新基础设施和配套行业落后制约着零售企业创新。连锁经营需要构建一体化、高效率的物流配送体系和信息网络，应该加大创新基础设施建设，加快知识密集型服务业的发展。我国应该加大交通设施的建设，以支持零售业发展所需的物流配送行业；应该加快建设信息高速公路，建立具有快捷反应速度和足够带宽的网络，以支持电子商务的发展；应该建立宣传零售企业创新的机构、传播部门、网页和电视节目等，促进零售企业创新知识的扩散和传播。为了提高中小零售企业的创新能力，还应该针对中小企业建立其所需的创新基础设施和知识密集型服务。相关部门可以建立公共服务平台，或者通过联合购买知识密集型服务业的服务，为中小企业提供相应设施和服务；可以通过提供宣传和资信认证服务，帮助中小企业获取所需服务。例如，日本建立了高度发达的咨询服务体系和中小企业学院，为中小企业建立信息网络，提供规范的数据库和信息管理服务等。必须大力促进我国ICT、咨询、培训等知识密集型服务业的发展，增加专业服务的供给和质量。可以通过知识密集型服务业产业政策，引导我国知识密集型服务业面向中小企业和落后地区开展业务，采取市场补缺战略，建立差异化，使我国知识密集型服务业有较大的发展。

第三，我国零售企业创新投资不足，特别是中小企业缺乏创新资金，需要更加灵活有效的融资方式和风险分担机制，传统融资服务难以满足零售企业创新的资金需求，应该加大财政支持和税收优惠力度，大力支持风险资金的发展。应该加大对零售业的财政支持和税收优惠力度，积极筹措支持零售业发展的财政性专项资金，可以设立支持零售业技术创新的创业基金、启动基金和配套基金；支持零售企业技术支持、人员培训、信用担保及服务体系建设的基金；引导各类信用担保机构积极开展中小零售企业的担保业务；鼓励中小零售企业采取 IGF 的融资租赁来进行创新；对中小企业购买咨询和培训服务提供津贴；针对零售企业与知识密集型服务业的创新项目制定税收优惠政策，支持合作创新项目等。

风险资金日益成为中小零售企业创新的重要融资渠道。目前，我国风险资金公司还处于发展阶段，因此，应该大力鼓励我国风险资金的发展，积极引进海外风险资金，加大公立风险基金的发展，帮助其寻找和筛选具有商业价值的创新项目。总之，通过财政税收和风险资金政策，解决我国零售企业创新资金不足和风险分担的问题。

第四，我国零售业缺乏创新保护、知识产权和数据安全意识，在防止信息使用、知识共享等方面缺乏基本的立法框架。应该完善零售业法律体系，加强知识产权保护。

目前，我国零售企业创新迫切需要相关法律法规来支持创新的产生和发展。我国应该尽快对各种新型零售业态，特别是对无店铺销售予以规范，促进消费环境的改善和提升消费者信心。鉴于电子商务的快速发展与法律法规的相对稳定性，我国应该及时出台更全面和灵活的《电子商务法》，规范市场并防止其制约电子商务的发展。我国还应该加快规范零售业产业价值链中各个渠道成员关系的法律法规，完善零售交易秩序法律体系，为商业模式创新创造条件。制造业的创新保护主要是通过知识产权政策中的专利政策来实现的，目前，关于服务业的知识产权问题还颇有争议，一般认为专利权并不适于保护服务创新。对于零售业而言，创新保护主要是对营销方法的保护，营销方法的创新已经成为零售业差异化战略实施的前提。目前，营销方法已成为西方发达国家专利部署的密集之地。IBM 美国发明专利申请量多年位居世界第一，但其纯硬件的产品专利只占少数。在 IBM 等企业的带动下，与零售业有关的营销方法专利文献大量涌现，它们主要分布于基础通用方法、市场细分核心方法、特殊商品营销方法这三个领域。日本、韩国、欧洲的专利局也有大量类似文献涌现。因此，相关政府部门应该重视零售业营销方法和品牌、店铺形象等知识产权的申请，加强对业态创新和商业模式创新的保护，促进相关领域的学术研究。

第五，我国零售业商业模式创新比较缺乏，主要是缺乏合作意识和合作网络。随着市场竞争的加剧，零售商与供应商的矛盾日渐凸显。我国零售企业注重自身利益最大化，滥用优势地位损害供应商权益，与渠道成员缺乏合作和协调，损害了整个产业价值链的利益，不利于企业长期的发展。要加强部门间沟通与协调，发挥行业协会的作用，创造良好的竞争环境。零售企业创新与知识密集型服务业政策、中小企业政策之间有着非常重要的关联。因此，必须加强商务部、工业和信息化部、中小企业管理局之间的沟通与协调，建立横向协调和跨部门的项目管理制度，促进相关企业的战略联盟和合作伙伴关系，提高零售业的创新能力；应该采取措施，抑制不正当竞争，引导零售商与供应商建立长期合作的良好关系，促进零售业商业模式创新；应该制定政策来减轻跨国零售集团带来的负面溢出效应，要求地方政府在配额、许可证发放等方面给予内外资零售企业同等待遇；应该制定促进零售行业协会建立和发展的鼓励性政策，充分发挥行业协会在促进零售企业创新中的作用和功能。总之，通过各部门和协会的协调和合作，为我国零售企业创新营造良好的公平竞争环境。

第六，我国零售业缺乏有利于创新的社会文化环境，这很大程度上制约了我国零售业的发展。我国传统观念认为，零售业是劳动密集型行业，技术水平低，与其他行业相比，薪酬和发展机会没有竞争力。因此，零售业的就业意愿、社会认知度都较低，使零售业难以吸引和保留高素质人才。因此，要创造有利于零售企业创新的社会文化环境。OECD发表的《奥斯陆手册》（第二版）指出：对企业创新有重大影响的联结有效性、信息和技能流动，以及学习吸收能力等因素根本上是由人口的社会和文化特性决定的。因此，要从本质上影响零售企业创新活动，必须创造一个有利于创新的社会文化环境。我国政府应该提高公众对零售业的认识，通过宣传教育来提高社会公众对零售业的认识和认可，提高零售业从业人员的待遇，鼓励年轻人从事零售业的工作，创造有利于零售企业创新的社会文化环境。

18.7.3 进一步的研究

由于零售企业创新过程涉及的领域和因素复杂多样，而且零售业具有的无形性、不可分离性、差异性、不可存储性等服务业的特性，使得对零售企业创新过程的研究难度和复杂性都很大。虽然经过努力，本书得出了一些研究结论，但还是存在一些不足，有待于今后进一步的研究。

第一，由于零售业概念包括的范围非常广泛，国内外学者都没有统一的标准，本书是从零售业总体的角度来对创新过程进行研究的，今后可以对零售业进行细化，建立更具有针对性的零售企业创新过程理论。长期来看，不同的创新程度和类型，对未来的企业业绩影响存在较大的差异。因此，今后应该对这二者之间的相互关系和作用机制进行深入的研究。第二，应该对影响我国零售企业创新活动的因素、创新障碍做进一步的研究，这需要各种零售企业创新数据的支持。目前，国内外专门针对零售企业创新的调查还很少，这也是制约本书研究的重要原因。未来的研究应该对我国零售企业创新活动进行一次大规模的调查，获取一手数据，对影响我国零售企业创新活动的因素、障碍有更为清晰的了解，并且可以采用定量分析方法，对创新趋势和 ICT 对零售企业创新的影响进行研究。第三，为了更加全面、客观地理解我国零售企业创新过程，还应该通过多种方式对复杂多样的零售企业创新活动进行案例研究，这些都是今后重要的研究方向。而且，由于案例选择本身难以避免的主观性、信息不可获取性和其他客观原因，使得本书的信息主要来源于二手数据，这在一定程度上影响了本书的有效性。今后应该通过人员访谈、企业实地调研等方式获得一些一手数据，对案例进行更加全面和客观的研究。第四，对于日益重要的电子商务模式，还有很多问题没有解决。其中，如何在零售业中推进电子商务创新是一个非常有价值的研究方向。同时，以电子商务为代表的无店铺零售在创业和就业中的作用日益突出，因此，今后应该对这些创新活动和就业的关系进行研究，以促进我国就业目标的实现。第五，本书主要针对我国零售业的创新活动进行研究，由于西方发达国家零售业比我国先进，因此，今后可以对西方发达国家的零售企业创新活动进行研究，以供我国零售企业创新活动参考。并且，借鉴零售企业创新过程的研究，还可以对其他服务产业的创新过程进行研究，并对不同服务产业创新过程进行比较研究。

总之，本书对零售企业创新过程进行了全面、系统的研究，在一定程度上弥补了零售企业创新研究的不足，是对服务创新研究的深化和补充，希望本书能够引发学术界对零售企业创新活动的进一步研究。我国正在面临消费升级，零售行业面临着内、外部的空前挑战，但对于那些勇于创新、敢于实践的企业来说，又是极大的机遇。希望本书能够使我国零售企业对创新过程有更加全面和深入的理解，帮助其提高创新管理水平，持续推动零售行业和企业健康、快速、稳定地发展。为提高人民生活水平，促进我国的经济发展做出贡献。

附 录

访谈提纲

尊敬的_____先生/女士：

您好！

为了对我国零售企业创新活动有更多的了解，本书对贵公司的创新情况进行访谈，非常感谢您的支持！

一、创新的基本情况

1. 您认为什么是零售业创新？
2. 贵公司近年来进行了哪些创新？请您具体介绍。
3. 这些创新可以分为几类？它们各自的特点是什么？

二、创新的驱动力

1. 以您提到的某项创新为例，这项创新最初的想法来自何处？
2. 驱使这项创新产生的动力是什么？
3. 在这些创新动力中，请按照重要性从大到小，依次列出。

三、创新的过程

1. 这项创新经历了哪些阶段？
2. 在创意产生之后，是如何决定启动这项创新活动的？
3. 创新启动后，有哪些部门、员工、外部的企业参与了这个阶段？
4. 在执行阶段，主要的创新活动是什么？
5. 有没有对这项创新活动进行保密，或其他方式的保护？
6. 公司为这项创新活动提供了什么支持和政策？

四、创新中的外部企业

1. 在这项创新活动中，公司是否利用了外部的服务企业（如咨询公司、市场调查公司、IT公司）？
2. 请您评价这些公司在该项创新活动中的作用。
3. 公司还与哪些外部服务企业有长期的合作关系？主要在哪些方面合作？

五、创新目的和创新效果

1. 这项创新活动的初衷是什么？
2. 请您评价这项创新活动的效果。

六、创新的资金来源

1. 这项创新活动的产生和实施花费了多少资金？
2. 这些资金的来源是什么？

七、创新的组织和人力资源

1. 公司是否为这项创新活动设立了专门的机构或者负责人？
2. 参与这项创新活动的员工人数、构成大致是怎样的？

八、创新的问题和发展趋势

1. 这项创新还存在哪些问题？您对其发展趋势有何看法？
2. 总体上，公司创新活动存在哪些问题？发展趋势如何？
3. 公司的创新活动需要政府政策提供何种支持？

九、创新在零售业的情况

1. 这项创新是公司首创的吗？
2. 目前，它在同业内的使用情况如何？

十、对其他零售企业创新活动的评价

1. 您认为最具创新性的零售企业是哪些？
2. 您认为近年来我国零售业内最重要的创新是哪些？它们的情况如何？

访谈对象基本信息

姓名：_____ 部门：_____

职务：_____ 联系方式：_____

再次对您的支持表示感谢！

参考文献

[1] 2009-2010 中国连锁零售企业经营状况分析报告 [EB/OL]. [2011-11-29]. http://www.docin.com/p-297232876.html.

[2] 2010 年中国网络购物市场研究报告 [EB/OL]. [2011-12-10]. http://www.doc88.com/p-31870482085.html.

[3] 2013 年 10 月北京商业地产十大事件 [EB/OL]. [2013-11-15]. http://bj.winshang.com.

[4] 2016 CCFA 零售创新奖——获奖案例文集 [EB/OL]. [2016-09-20]. http://ccfachuangxin.kuaizhan.com/75/27/p369350955e3adb.

[5] 2017 全球最具创新力公司榜单发布,阿里创新力领衔中国公司 [EB/OL]. [2017-02-17]. http://www.aliresearch.com/blog/article/detail/id/21265.html.

[6] 80 后海归陈欧和他的聚美优品 [EB/OL]. [2011-06-28]. http://video.sina.com.cn/p/tech/i/v/2011-06-28/095961396011.html.

[7] eBay 否认退出中国市场 [EB/OL]. [2006-10-03]. http://www.sina.com.cn.

[8] IBMG 国际商业管理集团. 榜样的力量——连锁零售企业背后的故事 [M]. 北京:经济管理出版社,2012.

[9] IBM 公司. 以顾客为导向的企业中的倡导者:新一代客户关系管理正在发挥作用 [J]. IBM 全球商业服务,2006 (4):19.

[10] "不错,不错,物美做的不错!"商务部高虎城部长视察物美 [EB/OL]. [2017-01-25]. http://www.wumart.com/index.php/5384180c0a?id=65.

[11] "电商+店商+零售服务商" [EB/OL]. [2013-09-30]. http://money.163.com/13/0930/04/9A09ER2E00253B0H.html.

[12] "休养生息":京东商城的 2013 战略 [EB/OL]. [2013-06-12]. http://www.doc88.com/p-8945970236697.html.

[13] 阿里巴巴荣获世界零售大会最高奖项"年度最佳零售商" [EB/OL].

[2015 – 09 – 17]. http：//www. ce. cn/xwzx/gnsz/gdxw/201509/17/t20150917_6514186. shtml.

[14] 阿里巴巴与苏宁云商宣布达成全面战略合作［EB/OL］. ［2016 – 05 – 22］. http：//www. js. xinhuanet. com/2015 – 08/10/c_1116204434. htm.

[15] 阿里和银泰正式牵手 为了伟大的 O2O 梦想［EB/OL］. ［2014 – 04 – 01］. http：//news. cnfol. com/shangyeyaowen/20140401/17449850. shtml.

[16] 艾瑞咨询. 2016 年中国电商生命力报告［EB/OL］. ［2016 – 12 – 20］. http：//www. iresearch. com. cn/report/2691. html.

[17] 爱拼才会赢：专访聚美优品创始人兼 CEO 陈欧［J］. 出国与就业，2012（1）：54 – 57.

[18] 巴里·伯曼，乔尔·R. 埃文斯. 零售管理［M］. 北京：中国人民大学出版社，2007.

[19] 白森森. 北京当代商城总经理：感动顾客才能创造价值［N］. 北京商报，2008 – 02 – 14.

[20] 北极光 & "红孩子"［EB/OL］. ［2006 – 05 – 31］. http：//money. 163. com/06/0531/11/2IESNFL500251UD0. html.

[21] 北京当代商城董事长金玉华：百货破局之道仍在聚客［EB/OL］. ［2014 – 9 – 17］. http：//www. redsh. com/men/20140917/130501. shtml.

[22] 彼得·德鲁克. 创新与企业家精神［M］. 蔡文燕译. 北京：机械工业出版社，2009.

[23] 曹鸿星. 零售创新的发展趋势［J］. 北京工商大学学报（社会科学版），2009（145）：6 – 10.

[24] 曹鸿星. 零售业创新的驱动力和模式研究［J］. 商业经济与管理，2009（5）：19 – 25.

[25] 曹鸿星. 零售业创新研究述评［J］. 北京工商大学学报（社会科学版），2010（1）：18 – 21.

[26] 曹鸿星. 我国零售业创新中知识密集型服务业的作用：以 IBM 为例［J］. 中国软科学，2011（12）：187 – 192.

[27] 曹鸿星. 知识密集型服务业的发展及政策措施［J］. 科学学与科学技术管理，2008，29（1）：126 – 130.

[28] 曹鸿星. 知识密集型服务业溢出效应的实证研究［J］. 生产力研究，2010（1）：201 – 203.

[29] 曹鸿星. 中国零售业态变迁：基于 2004～2013 年统计数据的解释［J］. 贵州财经大学学报，2016（5）：53 – 60.

[30] 陈黛. 红孩子新获2500万美元风投,明年启动海外上市[N]. 第一财经日报,2007-11-23.

[31] 陈娜,曹芳华. 京东商城:垂直电子商务的胜利[EB/OL]. [2011-03-21]. https://wenku.baidu.com/view/55195feb998fcc22bcd10d39.html.

[32] 陈欧. 上市为了拿到更多代理权[EB/OL]. [2014-05-17]. http://www.hbrc.com/rczx/news-4645066.html.

[33] 陈时俊. 电商平台联手阿里银泰百货更名银泰商业[N]. 21世纪经济报道,2013-03-21.

[34] 陈晓全面掌管国美 黄光裕辞职仍是最大股东[N]. 新闻晚报,2009-01-19.

[35] 陈阳. 苏宁进化论[EB/OL]. [2012-12-27]. http://www.docin.com/p-1540208067.html.

[36] 陈艺群. 从Bravo YH第二家精标店细节探索永辉超市增长秘诀[EB/OL]. [2016-12-12]. http://www.winshang.com.

[37] 陈钰芬,陈劲. 开放式创新:机理与模式[M]. 北京:科学出版社,2008.

[38] 陈岳峰. 2009年零售业回顾[J]. 中国中小企业,2010(1):46-47.

[39] 成志明. 苏宁背后的力量:创新营销[M]. 北京:中信出版社,2011.

[40] 传统零售商开展网络零售研究报告(2014)[EB/OL]. [2014-10-30]. http://www.docin.com/p-2059731555.html.

[41] 创新销售模式:最新力作联想S7 国美全国独家首发[EB/OL]. [2007-08-26]. http://arch.pconline.com.cn/mobile/news/news/0708/1088946.html.

[42] 创业之鉴:永辉超市推"合伙制"7万员工转型当老板[EB/OL]. [2015-03-29]. http://www.wtoutiao.com/a/2163799.html.

[43] 崔西. 聚美纽约上市独家记录:闯入资本市场的80后[EB/OL]. [2014-05-19]. http://tech.sina.com.cn/i/2014-05-19/00069385394.shtml.

[44] 大数据协同产业链 国美布局智能家居生态圈[EB/OL]. [2015-09-19]. http://mt.sohu.com/20150919/n421590528.shtml.

[45] 当代商城走出破坏性促销怪圈[N]. 连锁超市导报,2006-10-13.

[46] 当当李国庆谈创新:C2B模式大幅压缩行业成本[EB/OL]. [2013-01-21]. http://tech.qq.com/a/20130121/000170.htm.

[47] 当当网副总裁段宇:当当客服创新顾客体验[EB/OL]. [2015-06-15]. 51Callcenter.com.

[48] 当当网李国庆：企业的使命就是创新［EB/OL］．［2011-12-28］．www.wanchaow.com/news/bencandy-htm-fid-118-id-10680.html.

[49] 邓俊荣，龙蓉蓉．中国风险投资对技术创新作用的实证研究［J］．技术经济与管理研究，2013（6）：49-52.

[50] 第十五届连锁业会议召开 国美总裁王俊洲当选副会长［EB/OL］．［2013-11-14］．http://finance.ifeng.com/a/20131114/11083624_0.shtml.

[51] 凡客亏空7亿：电商"虚胖"病发［N］．21世纪经济报道，2011-12-09.

[52] 樊飞飞，肖怡．信息时代零售企业的生存空间与管理创新［J］．北京工商大学学报（社会科学版），2006，21（4）：12-15.

[53] 方璐．银泰百货更名银泰商业 转型步入实战［N］．21世纪经济报道，2013-07-03.

[54] 菲利普·科特勒．营销管理——分析、计划和控制［M］．上海：上海人民出版社，1990.

[55] 分析：中国主要零售业态发展现状及未来发展方向［EB/OL］．［2015-01-29］．http://m.winshang.com/news441209.html.

[56] 傅若岩．中国电子商务寒意来袭，凡客诚品乍现PPG惊魂［N］．IT时代周刊，2011-09-20.

[57] 葛剑雄，周筱赟．历史学是什么［M］．北京：北京大学出版社，2002.

[58] 公安部部长助理郑少东疑涉黄光裕案被调查［N］．财经，2009-01-19.

[59] 郭奎涛．红孩子非"好孩子"，苏宁面临"家长式烦恼"［N］．中国企业报，2012-10-09.

[60] 郭蕾．国美全新组织架构 强化零售竞争力［N］．辽沈晚报，2012-03-07.

[61] 国家统计局．批发和零售业［EB/OL］．［2013-10-29］．http://www.stats.gov.cn/tjsj/zbjs/201310/t20131029_449430.html.

[62] 国美、苏宁：商业模式受质疑［EB/OL］．［2005-09-23］．http://biz.zjol.com.cn/05biz/system/2005/09/23/006312770_01.shtml.

[63] 国美大事记［EB/OL］．［2008-11-24］．https://help.gome.com.cn/about/story.html.

[64] 国美集团组织架构大调整 2008销售目标1200亿［EB/OL］．［2004-08-24］．http://www.linkshop.com.cn/Web/Article_News.aspx?ArticleId=38528.

[65] 国美提出全零售战略以取代全渠道战略［EB/OL］．［2015-03-26］．http://jiangsu.sina.com.cn/news/xfzn/2015-03-26/detail-iawzuney1163896.shtml.

[66] 国美掀起全员创新风暴 彰显打造世界级零售生态雄心 [EB/OL]. [2016-04-21]. http://www.chinanews.com/cj/2016/04-21/7842662.shtml.

[67] 国务院《关于推进国内贸易流通现代化建设法治化营商环境的意见》(国发〔2015〕49号) [EB/OL]. http://www.gov.cn/zhengce/content/2015-08/28/content_1012.

[68] 韩飞. PE不愿再埋单,徐沛欣落寞出售8岁红孩子 [N]. 第一财经日报, 2012-10-12.

[69] 好货不贵——银泰集货 [EB/OL]. [2016-11-24]. http://www.ccfa.org.cn/portal/cn/view.jsp?lt=4&id=427830.

[70] 贺骏. 阿里斥资53.7亿元港币入股银泰 联手高德科大讯飞打造云平台 [N]. 证券日报, 2014-04-02.

[71] 亨利·切萨布鲁夫. 开放式创新——进行技术创新并从中赢利的新规则 [M]. 北京:清华大学出版社, 2005.

[72] 红孩子:创业成败皆兄弟,风投很冤 [EB/OL]. [2013-08-13]. http://www.docin.com/p-620501997.html.

[73] 红孩子的噩梦:VC直接介入管理,创始团队失去控制权 [EB/OL]. [2012-06-01]. http://news.hexun.com/2012-06-01/142039001.html.

[74] 红孩子获北极光和NEA联合注资1000万美元 [N]. 京华时报, 2006-11-10.

[75] 胡斌. 流通业是经济平衡增长的优质杠杠 [N]. 中国商报, 2012-07-27.

[76] 胡笑红, 杨峰. 红孩子获1000万美元风投 [N]. 京华时报, 2006-11-10.

[77] 胡雪琴. 北京物美集团董事长吴坚忠:"出口转内销"时机成熟 [J]. 中国经济周刊, 2009 (14):52-53.

[78] 黄刚. 刘强东高度重视的京东物流,这就是幕后布局! [EB/OL]. [2016-10-11]. http://www.iyiou.com/p/32933.

[79] 黄国雄, 刘玉奇, 王强. 中国商贸流通业60年发展与瞻望 [J]. 财贸经济, 2009 (4):26-32.

[80] 吉姆·柯林斯, 杰里·波勒斯. 基业长青 [M]. 北京:中信出版社, 2009.

[81] 江小涓, 裴长洪. 中国服务业发展报告:"十一五"期间中国服务业发展的思路、目标和体制政策保障 [M]. 北京:社会科学文献出版社, 2004.

[82] 江怡曼. 永辉再发力 [J]. 全国商情:理论研究, 2014 (33):54-55.

[83] 解读互联网思维创新之银泰百货 [EB/OL]. [2013-11-27]. http://

www.izhuanr.com.

［84］借 Winbox 比肩世界级零售巨人——记物美集团 SAP ERP 项目成功上线［N］.每周电脑报，2008-03-17.

［85］京东国美苏宁价格战今日开战，或打到明年年底［EB/OL］.［2012-08-15］.http：//business.sohu.com/20120815/n350713537.shtml.

［86］京东商城——发展新型流通业态，努力实现利产惠民［EB/OL］.［2012-10-13］.http：//ltfzs.mofcom.gov.cn/article/lingzxz/fazhengzhinan/201210/20121008384575.shtml.

［87］京东商城背后的秘密［EB/OL］.［2011-10-13］.https：//wenku.baidu.com/view/6d980bfbf705cc1755270948.html.

［88］京东生鲜冷链一体化解决方案获 2016CCFA 零售创新大奖［EB/OL］.［2016-11-04］.http：//finance.ifeng.com/a/20161104/14985615_0.shtml.

［89］经济合作与发展组织.创新与知识密集型服务活动［M］.北京：科技文献出版社，2007.

［90］靖东.大奖之后话危机——专访物美集团董事长吴坚忠博士［J］.中国商贸，2009（9）：40-41.

［91］靖东.物美：零售业进入深度耕耘阶段［J］.中国商贸，2009（9）：38-39.

［92］聚美优品：营销创新与品质坚守下的发展［EB/OL］.［2013-01-07］.http：//www.linkshop.com.cn/web/archives/2013/238565.shtml.

［93］聚美优品 CEO 陈欧：不努力只能追忆逝去的青春［EB/OL］.［2014-01-02］.http：//www.newssc.org.

［94］聚美优品 CEO 陈欧：一定要凭自己才华成功［EB/OL］.［2015-07-31］.http：//mt.sohu.com/20150731/n417936566.shtml.

［95］聚美优品陈欧：那个为自己代言的 80 后 CEO［EB/OL］.［2015-09-20］.http：//www.yzmg.com/fangtan/102761.html.

［96］聚美优品创新不断 娱乐营销再度登场［EB/OL］.［2013-02-01］.http：//news.xinhuanet.com/tech/2013-02/01/c_124312586.htm.

［97］克里斯·安德森.长尾理论：为什么商业的未来是小众市场［M］.北京：中信出版社，2015.

［98］孔翰宁，张维迎，奥赫贝.2010 商业模式：企业竞争优势的创新驱动力［M］.北京：机械工业出版社，2008.

［99］蓝晓熙.频繁融资难抵巨亏，京东商城扩张引发后遗症［N］.IT 时代周刊，2010-11-05.

[100] 李飞,陈浩,曹鸿星,马宝龙. 中国百货商店如何进行服务创新——基于北京当代商城的案例研究 [J]. 管理世界, 2010 (2): 114-126, 187-188.

[101] 李飞,汪旭晖. 创新赢得零售竞争优势 [M] // 李飞,王高. 中国零售管理创新. 北京:经济科学出版社, 2007.

[102] 李飞等. 中国百货商店演化轨迹研究 [M]. 北京:经济科学出版社, 2016.

[103] 李飞等. 中国零售业对外开放研究 [M]. 北京:经济科学出版社, 2009.

[104] 李凤荣. 超市实施"农超对接"实证分析——以物美商业集团为例 [J]. 流通经济, 2012 (11): 83-85.

[105] 李桂华. 零售营销 [M]. 北京:机械工业出版社, 2012.

[106] 李国庆. 新华书店想灭掉当当 伟大创新创造需求 [EB/OL]. [2012-11-04]. http://business.sohu.com/20121104/n356615091.shtml.

[107] 李婧. 当当网欲打造出版界"创新工场" [N]. 中国文化报, 2015-07-18.

[108] 李默风. 企业规模增长难掩利润羞涩,为占市场京东商城迷恋"烧钱" [N]. IT时代周刊, 2009-07-20.

[109] 李巍,王锦. 店商+电商+零售服务商 张近东详解苏宁云商内涵 [N]. 中国证券报, 2013-02-22.

[110] 李维安. 阿里上市与网络治理模式创新 [J]. 南开管理评论, 2014, 17 (2): 1-1.

[111] 李宪宁,安玉发. 基于协议流通的中国生鲜农产品供应链管理策略 [J]. 现代管理科学, 2013 (3): 62-65.

[112] 李艳华. 第三方支付企业的创新特征及其演化研究——以支付宝为例 [J]. 中国商贸, 2012 (35): 63-65.

[113] 李洋. 创新商业——阿里巴巴:"兔子"创新 [J]. 互联网周刊, 2007 (3): 42-44.

[114] 联商巡店:集货来了 揭秘银泰首家全渠道买手店 [EB/OL]. [2015-11-11]. http://www.linkshop.com.cn/web/archives/2015/337250.shtml.

[115] 林明. 聚美优品拓展B2C领域推奢侈品频道 [EB/OL]. [2011-12-07]. http://tech.sina.com.cn/i/2011-12-07/11456443931.shtml.

[116] 刘科. 银泰商业进化论 [N]. 时代周报, 2016-11-15.

[117] 刘曼红,胡波. 风险投资理论:投资过程研究的理论发展和前沿 [J]. 国际金融研究, 2004 (3): 8-14.

[118] 刘强东. 刘强东自述：我的经营模式 [M]. 北京：中信出版社，2016.

[119] 刘强东. 我会坚持相对控股 [J]. 中国企业家，2008（9）：90.

[120] 刘顺忠. 对创新系统中知识密集型服务业的研究 [J]. 科学学与科学技术管理创新管理，2005（3）：61-65.

[121] 罗格·R. 贝当古. 零售与分销经济学 [M]. 北京：中国人民大学出版社，2009.

[122] 罗国锋，谈毅，黄卫来. 2007 年国际风险投资研究特征及前沿动态综述 [J]. 公共管理学报，2008，5（2）：112-121.

[123] 马超. 我国零售业演变的影响因素及发展趋势研究 [D]. 西安：西北大学博士学位论文，2010.

[124] 马云来了，上海市浙江商会年会上"大佬"们都说了什么？[EB/OL]. [2015-12-31]. http://finance.sina.com.cn/roll/2015-12-31/doc-ifxneept3477374.shtml.

[125] 马云内部讲话 2 [M]. 北京：红旗出版社，2013.

[126] 迈出自建物流体系的步伐——访京东商城副总裁姜海东 [J]. 物流技术与应用，2010（1）：58-760.

[127] 迈克尔·利维，巴顿·韦茨. 零售管理 [M]. 北京：人民邮电出版社，2004.

[128] 卖书起家的当当两次转型失败 未来将依靠影业？[EB/OL]. [2017-04-24]. https://www.toutiao.com/i6412518430406083073/.

[129] 孟岩峰. 凡客诚品四年烧钱不止：收缩战线反思大冒进 [N]. 21 世纪经济报道，2012-11-30.

[130] 摩托罗拉护航物美集团. 成就新兴中国零售企业"百年老店"梦想 [J]. 现代商业，2008（12）：69-71.

[131] 倪洪章. 京东商城的商业模式 [N]. 商务周刊，2009-04-21.

[132] 帕特里克·M. 邓恩，罗伯特·F. 勒斯克. 零售管理 [M]. 北京：清华大学出版社，2007.

[133] 帕特里克·M. 邓恩，罗伯特·F. 路希，戴维·A. 格里菲思. 零售学 [M]. 北京：中信出版社，2006.

[134] 盘点十大生鲜电商 多点+物美趟出了自己的路 [N]. 消费日报，2017-03-20.

[135] 盘点永辉、家乐福等 2014 年零售业七大零售创新案例 [EB/OL]. [2015-01-05]. http://yn.winshang.com.

［136］裴亮．2011年中国连锁经营年鉴［M］．北京：中国商业出版社，2011．

［137］彭卓群．百货商场经营模式创新研究［D］．大连：大连海事大学硕士学位论文，2013．

［138］齐飞．京东商城：网上"国美"［J］．中国企业家，2008（8）：89 - 90．

［139］启明．阿里巴巴在全球化战略布局 美投资机构看好［N］.21世纪经济报道，2015 - 10 - 09．

［140］钱正．新经济时代传统店铺营销模式初探［J］．市场营销，2007（4）：23．

［141］屈丽丽．苏宁张近东"拼板游戏"的秘密：组织微创新［J］．中国经营报，2014 - 06 - 15．

［142］任博华，董行．中国电商企业自建物流问题研究——以京东商城为例［J］．物流科技，2013（1）：104 - 108．

［143］任学锋．高技术企业产品战略管理［M］．天津：天津大学出版社，2000．

［144］商务部召开例行新闻发布会［EB/OL］．［2017 - 09 - 28］．http：//www.mofcom.gov.cn/xwfbh/20170928.shtml．

［145］商院人物：刘强东畅谈京东商城成功经验［EB/OL］．［2011 - 08 - 08］．http：//www.mba.org.cn/html/2011/de_mbarenwu5_0809/3075.html．

［146］盛亚．零售创新：基于系统的思想与方法［M］．杭州：浙江大学出版社，2007．

［147］师永刚，林博文．宋美龄画传：1897 - 2003［M］．北京：作家出版社，2008．

［148］石磊．国美酝酿革命［N］．第一财经周刊，2008 - 10 - 13．

［149］世经未来．2011年批发零售行业风险分析报告［EB/OL］．［2012 - 11 - 07］．http：//www.doc88.com/p - 994345144376.html．

［150］宋则．中国流通创新前沿报告［M］．北京：中国人民大学出版，2004．

［151］苏敬勤，李召敏．案例研究方法的运用模式及其关键指标［J］．管理学报，2011，8（3）：340 - 347．

［152］苏宁收购红孩子，垂直电商是否还有出路［EB/OL］．［2012 - 10 - 10］．www.china.com.cn/info．

［153］苏宁收购红孩子，预示电商兼并大潮开始［N］．中国经济导报，2012 -

10-11.

[154] 苏宁云商孙为民：企业转型互联网值得借鉴［EB/OL］．［2016-01-11］．http：//news.cheaa.com/2016/0111/467276.shtml.

[155] 孙红．物美系迷局［EB/OL］．［2009-07-07］．http：//www.p5w.net/newfortune/fmgs/200907/t2437491.htm.

[156] 孙宏超．当当为什么要退市？董事长俞渝内部信：目前市值不体现价值［EB/OL］．［2015-07-10］．http：//news.pedaily.cn/201507/20150710385411.shtml.

[157] 童惠光．一篇文章告诉你京东的冷链是怎么做的［EB/OL］．［2017-01-18］．http：//www.iyiou.com/p/37906.

[158] 汪静，屈丽丽．独家对话张近东：揭秘苏宁2014"云图"［EB/OL］．［2014-01-13］．http：//money.163.com/14/0113/11/9IFEJSG000253B0H.html.

[159] 王长胜．凡客怎么了［J］.中国企业家，2011（12）：86-90.

[160] 王春焕．六年前的凡客：创业的故事［EB/OL］．［2012-10-17］．http：//club.sonhoo.com/Topic-1216043.html.

[161] 王金红．案例研究法及其相关学术规范［J］.同济大学学报（社会科学版），2007，18（3）：87-95.

[162] 王军光．北京当代商城：电话可预约购物？［N］.北京青年报，2006-08-11.

[163] 王雷生．30年国美从小店到商业帝国 杜鹃：唯创新者强［EB/OL］．［2017-04-09］．http：//tech.sina.com.cn/it/2017-04-09/doc-ifyeceza1679096.shtml.

[164] 王琦．红孩子：成长的力量［N］.中国企业家，2007-06-26.

[165] 王强．中国零售业发展监测与分析报告2014［M］.北京：中国人民大学出版社，2014.

[166] 王生金．京东商城如何实现"疯长"？［J］.企业研究，2012（7）：21-23.

[167] 王旭东．阿里巴巴是个"创薪的青年"［EB/OL］．［2014-11-04］．http：//opinion.china.com.cn/opinion_10_113910.html.

[168] 王耀．2006中国零售业运行报告［M］.长沙：湖南科技出版社，2007.

[169] 魏和平．传统行业和互联网行业相结合的典范［N］.中国青年报，2013-08-11.

[170] 魏江，Mark Boden等．知识密集型服务业与创新［M］.北京：科学出

[171] 魏江,胡胜蓉. 知识密集型服务业创新范式研究 [M]. 北京:科学出版社,2007.

[172] 吴贵生. 技术创新管理 [M]. 北京:清华大学出版社,2000.

[173] 吴坚忠. 物美发展纪实 [J]. 连锁与特许,2006(9):44-45.

[174] 吴晓波,朱培忠,吴东,姚明明. 后发者如何实现快速追赶?——一个二次商业模式创新和技术创新的共演模型 [J]. 科学学研究,2013,31(11):1726-1735.

[175] 吴旭光. 当当连续十季度亏损,上市4年被指在发呆 [EB/OL]. [2014-08-18]. http://finance.ifeng.com/a/20140818/12944756_0.shtml.

[176] 物美发布公告:创始人吴坚忠辞任董事长 蒙进暹接任 [EB/OL]. [2013-10-30]. http://hb.winshang.com.

[177] 物美集团上马 ERP SAP,树零售行业新"灯塔" [J]. 现代商业,2006(11):48-49.

[178] 物美荣获世界零售新兴市场最佳零售商大奖 [J]. 特许经营市场杂志(Franchise Market Magazine),2009(6):23.

[179] 夏振彬. 电商线下开店会影响谁? [N]. 广州日报,2016-09-07.

[180] 向劲静. 永辉欲用服装品牌赌未来 但你会去生鲜超市买衣服吗? [EB/OL]. [2017-04-17]. http://www.winshang.com.

[181] 向婉. 梅溪书院开业 当当实体书店入驻实行线上线下同价 [EB/OL]. [2016-09-04]. http://life.rednet.cn/c/2016/09/03/4076620.htm.

[182] 肖怡. 零售企业核心能力理论框架分析 [J]. 商业经济与管理,2001(7):29-31.

[183] 谢璞,陈晓平,萧白. 凡客的抉择 [N]. 21世纪商业评论,2012-01-01.

[184] 谢伟. 国家创新系统理论的来源和发展 [J]. 中国科技论坛,1999(3):19-20.

[185] 辛苑薇. "红孩子"悄然称雄 B2C [N]. 京华时报,2007-06-11.

[186] 熊彼特. 经济发展理论 [M]. 北京:商务印书馆,1991.

[187] 徐沛欣. 红孩子被收购后,我还是会回到熟悉的投资行业 [EB/OL]. [2012-10-08]. https://www.huxiu.com/article/4410/1.html.

[188] 阳淼. 刘强东暗讽天猫挤得像集贸市场,自嘲被乱拳打了多年 [N]. 商业价值,2013-01-08.

[189] 杨超. 物美借 SAP 克服发展瓶颈 [N]. 每周电脑报,2006-10-23.

［190］杨狄. 上市公司股权结构创新问题研究——以阿里巴巴集团上市为视角［J］. 现代经济探讨，2014（2）：43-47.

［191］杨海丽，刘瑜. 中国零售企业经营与发展战略研究［M］. 北京：西南交通大学出版社，2011.

［192］杨晶. 普华永道：中国2016年或成全球最大零售市场［N］. 第一财经日报，2012-12-20.

［193］杨清清. 京东冷库首秀：生鲜电商竞逐下半场［EB/OL］. ［2017-01-18］. http：//tech. sina. com. cn/i/2017-01-18/doc-ifxzqhka3374363. shtml.

［194］杨速炎. 京东商城的新兴模式［J］. 中外企业文化，2009（6）：31-33.

［195］杨阳. 当当私有化后不遗余力做图书 甚至不惜砍掉其他品类［EB/OL］. ［2017-01-10］. http：//www. jiemian. com/article/1061301. html.

［196］杨阳. 短视的当当尝到苦果 私有化寻找出路［EB/OL］. ［2015-12-29］. http：//www. jiemian. com/article/490220. html.

［197］姚琼. 中国零售企业的创新动力及其模式选择［J］. 江苏商论，2004（7）：3-5.

［198］叶生洪，张泳，张计划. 市场营销：经典案例与解读［M］. 广州：暨南大学出版社，2006.

［199］易滢婷，邱罡. 三星经济研究院中国研究中心：国美海尔联姻能否持久？［EB/OL］. ［2007-06-08］. http：//www. ce. cn/cysc/sylt/gdxw/200706/14/t20070614_11751577. shtml.

［200］银泰百货的O2O之路［J］. 中国药店，2013（12）：83-84.

［201］银泰创始人沈国军："利"字当头的生意做不成［EB/OL］. ［2016-09-28］. http：//tech. sina. com. cn/zl/post/detail/i/2016-09-28/pid_8508629. htm.

［202］银泰创新中坚持"以客为先"一切围绕用户需求改变［EB/OL］. ［2014-03-10］. http：//sh. winshang. com.

［203］银泰集团董事长沈国军：推动传统零售新变革［EB/OL］. ［2015-09-24］. http：//nb. people. com. cn/n/2015/0924/c372233-26516182. html.

［204］银泰商业CEO陈晓东：中国零售行业更需返璞归真［EB/OL］. ［2016-10-10］. http：//www. chinanews. com/cj/2016/10-10/8026498. shtml.

［205］银泰商业与百度合作 成首家全面接入BaiduEye的零售商［EB/OL］. ［2017-03-06］. http：//www. 3566t. com/news/show-5732610. html.

［206］银泰西选首家实体店抢先看 70% 商品可直接买［EB/OL］. ［2015-06-25］. http：//www. linkshop. com. cn/web/archives/2015/328057. shtml.

[207] 英策咨询. 数据显示, 在商业百货业国企民企无明显经营效益差异 [EB/OL]. [2010-01-12]. http://finance.ifeng.com/stock/hybg/20100112/1696300.shtml.

[208] 永辉超市: 创始人便利店起家 生鲜超市龙头的成长之路 [EB/OL]. [2012-12-10]. http://www.winshang.com.

[209] 永辉超市创始人张轩松: 打造零售帝国靠这8个字 [EB/OL]. [2015-08-21]. http://www.linkshop.com.cn/web/archives/2015/331770.shtml.

[210] 永辉超市凭什么一年做到300亿? [EB/OL]. [2015-01-26]. http://down.winshang.com/ghshow-490.html.

[211] 永辉将红标超市升级绿标超市 布局高端消费 [EB/OL]. [2015-09-08]. http://news.360xh.com/201509/08/19215.html.

[212] 于伟霞. 中国零售业态发展动因及趋势研究 [J]. 中国学位论文全文数据库, 2000 (12): 18.

[213] 袁茵. 京东高管自述: 京东O2O怎么玩? [EB/OL]. [2014-06-17]. http://tech.163.com/14/0617/08/9UU9IJR700094ODU.html.

[214] 约瑟夫·熊彼特. 经济发展理论 [M]. 杜贞旭等译. 北京: 中国商业出版社, 2009.

[215] 曾祥萍. 国美海尔签单100亿创新合作模式 [N]. 信息时报, 2007-04-30.

[216] 张见悦. 红孩子, 以传统商道创B2C奇迹 [EB/OL]. [2007-06-11]. http://it.sohu.com/20070611/n250495766.shtml.

[217] 张金成, 陶峻. 知识密集型服务企业的知识创新体系 [J]. 中国流通经济, 2005 (4): 33.

[218] 张近东. 蓄五年转型之力打造互联网门店 [EB/OL]. [2015-04-22]. http://news.cheaa.com/2015/0422/442871.shtml.

[219] 张磊. 京东是个烧钱的生意, 不烧20亿看不出核心竞争力 [EB/OL]. [2013-02-23]. http://finance.ifeng.com/news/special/ybl2013/20130223/7694268.shtml.

[220] 张思遥. 又开新餐厅! 永辉超市为啥偏爱"零售+餐饮"这条路? [EB/OL]. [2016-12-26]. http://www.winshang.com.

[221] 张涛. 业绩稳定性差 聚美优品遭资本市场抛弃? [EB/OL]. [2017-01-10]. http://www.ebrun.com/20170110/210179.shtml.

[222] 张晓林. 信息管理学研究方法 [M]. 成都: 四川大学出版社, 1995.

[223] 张轩松. 永辉陷冰火两重天"家"文化创新未来 [EB/OL]. [2015-

03-22]. https：//www. longsok. com/yetai/chaoshi/2015/0321/6863. html.

[224] 张振伟. 没落的传统百货行业, 看银泰的 O2O 救赎之路 [EB/OL]. [2015-06-03]. https：//www. iyiou. com/p/18051/.

[225] 赵向阳. 揭秘永辉超市进化之道：关键是要对自己"够狠" [EB/OL]. [2016-12-22]. http：//www. winshang. com.

[226] 中国国际金融有限公司. 大众消费市场进入渠道革命和价格平易阶段：2012 年零售业深度分析报告 [EB/OL]. [2012-06-18]. http：//doc. mbalib. com/view/6004be31af8533a24c52f13edd567606. html.

[227] 中国国家统计局. 2005 年1% 人口抽样统计调查数据公告 [EB/OL]. http：//www. stats. gov. cn/tjsj/ndsj/renkou/2005/renkou. htm.

[228] 中国互联网络信息中心. 2010 年中国网络购物市场研究报告 [EB/OL]. [2011-02]. https：//www. artkaoshi. com/ztnews/vssq1wr002vtwxs3pyqrr0yp_ 9. html.

[229] 中国连锁经营协会. 中国连锁零售企业经营状况（2014—2015）[EB/OL]. [2015-09-18]. http：//www. ccfa. org. cn/portal/cn/view. jsp？id = 421711&lt = 33.

[230] 中国连锁经营协会. 中国连锁零售企业经营状况分析报告（2011-2012）[EB/OL]. [2012-10-29]. http：//doc. mbalib. com/view/43c0b3748 e-6de8bbd96c24540991d3ab. html.

[231] 中国民营企业 500 强排行榜发布：华为第一 万科第十 [EB/OL]. [2016-08-26]. http：//finance. eastmoney. com/news/1344, 20160825658263483. html.

[232] 中国社科院财经战略研究院课题组, 荆林波. 电子商务：中国经济发展的新引擎 [J]. 求是, 2013 (11)：15-17.

[233] 中投顾问产业监测中心. 黄光裕和他的 430 亿传奇 [EB/OL]. [2009-11-19]. www. ocn. com. cn.

[234] 周红玉. 命运被目录改变 [N]. 东方企业家, 2007-04-16.

[235] 周洪美. 从红孩子被收购看电商竞争之残酷 [N]. 北京商报, 2012-10-10.

[236] 朱源泉. 京东商城：B2C 电子商务的新星 [J]. 企业改革与管理, 2011 (6)：35-37.

[237] 宗宁. 京东商城：无限融资的危险游戏 [J]. 商界评论, 2012 (9)：74-75.

[238] 邹毅. 阿里对银泰转型的五大策略和七大创新项目试验 [EB/OL]. [2016-04-27]. http：//www. winshang. com.

[239] Barras R. Towards a Theory of Innovation in Services [J]. Research Policy, 1986 (15): 161 - 173.

[240] Bengt - Ake Lundvall. Product Innovation and User - producer Interaction [M]. Aalborg, Denmark: Aalborg University Press, 1985.

[241] Centre for Research on Innovation and Competition (CRIC Project), Defining the Role of Knowledge - intensive Business Services in the Economy [EB/OL]. www. cric. ac. uk.

[242] Claude R. Martin Jr. Retail Service Innovations: Inputs for Success [J]. Journal of Retailing and Consumer Services, 1996, 3 (2): 63 - 71, .

[243] CRIC Project. Defining the Role of Knowledge - intensive Business Services in the Economy [EB/OL]. www. cric. ac. uk.

[244] Denzin N. K. The Research Act: A Theoretical Introduction to Sociological Methods [M]. New York: McGraw Hill. 1978.

[245] Eisenhardt K. M. Better Stories and Better Constructs: The Case for Rigor and Comparative Logic [J]. Academy of Management Review, 1991, 16 (3): 620 - 627.

[246] Eisenhardt K. M. Building Theories from Case Study Research [J]. Academy of Management Review, 1989, 14 (4): 532 - 550.

[247] Emmanuel Muller, Andrea Zenker. Business Services as Actors of Knowledge Transformation: The Role of KIBS in Regional and National Innovation Systems [J]. Research Policy, 2001 (30): 1501 - 1516.

[248] Freeman C. Technology Policy and Economic Performance: Lessons from Japan [M]. London: Pinter, 1987.

[249] Gary Davies. Innovation in Retailing [J]. Creativity and Innovation Management, 2006, 4 (1): 230 - 239.

[250] Georg Licht, Eric Nerlinger. New Technology - based Firms in Germany: A Survey of the Recent Evidence [J]. Research Policy, 1998 (26): 1005 - 1022.

[251] Hans - Peter Liebmann, Thomas Foscht, Thomas Angerer. Innovations in Retailing: Gradual or Radical Innovations of Business Models [J]. European Retail Digest, 2003 (3): 45 - 50.

[252] Heidi Wiig Aslesen. Knowledge Intensive Service Activities and Innovation in the Norwegian Aquaculture Industry [R]. Project Report from the OECD KISA Study, STEP Report, 2004.

[253] Hertog Pim den, Erik Brouwer. Innovation Indicators for the Retailing In-

dustry: A Meso Perspective [R]. SIID Project, Phase 2, December 2000.

[254] Hertog Pim den, Rob Bilderbeek. Conceptualising Service Innovation and Service Innovation Patterns (Thematic Essay) [R]. SIID, Utrecht: Dialogic, 1999.

[255] Hertog P. D., Bilderbeek R. The New Knowledge Infrastructure: The Role of Technology Based Knowledge Intensive Business Services in National Innovation System [R]. The Results of SI4S Topic Paper 14, SI4S Project, 1998.

[256] Johan Hauknes. Services in Innovation – Innovation in Services [R]. For the OECD Business and Industry Policy Forum on Realising the Potential of the Service Economy: Facilitating Growth, Innovation and Competition, Paris, 28 September 1999.

[257] Joseph A. Schumpeter. The Process of Creative Destruction, in Capitalism, Socialism and Democracy [M]. Part II, Chapter VII, London: George Allen & Unwin, 1994.

[258] Latchezar Hristov. Retail Innovation and Technology [J]. European Retail Digest, 2007 (55): 7 – 16.

[259] Marcela Miozzo, Damian Grimshaw. Modularity and Innovation in Knowledge – intensive Business Services: IT Outsourcing in Germany and the UK [J]. Research Policy, 2005 (34): 1419 – 1439.

[260] Martin C. R., Horne D. A. Level of Success Inputs for Service Innovations in the Same Firm [J]. International Journal of Service Industry Management, 1995, 6 (4): 22 – 25.

[261] Miles I, Kastrinos N, Flanagan K, Bilderbeek R., Hertog P. D., Huntink W., Bouman M. Knowledge – Intensive Business Services: Their Roles as Users, Carriers and Sources of Innovation [R]. PREST, Manchester, 1994.

[262] Miles I. Services Innovation: Statistical and Conceptual Issues [R]. OECD: Paris, 1995.

[263] Minna – Kaarina, Risto Rajala et al. Knowledge – intensive Service Activities: Facilitating Innovation in the Software Industry [R]. Final report of the KISA – SWC Finland Project (Step 3), 2005.

[264] Rosenberger Philip J. III, Bill Merrilees and Dale Miller. A New Retail Concept Taxonomy [J]. International Journal of New Product Development & Innovation Management, 2001, 3 (1): 79 – 91.

[265] Rust R. T., Zahorik A. J. and Keininham T. L. Return on Quality: Making Service Quality Financially Accountable [J]. Journal of Marketing, 1995, 59 (2):

58－70.

［266］Sanders P. Phenomenology: A New Way of Viewing Organizational Research ［J］. Academy of Management Review, 1982, 7 (3): 353－360.

［267］Strambach S. Innovation Processes and the Role of Knowledge－intensive Business Services ［A］ in: Emmanuel Muller, Andrea Zenker. Business Services as Actors of Knowledge Transformation: The Role of KIBS in Regional and National Innovation Systems ［J］. Research Policy, 2001 (30): 1501－1516.

［268］Sundbo J., Gallouj F. Innovation in Services ［R］. SI4S Project Synthesis Work Package, 1998.

［269］Tomlinson M. The Learning Economy and Embodied Knowledge Flows ［R］. CRIC, The University of Manchester CRIC Discussion Paper No. 26, The University of Manchester, Centre for Research on Innovation and Competition, 1999.

［270］Xiaobo Wu, Xubo Bai. From PPG to Vancl: Business Model Evolution of Online Apparel Retailing (9B11M012) ［M］. China Management Case－sharing Center, Richard Ivey School of Business, The University of Western Ontario, Version: 2011－08－18.

［271］Yin R. K. Case Study Research: Design and Methods ［M］. Thousands Oaks: Sage Publication, 1994.

后 记

选择零售企业创新这个主题，缘于我在本科阶段学习市场营销时的兴趣。由于零售业是面对最终消费者的终端销售渠道，所以，零售业是市场营销的主要功能——销售运用发展最为广泛的产业，市场营销和零售业有着天然的密不可分的关系。市场营销的研究者也大都比较关注零售业营销和管理，我对零售业营销和创新的兴趣也来源于此。然而，虽然我在市场营销领域研读了本科、硕士、博士，又在高校一线教授了多年的市场营销学，但是，当我真正致力于描述和揭开零售企业创新"黑匣子"的时候，却发现自己的积累非常有限。

本书最初缘于我的博士论文，但本书和我的博士毕业论文相去甚远。我从2006年9月开始撰写博士论文，到2009年7月博士毕业，从论文写作至今已经十多年，从博士论文定稿至今也已经六年。期间，我一直在不断地更新、修改和补充。但是，我对本书的主题——中国零售企业创新，仍然觉得是盲人摸象，难以窥其全貌。这段时间，正是我国零售企业面对快速变化的市场环境、竞争环境和技术环境，创新迭出的复杂时期，企业一直在变化，甚至最初我选择的案例企业已经被收购，最初选择的成功企业已经成为今日讨论的失败教训。这让我开始深入地思考本书的研究价值和研究方法，如何才能不产生"印刷垃圾"，这个问题一直萦绕在我的脑海。

在经历了对研究方法的探询，对案例企业的剔除和筛选，对大量文献和二手资料的收集、阅读和整理，加上一些宝贵的一手访谈数据，我还是很难将过去十多年我国零售企业的创新实践和过程描述清楚。在广泛阅读、思考和修改的过程中，历史学给了我很多的启发和思考。当我读到《宋美龄画传：1897－2003》这本书后记里这段话时，我受到了很大的触动。"历史存在的方式，其实不是由它本身决定，而是由书写历史的那个人的立场与价值观决定的……"这段话让我明白，虽然我并不是研究我国零售企业创新的历史，但是，在我选择案例企业的创新实践之时，已经不可避免地带有了自己的立场和价值观，本书的意义和价值取决于我秉持着一种什么样的研究目标和立场。

受到历史学的影响,我希望将"如何更加客观、公正、全面地反映我国零售企业创新的实际情况"作为本书的出发点。另外,在本书的撰写过程中,我一直深受一个致命"硬伤"的困扰。按照案例研究方法的介绍,案例研究应该以一手数据为主,而本书主要是以二手的公开发表的资料作为研究基础,因为作为一个普通高校的老师,我缺乏这些调研和访谈的人脉和资源,只能是尽自己所能来挖掘和收集资料,这让我一直感到无助。但当我读到葛剑雄老师等的《历史学是什么》这本人文社科基础读物的时候,一段话让我对本书的致命"硬伤"有了一些释然。该书写到:"历史不是一个纯客观的存在,而是人们对以往的一种记录和认识。既然是人们对以往的记录,就不可避免地会带有人的主观性和选择性。要使历史记录更符合事实本身,我们所称的'历史'就应该和'现在'有一定的时间间隔,离记录者、传播者、阅读者都要有一定的时间间隔……历史离开现实要有一定的距离,除了上述时间上的距离,还要有空间上的距离。如果撰写者和研究者离现场太近了,或者自己就是其中的一员,就很难摆脱自身的影响,反而不容易做到客观和真实。保持一定的时间与空间上的距离就可以摆脱功利的羁绊、政治的束缚和视野的局限,从更广阔、深入、超脱的角度来观察和评价历史。"上面这段话告诉我,研究者不仅应该和研究对象有一定的时间间隔,还要有空间上的距离,这样才不会受到太多自身的干扰和影响,做到较为客观和公正。因此,以二手公开数据为主,并不一定就没有说服力和可信度,这反而大大地扩展了研究资源,使很多记者、研究者的作用发挥出来,一手数据并不一定就不是优势,关键是如何避免研究者和研究对象近距离接触的偏差。

创新是如此丰富多彩。简单的理解创新比不知道创新还要可怕。太多的商业教科书在讨论创新的陷阱,但却没有人能够说得清道得明创新的本源。"只有亲力亲为,方知创新之难"(李洋,2007)。本书紧密围绕"创新"展开,关注和研究的是从20世纪90年代至今的中国零售企业创新的活动和过程,在整个创新的过程中,理念、技术和资本在其中发挥了非常重要的作用。克里斯·安德森在其备受称赞的《长尾理论》一书中,以这样的评论来结束自己撰写的序言:"尽管'长尾理论'这个词是我发明的,但说到利用在线零售的经济效益大规模销售相对非热门的产品,这却不是我的创意。这个概念是亚马逊的杰夫·贝佐斯(Jeff Bezos)在1994年前后提出的。我曾请教过他,也请教过他在Netflix、Rhapsody的同行和其他一些一直在实践这种理念的人,我的大多数收获都来自同他们的谈话。这些企业家才是真正的发明者。我只想尝试着将他们的成果提炼为一个框架。当然,这就是经济学的任务:它力求用简明易懂的框架来描述真实世界的现象。这个框架本身也会带来理念的进步,但是与那些率先发现、率先行动的先驱者的伟大创新相比,此框架便黯淡无光了。"

后　记

　　因此，本书的立场就是尽量以数据为依据，以历史为背景，客观、公正地从案例中总结出规律和经验；从知识密集型服务业、风险投资、零售企业自身进行有侧重点的讨论。本书不是我国零售企业创新研究报告，难以涵盖我国零售业的各种业态和业种；本书不预测前景，只试图将我国零售业各种丰富多彩的创新实践记录下来，如果能有一点点经验或规律总结出来，就是非常奢求了。尽管我的初衷是想反映中国零售业的主要创新实践，但是限于精力、学识、经验和资源有限，虽然完成了撰写，但还存在诸多不足，敬请谅解。希望通过和专家、编辑、读者的交流，能够进一步的改善。最后，我向那些在零售创新第一线上不断努力的人们表示敬意和感谢！